정부신뢰성과 행정

이병철 지음

UUP

정부신뢰성과 행정

■

- 2014년 12월 25일 초판 인쇄
- 2014년 12월 30일 초판 발행
- **지은이 이병철**
- **펴낸이** 이 철
- **펴낸곳 UUP**(울산대학교출판부) 680-749 울산광역시 남구 대학로 93(무거동) 울산대학교 출판부
- 전화 (052)259-2488 팩스 (052)277-3011 ▪ **홈페이지** http://uup.ulsan.ac.kr
- **출판등록** 제370-1996-000001호(1996.3.13.)
- 11,000원

ISBN 978.89.7878.358.6 (93350)

머리말

최근의 세월 호 침몰 사건이 던져 준 여파에서 잘 보여 주듯이 정부에 대한 국민의 신뢰성이 급격히 하락되고 있다. 이렇듯이 정부의 신뢰성이 하락이 되면 이로 인한 사회적 긴장과 비용은 급격히 증대될 수밖에 없고, 이에 대한 부담은 고스란히 국민의 몫으로 전가될 수밖에 없다.

정부의 문제해결(problem solving) 능력의 부족으로 인해 제대로 된 공공재나 공공서비스를 제공받지 못할 뿐만 아니라, 이로 인해 발생하는 사회적 갈등을 해결하기 위한 비용 등을 고스란히 국민들이 부담하게 된다면 국민은 1차 피해뿐만 아니라 2차 피해까지 보게 되는 결과를 초래하게 되기 때문이다.

그리고 이러한 비용과 부담은 정부의 신뢰성을 더욱 떨어뜨리는 악순환의 고리를 형성하게 되어 정부의 정당성조차 위태롭게 할 수 있는 위기적 국면으로까지 치달을 수 있을 뿐만 아니라, 국가의 위상을 나타내는 국격의 실추와 대외적인 국가경쟁력까지 손상시키게 되어 국익 적 관점에서도 많은 손실을 가져오게 되는 것이다.

따라서 이와 관련된 문제의 본질을 찾아내고 이에 대한 정책적 처방전을 모색해 보고자 한 것이 바로 이 책의 출판 목적이라 할 수 있다. 그리고 이러한 문제해결 능력의 제고는 정부신뢰성 복원에도 도움이 될 것이고, 이는 보다 나은 공공재와 공공서비스를 제공할 수 있는 능력을 증대시키고, 나아가 사회적 긴장과 비용을 극소화하는 데도 기여를 할 것으로 사료가 된다.

또한 세월 호 침몰 사건의 여파로 정부신뢰성에 대해 많은 국민들이 관심을 가지는 요즈음 정부의 역할과 기능 그리고 정부와 국민과의 관계, 공공재와 공공서비스 공급에서 초래되는 문제점이 무엇인지, 그리고 이러한 문제점들을 유발시키는 요인들은 무엇인지, 그리고 이러한 문제를 해결하기 위해서는 어떠한 행정적, 정책적 노력이 필요로 되는 지를 이해시키는 것은 어렵사리 관심사로 떠오른 정부신뢰성에 대한 국민들의 호기심이나 의문점들에 대답을 던져주는 단초가 될 수 있을 것이란 점에서 저서 집필의 의미가 있지 않나 사료되는 바이다. 바로 이러한 생각에 입각하여 이 책을 집필하게 되었다.

이 책의 구성과 내용을 간단히 개괄적으로 살펴보자면 우선 왜 정부가 신뢰를 받지 못하는 것인가에 대한 문제점을 서양의 역사와 우리의 역사를 중심으로 역사적 흐름의 시각에서 살펴보았다. 그런 다음 본 저서의 핵심적 주제가 되는 정부신뢰성에 대한 다양한 개념적 정의들을 살펴보았다. 여러 학자들이나 논자들에 의해 정의되고 주장 된 개념들을 소개하고 이러한 여러 개념들 중에서 가장 본 저서의 집필 목적이나 취지와 부합되는 개념을 도출하고 이것에 입각하여 정부의 신뢰성에 대한 문제점 도출과 이의 해결을 위한 방안 모색을 하도록 하였다.

다음으로는 실제 정부의 신뢰성에 대한 위기를 경험한 미국과 한국의 여러 사례들을 살펴보았다. 정부불신에 대한 미국적 경험들로는 60년대를 국론분열의 혼돈 속으로 몰아넣은 '베트남 전쟁'(Vietnam war), 그리고 흑백 인종갈등과 이와 연관된 빈부격차의 양극화를 해소하기 위한 '위대한 사회프로그램'(the Great Society program) 정책의 실패, 그리고 70년대 들어서서 정부 수반인 대통령까지 국민들로 하여금 정치와 정부에 대해 불신을 하게 만든 '워터게이트 사건'(Watergate scandal) 등 여러 사례들을 다양한 시각에서 제시해 보았다.

그리고 한국의 경험적 사례들로는 1997년에 언론들에 의해 국란(國亂)이라고 거칠게 표현 될 만큼 심각하게 우리의 경제 지각뿐만 아니라 정치 지각까지 송두리째 뒤 흔들어 버린 '국제통화기금'(International Monetary Fund : IMF) 구제금융 사태, 2008년에 미국 부동산대출의 부실로 인해 촉발된 '서브프라임모기지 사태'(Subprime mortgage crisis)와 이로 인한 여파로 야기된 '리먼 브라더스(Lehman Brothers Holdings Inc.) 파산 사태'[1] 등으로 나타난 미국 발 세계금융위기와 이의 불똥이 튄 충격으로 경제적 어려움을 가지게 되었던 한국금융위기사태, 그리고 2014년 많은 국민들을 슬픔과 분노로 들끓게 했던 세월 호 침몰 사고 등 여러 사례들을 다양한 시각

1) 2004년 미국이 저금리 정책을 종료하자 부동산 버블이 꺼지기 시작하였다. 이렇게 되자 서브프라임모기지 론 금리가 치솟았고 저소득층 대출자들은 원리금 상환에 어려움을 겪게 되었다. 서브프라임 모기지 론을 구매한 금융기관들 역시 대출금 회수불능사태에 빠지게 되고 손실이 발생하였으며 이 과정에서 여러 기업들이 부실화 되었다. 이 여파 등으로 인해 대형 금융사, 증권회사들 역시 파산하였으며 100년이 넘는 전통의 금융회사였던 리먼 브라더스도 파산이 되었다. http://ko.wikipedia.org/wiki/2008%EB%85%84_%EC%84%9C%EB%B8%8C%ED%94%84%EB%9D%BC%EC%9E%84_%EB%AA%A8%EA%B8%B0%EC%A7%80_%EC%82%AC%ED%83%9C

에서 제시해 보았다.

이러한 미국과 한국의 정부불신에 관련된 경험사례들을 기반으로 하여 왜 정부에 대한 불신이 생기는가 하는 것을 규명해 본 결과 크게 세 가지 관점에서 야기되는 문제점으로 촉발된다는 점을 파악하게 되었는데 이를 열거하면 첫째는 정부의 문제해결능력과 연관되는 전문성의 결여나 미흡, 둘째는 정부 공직자들의 도덕적 해이(moral hazard) 등을 포함하는 비리와 관련된 부패와 부조리, 셋째는 국가 위난 시 위기관리능력과 제도의 미비 등이다.

이러한 세 가지 관점의 문제점들이 정부의 신뢰성에 부정적 영향을 끼치는 것을 확인하기 위해 이와 관련된 사례들을 엄선하여 정부신뢰를 저해하는 문제점과 이에 대한 해결방안을 모색하려고 하였다. 이를 위해 사용된 주 된 사례들로는 1997년에 발생한 괌(Guam) 공항 여객기 추락사고와 올해 발생한 세월 호 침몰사고 등이다.

이러한 사례들을 통해 도출된 문제점과 이를 해결하기 위한 정책대안들을 전문성 증진을 통한 정부 신뢰성의 제고 방안과 도덕성 증진을 통한 정부 신뢰성의 제고 방안 그리고 위기관리 통제체제 확립을 통한 정부 신뢰성의 제고 방안으로 제시를 하였다.

이상의 주제와 서술 내용을 본 저서의 편제와 맞추어 좀 더 구체화하여 설명을 하면 다음과 같다.

제1장은 왜 정부가 신뢰를 받지 못하는 것인가에 대한 문제점을 서양의 역사와 우리의 역사를 중심으로 역사적 흐름의 시각에서 살펴보았다. 우선 정부불신에 대한 정치 철학적 논리를 살펴보았다. 그런 후 정부불신을 낳게 만든 경제공황 이후의 행정국가 화에 대해서도 살펴보았다.

그리고 국가원수이며 행정부의 수반인 대통령 스스로 정부에 대한 국민의 불신을 자초한 워터게이트 사건에 대해서도 살펴보았다. 마지막으로 정부불신의 또 다른 원인인 행정 관료의 부패에 대해서 살펴보면서 그러한 사례로 조선시대의 방납의 폐해와 삼정의 문란에 대해 살펴 본 후 정부불신으로 야기된 프랑스 혁명과 미국 혁명을 살펴보았다.

제2장은 정부신뢰성이란 무엇인가에 대해 답하기 위해 신뢰성에 대한 다양한 개념적 정의와 이것이 가지는 함의에 대해 살펴보았다. 그런 다음 정부신뢰성에 대한 개념 정의를 살펴보았다. 그런 후 정부신뢰성을 어떻게 제고시킬 것인가에 대한 답을 찾고자 하였다.

제3장에서는 정부 신뢰에 대한 위기를 둘러싼 미국과 한국의 사례들과 이러한 위기를 다각적으로 분석한 학자나 전문가들의 식견을 살펴보았다.

제4장과 제5장에서는 정부불신을 초래한 원인 중 하나인 전문적 대응조치 저해와 관련된 사례인 미국 령 괌 공항에서의 여객기 추락사고와 세월 호 침몰 사고를 살펴보고 문제점을 분석하여 도출하고자 하였다.

이를 위해 제4장에서는 괌 공항에서의 여객기 추락사고의 사례를 다루었고, 제5장에서는 세월 호 침몰 사고의 사례를 다루었다.

제6장에서는 정부불신을 초래한 원인 중 또 다른 하나인 기관 및 행정 관료들의 도덕성과 관련된 사례인 세월 호 침몰 사고를 살펴보고 문제점을 분석하여 도출하고자 하였다.

제7장에서는 정부불신을 초래한 원인 중 또 다른 하나인 위기발생시 관련부처 간 그리고 기업과 해당관련기관 간의 협력과 공조체제의 미비를 가져 온 위기관리통합시스템과 위기관리 매뉴얼의

미 작동 등 운영미숙과 관련된 사례인 괌 공항에서의 여객기 추락 사고와 세월 호 침몰 사고를 살펴보고 문제점을 분석하여 도출하고자 하였다.

제8장은 앞서 살펴 본 두 개의 관련 사례분석을 통해 도출 된 정부불신을 낳은 문제점들을 전문성과 관련된 문제점, 도덕적 해이와 부패 그리고 부조리와 관련된 문제점, 그리고 관련부처 간 그리고 기업과 해당관련기관 간의 협력과 공조체제의 미비가 낳은 위기관리통합시스템의 문제점 등으로 나누어 정리를 해 보았다.

제9장은 정부에 대한 국민의 신뢰를 높이기 위한 전문성 증진을 위한 방안을 제시하기 전에 먼저 전문성에 관한 기존 연구들을 고찰하였다. 그리고 이러한 연구들에 입각하여 신뢰 제고를 위한 전문성 증진 방안을 제시하였는데 우선 유교문화 적 조직문화를 개혁하는 것이 필요하다는 점과 체계화된 전문적 교육과 훈련 그리고 올바른 공직 충원이 필요로 된다는 점, 전문가 집단의 모임 역시 필요로 된다는 점, 전문가들이 공유하고 지켜야할 행동 혹은 윤리강령이 필요로 된다는 점, 그리고 전문가로서의 사회참여와 시민소환에 대한 책무가 필요로 된다는 점 등이다.

제10장은 정부에 대한 국민의 신뢰를 높이기 위한 도덕성 증진을 통한 정부 신뢰성의 제고 방안을 제시하기 전에 우선 이러한 신뢰 제고가 필요한 문제점 들을 제시하였다.

이러한 문제로 공직 부패에 있어 관피아와 정피아의 문제, 공직부패를 보는 국민과 행정 관료 간의 상호 시각의 차이가 갖는 문제, 공직부패에 관대하고 무딘 행정문화의 특성이 가지는 문제, 공직부패해결을 위한 법 만능주의에 대해 경계를 해야 하는 문제, 그리고 공직 부패를 근절하기 어려운 다양한 문제들과 그 이유들에 대해 살펴보았다.

그리고 앞서 지적한 공직부패의 문제들을 해결하기 위한 방안과 이를 통해 정부가 국민으로부터 신뢰를 회복하고 제고시키는 노력에 대해 논의를 하였다.

제11장은 정부에 대한 국민의 신뢰를 높이기 위한 위기관리 통제체제 확립을 통한 정부 신뢰성의 제고 방안을 제시하였다.

우선 망각되어진 서해 페리 호 침몰 사고에서의 교훈과 세월 호 침몰 사고 시 무기력했던 안전행정부에 대한 반성이 필요하다는 점과 국민안전처를 명실상부한 컨트롤 타워로서의 위기관리통제기구로 정착시켜 나가야 한다는 필요성을 역설하고 이를 위해 국무총리 소속으로 되어있는 국민안전처의 조직편제에 대한 우려를 불식시킬 필요가 있음을 지적하였다.

그리고 언론과 위기관리 조직체계와의 새로운 관계 정립이 필요로 된다는 점과 구조에 있어 명령과 지휘통솔체계의 일원화가 무엇보다 필요하며, 거시관리와 미시관리를 효율적으로 수행하도록 국민안전처를 운용해 나갈 필요가 있음을 지적하였다.

또한 전략기획을 활용한 위기관리 능력을 제고시키고, 다양한 규정과 절차 그리고 규칙들을 체계적인 틀에 따라 일원화시킬 필요가 있으며 정치적 이해득실을 떠나 위기관리 통합체계의 제도화를 위한 노력이 선행되어야 하고, 일원화 된 위기관리통합시스템과 재난 대비 매뉴얼이 필요함을 지적하였다.

제12장에서는 본 저서의 글을 마무리하면서 정부의 전문성 신장, 도덕성 증진, 그리고 위기관리능력 제고를 통한 정부 신뢰성 제고에 대한 종합적인 의견을 나름대로 제시하였다.

각 장의 주제와 내용 구성에서 알 수 있듯이 정부에 대한 국민의 신뢰를 제고시키기 위한 방안을, 90년대에 사회적 관심의 주된 대상이 되었던 괌 공항에서의 여객기 추락사고와 최근에 불거진 비극적 사고인 세월 호 침몰 사고의 사례를 도입하여, 정부와 행정 관료들의 전문성 부족, 도덕성의 흠결, 그리고 위기관리통합시스템의 미비 등 세 범주로 나누어 분석을 하고 이러한 과정을 통해 도출된 문제점을 중심으로, 이를 해결해 나가는 방안 모색을 한 후 이러한 것에 근거하여 정부에 대한 국민의 신뢰를 제고하는 정부나 행정 관료들의 노력의 방향과 그 내용 등을 제시하려고 하였다.

이러한 나름대로의 새로운 접근 시도에도 불구하고 과연 저자의 의지와 노력이 얼마만큼 독자들의 가슴에 가 닿았는지 모르겠다. 판단은 바로 독자들의 몫이라 사료된다. 학문적 선배, 동문 그리고 후학들의 애정 어린 비판과 격려 그리고 지도를 기대해 본다.

끝으로, 좋은 책을 만들기 위해 까다롭고 어려웠던 편집 등을 마다 않고 기꺼이 맡아주시고 여러모로 고생을 아끼지 않으신 울산대학교 출판사 관계자들에게 이 자리를 빌려 감사하다는 말씀을 올리고 싶다. 또한 보이지 않는 곳에서 애정과 관심을 가지고 지켜보아 주신 많은 분들에게 나름대로 따스한 감사의 마음을 보내고 싶다.

학인으로서의 올바른 길을 정진하도록 격려해주시고 성원을 아끼지 않으신 부모님과 새로이 가정을 꾸민 나의 사랑하는 딸 경진에게 이 조그마한 정성을 바친다.

2014년 12월

울산대학교 문수캠퍼스 연구실에서

이 병 철

차례

서문

최근에 발생한 경주 리조트 체육관 붕괴사고, 안산 단원고 학생들을 희생시킨 세월 호 침몰사고와 일본 도후쿠 지방의 유래 없는 강진으로 초래 된 후쿠시마 원전사태 그리고 연이어 불거지고 있는 고리 및 월성의 국내 상업용 원자력발전소의 크고 작은 사고와 이와 관련된 원전비리 등을 통해 안전에 대한 생각이 크게 바뀌게 되었다.

종전까지는 안전 불감증에 길들여져서 우리 주변의 안전사고에 대해 올바른 경각심과 이에 대한 대비를 소홀히 한 점이 없지 않았다. 그러나 최근 들어 여러 안전과 관련된 대형사건과 사고들이 연이어 터지면서 이를 다시 되돌아보게 되는 계기가 되었다.

이런 시각에서 볼 때 저자가 살고 있는 울산을 예로 들어 보자면 이 곳 역시 결코 안전지대가 아니다. 산업수도를 자처하는 울산광역시 남구에 소재하고 있는 석유화학단지는 국내 액체 위험물의 60% 가까이를 저장 및 취급하고 있을 뿐만 아니라, 지역 내 467곳의 업체에서는 전국의 35%에 달하는 인화 성 및 고체 성 유독물질을 취급하고 있다.

그러나 이러한 위험 및 유독물질을 저장하고 그리고 다루고 있음에도 불구하고, 공단 단지가 조성된 지 40여 년이 넘어서면서 장치산업으로서 노후화의 정도가 매우 심각할 뿐만 아니라, 안전 불감증으로 인하여 안이하게 관리가 되고 있다는데 문제의 심각성이 있다. 이를 방증하듯 최근 들어 크고 작은 안전 관련 사고들이 연이어 터졌다.

석유화학단지의 노후화와 안전 불감증은 최근에 빈발하고 있는 안전사고뿐만 아니라 생산성의 저하까지 야기하여 새롭게 이 부문에서 급부상을 하고 있는 중국, 인도 등의 후발국들과 비교할 때 경쟁력을 상실할 우려가 있어 시급한 개선이 요구되고 있기도 하다.

또한 울산지역에 지리적으로 인접하고 있는 고리원전과 월성원전에서의 불의의 사고는 말로 형용키 어려운 커다란 재앙이 될 수도 있다. 이러한 맥락에서 일본 후쿠시마 원전사고는 다른 어느 지역보다 원전이 밀집되어 있는 울산을 위해 커다란 교훈이 될 수 있다는 주장도 제기되고 있다.

이러한 생각의 연장선상에서 '울산 시민 10대 아젠다' 정책제안으로 고리1호기와 같은 노후 원전을 영구적으로 폐쇄하자는 전향적인 안이 나오기까지 하였다. 그러나 이러한 안을 적극적으로 수용할 수 없는 까닭은 현재의 전력수요를 충당하기 위해선 그리고 비용과 편익 적 관점에서 볼 때 원전만한 에너지원을 확보하기가 쉽지 않다는데 정책적 딜레마가 있는 것 같다.

이렇게 국민 또는 시민의 삶과 직결되는 안전에 관련된 사안들이 사고나 사건으로 현실화되어 연이어 터지고 있고, 국민이나 시민들의 안전 불감증에 대한 우려가 증폭되고 있음에도 불구하고, 이를 총체적으로 예방하고 통제하고 관리해야 할 정부의 역할이 제대로 이루어지지 못하고 있다는 정부의 무능과 무책임을 성토

하는 볼멘 불만과 비난의 목소리가 높아지고 있다. 그리고 이로 인해 정부에 대한 국민의 신뢰성이 더욱 낮아지고 있다는데 문제의 심각성이 있다고 볼 수 있다.

미국의 스탠포드 대학교(Stanford University) 교수인 프랜시스 후쿠야마(Francis Fukuyama)가 주장하듯이[1] 정부에 대한 국민들의 신뢰 저하는 결국 정부의 리더십의 약화를 초래하여 사회적 긴장과 갈등을 심화시키고 이로 인해 사회적 비용을 높여 정부의 효율성이나 생산성 그리고 경쟁력을 떨어 트릴뿐만 아니라 경제·사회적으로 어려움을 초래하게 되고 이로 인해 국민의 삶을 피폐하게 만들게 됨으로 결코 가벼이 보아서는 안 될 것이다.

따라서 현재 진행되고 있는 안전과 관련된 사안으로 인해 초래되는 정부 신뢰성의 저하를 막을 수 있는 방안마련이 무엇보다 시급하다고 말할 수 있다.

이 책은 이러한 문제의식에서 출발을 하고자 하며, 나아가 문제의식의 제기만으로 끝나는 것이 아니라 문제를 해결할 수 있는 방안까지 제시해보고자 하는 것이다. 이를 위해 연구방법으로는 사례분석(case study) 방법을 활용하려고 한다. 그리고 사례분석에 사용될 문헌 자료(literature data)들은 관련 참고서적과 논문 그리고 언론에 보도된 관련 기사들을 중심으로 재구성하여 사용하고자 한다.

그리고 국내·외의 다양한 안전사고와 관련된 사례 들이 있지만 이 책에서는 1997년 여름에 발생했던 미국령 괌(Guam)에서의 여객기 추락사고와 2014년 4월에 발생하여 많은 국민들의 관심과 공분을 자아냈던 세월 호 침몰 사고를 주 된 사례로 들어 분석을 하

---

1) Francis Fukuyama, *Trust : The Social Virtues and The Creation of Prosperity* (New York : Free Press, 1995).

고자 하였다.

이러한 사례를 분석 대상으로 삼은 이유는 두 개의 사례가 모두 안전사고의 전형적인 유형이라는 판단과 더불어, 괌에서의 여객기 추락사고 사례는 국내·외의 신뢰할 수 있는 기관에서 오랜 기간을 거친 사고조사의 결과로 내 놓은 보고서를 통해 검증된 자료에 입각하여 분석을 할 수 있기 때문이라는 점이다.

또한 필요할 경우 비교분석을 위해 안전지침을 제대로 지키고 체계적이고 통합적인 위기관리시스템의 작동과 위기관리 매뉴얼에 따라 성공적으로 승무원과 승객 전원을 구조한 '유에스 에어웨이즈'(US Airways) 1549편 사례와 이와 정반대로 제대로 된 위기관리시스템을 발휘하지 못해 많은 희생자를 낳을 수밖에 없었던 세월 호 침몰 사고 사례를 동시에 활용할 수 있다고 판단했기 때문이다.

나아가 이 책에서는 사례분석의 준거 틀(reference framework)을 세 가지 관점에서 접근하고자 하였다. 하나는 정부가 가지고 있는 전문성이고 두 번째는 정부의 도덕성 그리고 세 번째는 정부가 지니고 있는 위기관리통합능력이다.

이렇게 분석의 준거 틀을 세 가지 관점으로 설정한 이유는 우선, 안전사고를 예방하고 안정적으로 관리하며, 유사시 신속하고 효율적으로 구조 등 사고 수습을 하기 위해서는 무엇보다 안전관련 기관들뿐만 아니라 이에 종사하는 행정 관료들이 전문성 즉, 안전에 관련 된 문제해결 능력을 갖춘 전문가들이 되어야 한다는 이유에서이다.

이들이 안전과 관련된 부문에서 비전문가라면 안전과 관련된 문제를 사전에 예방하거나 이러한 문제가 발생했을 때 해당 문제를 해결할 수 없게 될 것이고 그럴 경우 국민으로부터 호된 질책과 비난을 당하게 되어 결국 정부의 신뢰성에 손상을 끼치게 될 것이기 때문이다.

다음으로 정부의 도덕성을 제시한 이유는 안전 관련 기관과 이의 종사자들이 도덕적으로 흠결을 가지고 있다면 올바른 안전관련 문제의 예방이나 적절한 해결이 이루어지기 어렵다는 생각에서이다.

안전 관련 기관과 이에 종사하는 행정 관료들이 도덕적 해이(moral hazard)에 빠져있거나 부패와 부조리에 익숙해진 도덕적 결함을 가지고 있다면 기관이익이나 자신들의 사익을 위해 안전과 관련된 문제해결에 집중을 하지 않고 이를 외면할 수밖에 없기 때문이다. 이렇게 될 경우 국민으로부터 질타를 받게 될 것이고 이로 인해 정부의 신뢰성은 실추 될 수밖에 없을 것이기 때문이다.

그리고 세 번째로 정부의 위기관리통합능력을 거론한 것은 안전에 관련된 사안이나 사고에 직면했을 때 또는 이를 수습해야 할 경우, 이를 책임지고 통합적으로 조율하고 통제할 수 있는 컨트롤 타워(control tower)로써의 역할을 제대로 수행할 수 없게 될 것이기 때문이다.

컨트롤 타워의 부재나 미비 시 그리고 관련부처 간 그리고 민간기업과 해당관련기관 간의 협력과 공조체제에 대한 체계적인 관리시스템이 부재하거나 미비할 경우, 여기에서 한 걸음 더 나아가 관련 위기관리지침인 매뉴얼이 제대로 준비되지 않았거나 또는 그에 따라 집행되지 못하게 되면 위기발생 시 예방은커녕 효율적인 대응조차 제대로 하지 못하게 될 것이다. 이럴 경우 정부 신뢰성은 손상을 입을 수밖에 없게 될 것이다.

이러한 세 가지 관점의 분석 준거 틀에 입각하여 앞서 언급한 두 개의 관련 사례들을 진단·분석하고 이를 토대로 하여 문제점을 도출한 후, 이러한 문제를 해결하기 위한 방안을 강구해 봄으로써 앞으로 예상되는 안전사고에 대한 적실성과 시의성을 지닌 예방과 대응조치를 위한 정책적 처방전(policy measure)으로 삼고자 하였다.

그리고 이에 그치지 않고 여기에서 한 걸음 더 나아가 이러한 안전사고에 대한 효율적인 대처와 관리를 통해 정부에 대한 국민의 신뢰성을 증대시킬 수 있는 방안도 정책적 차원에서 제시해 보고자 하였다.

이상으로 이 책의 집필 목적과 집필 방법 등에 대해 언급을 해보았다. 그러나 이 책이 주 된 초점을 맞추고 있는 것은 정부의 신뢰에 대한 것이다. 어떻게 하면 정부에 대한 국민의 신뢰를 높여 나갈 수 있을까 하는데 주안점을 두고 있다는 말이다. 그러면 과연 정부의 신뢰에서 언급되는 신뢰는 무엇을 의미하는 것일까?

어느 누구나 잘 알고 있듯이 신뢰는 사람들 간에 또는 조직들 간에 더 나아가 사회 간에 그리고 국가 간에 작용하는 하나의 믿음이다. '진실 된 믿음은 태산이라도 옮겨 놓을 수 있다'는 말이 있듯이 믿음이 가지는 힘은 무궁무진하다.

이러한 믿음을 국민으로부터 정부가 받을 수 있다면 그러한 정부는 강력한 정통성을 가지고 국정을 효율적으로 운영해 나갈 수 있을 것이다. 그러나 반대로 이러한 믿음이 깨진다면 정부에 대한 국민의 신뢰는 바닥을 모르게 추락할 수 있고 그러한 정부는 국정운영에 있어서 한걸음도 나아가기 어렵게 될 것이다.

그래서 정부에 대한 국민의 믿음이 국민을 위해서나 정부를 위해서나 모두를 위해 필요하고 중요한 것으로 받아들여지는 것이다. 이미 세월 호 침몰 사고 등을 통해 무능, 부패, 위기관리능력의 미흡 등 정부의 부끄럽고 일그러진 자화상이 여과 없이 국민들에게 드러나고 말았다. 국민의 신뢰를 받으려고 노력하는 정부로서는 보여주어서는 안 될 부끄러운 민얼굴을 그대로 보여주고 만 것이다.

그러나 시간이 얼마나 지났다고, 세월 호 침몰 사고를 통한 아픈 교훈이 아직도 정부에서 그리고 우리 사회에서 작동되지 않고 있는 것이 아닌가 하는 우려스런 사안들이 현재 진행형으로 나타나고 있는데 이것이 우리를 더욱 당혹스럽게 만들고 있는 것 같다.

최근에 발생한 판교 환풍구 붕괴사고와 홍도 앞바다에서 좌초한 유람선 바캉스 호 사고 등을 그러한 실제 사례로 꼽을 수 있을 것이다. 환풍구의 용접불량과 앵커 볼트 미 고정 등의 부실시공과 공연질서를 무시한 안전 불감증이 부른 인재인 판교 환풍구 붕괴 사고나, 탑승객 전원구조를 한 것을 빼고는 세월 호 침몰 사고와 거의 닮은꼴이 된 바캉스 호 좌초 사고 역시 안전 불감증으로 인한 인재였던 것이다.

홍도 유람선인 바캉스 호도 세월 호 침몰 시와 유사하게 승객을 구조하는 일은 인근에 있던 유람선 썬 플라워 호와 인근에서 조업 중인 어선들이었고, 해경 함정은 구조가 마무리된 뒤에야 현장에 도착했다 한다.[2)]

그리고 사고가 나기 얼마 전에 홍도 주민 70여 명은 바캉스 호가 일본에서 제작된 선령(船齡) 27년의 노후 선박이라 운항에 적합

2) 『동아일보』 사설, "홍도 유람선 사고 '전원 구조' 빼고 세월호와 뭐가 다른가", 2014년 10월 1일. ; http://m.donga.com/NEWS/rel/3/all/20141001/66853533/1

하지 않다며 허가를 내줘선 안 된다고 목포 해경에 탄원을 했지만 묵살당하고, 세월 호 침몰 사고 한 달 뒤에 10년 면허를 받아 운항을 시작했다 한다. 그리고 선령이 오래 된 중고 선박을 증·개축하여 정원을 350명에서 500명으로 늘렸다 한다.[3] 이 모든 과정이 너무도 세월 호와 흡사하게 진행이 되었다는데 놀라움을 금할 수 없는 것이다.

판교 환풍구 붕괴사고나 유람선 바캉스 호의 세월 호 판박이 사고 등과 연말정산 파동, 주민세, 그리고 건강보험료 개편의 잠정 중지와 같은 설익은 정책들로 인한 역풍이 만만치 않은 것 같은데, 이러한 것을 지켜보는 국민들의 마음속에서 '이제 정부가 뭘 추진하겠다고 말을 해도 곧이듣지 않겠다.'[4]는 정부 불신이 뿌리 깊게 자리 잡게 될까봐 우려가 되기도 한다.

또한 대중영합 적 포퓰리즘(populism) 정책에 대한 우려도 국민의 마음을 어지럽히고 있지는 않나 싶다. 이러한 예로 신혼부부 집 한 채 소동 등은 공짜복지에 대한 국민들의 싸늘한 시선을 정부와 정치권에 던지는 직접적인 계기가 되지 않았나 싶다.[5] 국민들도 이제 무상이무상이 아님을 그리고 복지는 누군가의 호주머니나 지갑에 있는 돈이 나오는 것으로 결코 공짜가 아님을 새삼스

3) 『동아일보』 앞의 사설.

4) 『조선일보』 사설, "정책마다 하룻밤 새 뒤집으면 누가 정부 믿고 따르겠나", 2015년 1월 30일. ; http://news.chosun.com/site/data/html_dir/2015/01/29/2015012904636.html

5) 『조선일보』 사설, "공짜 복지에 싸늘한 여론 보여 준 '신혼부부 집 한 채' 소동", 2014년 11월 21일. ; http://news.chosun.com/site/data/html_dir/2014/11/20/2014112004463.html ; 『조선일보』 사설, "野, '신혼부부에 집 한 채' 공약으로 뭘 노리나", 2014년 11월 15일. ; http://news.chosun.com/site/data/html_dir/2014/11/14/2014111403508.html

럽게 깨닫는 학습과정을 거치고 있는 것으로 생각이 된다.

따라서 이러한 대중영합 적 정책들은 이제 더 이상 약발을 유지할 수 없게 되었다. 이것은 오히려 어렵사리 지금까지 쌓아 온 정부에 대한 국민의 신뢰를 갉아 먹는 요인이 될 뿐이다. 이제 이러한 작은 정치에서 벗어나 보다 큰 정치의 길을 걸어 나가야 할 것이다. 그것이 빙 돌아 우회하는 것 같지만 오히려 정부의 신뢰를 증진시키는 지름길이 될 것으로 사료가 된다.

이제 정부는 환골탈퇴의 마음가짐으로 구태를 툭툭 털고, 시대가 요구하는 국가개조 및 공직개혁이라는 새로운 개혁의 역사를 써 나가야한다. 이것이 국민도 살고 정부도 사는 상생의 길로 생각이 된다.

제1장 왜 정부는 신뢰를 받지 못하는 것일까?
– 역사적 흐름의 시각에서 볼 때 –

미국의 3대 대통령을 역임했던 토머스 제퍼슨(Thomas Jefferson)의 생각은 정부가 비대해지는 것은 바람직스럽지 않다는 것이었다. 정부는 작으면 작을수록 좋은 것으로 생각하였으며 시민사회에 가능한 정부가 끼어들어 사사건건 개입하는 일은 없는 것이 좋다고 생각을 하였다.

무정부주의(anarchism)를 신봉하는 자들이 주장하는 것처럼 정부가 없으면 좋겠다는 생각은 아니었지만, 그렇다고 정부가 시민사회에 개입하여 감내라 곶감나라 하는 것을 마땅치 않게 여겼던 것이다. 이러한 그의 정부관을 한마디로 압축하자면 정부는 '필요악'(necessary evil)이라고 보았다는 것이다.

그가 말한 말 중에 정부를 부정적으로 보는 대표적인 말이 있다. 이를 소개하면 "우리는 피를 통해 세습이 되는 군주를 원하지 않지만 또한 선거를 통해 군림하는 군주도 원하지 않는다."는 말이다. 매우 함축적인 의미를 담고 있지만 이 말에서 그의 정부에 대한 부정적이고 소극적인 생각을 읽어 낼 수 있다.

그리고 "모든 사람은 평등하게 태어났다."[1]는 그의 말에서도 피를 통한 세습권력이건 또는 선거를 통한 권력이건 간에 권력이라는 점에서는 차이는 없으며, 그렇기에 민주 권력이라고 해도 이의 특수성을 인정할 수 없다고 생각을 한 것이다. 이러한 생각은 피를 통한 세습을 통해 만들어진 정부이건 또는 선거를 통해 세워진 정부이건 권력으로 일반시민보다 우위에 설 수 없음을 명확히 한 것이다. 말 그대로 모든 사람은 평등 한 것이다.

사실 이것은 토머스 제퍼슨만의 생각은 아닌 듯 하다. 이 당시 미국을 무대로 하여 그와 같이 살았던 동시대인들의 대부분이 이러한 생각을 가졌던 듯 싶다. 제임스 매디슨(James Madison)도 "어떠한 권리장전도 개인의 자유를 무시 할 수 없다."고 주장을 한 것만 보아도 이와 맥을 같이 하고 있음을 알 수 있는 것이다.

또한 그는 "만약 사람이 천사라면, 정부가 필요 없을 것이다. 만약 천사가 사람을 지배한다면 내적인 통제나 외적인 통제가 불필요할 것이다. 그러나 사람을 지배하는 사람들에 의해 관리되는 정부를 만든다는 것은 그래서 매우 어려운 것이다."[2]라고 말함으로써 사람이 천사가 아니기 때문에 정부를 만들 수밖에 없는 것이지 만약 사람이 천사라면 구태여 정부를 어렵사리 만들 필요가 없다는 점을 분명히 하여 정부가 필요악이며, 그러기에 필수가 아니라 선택이라는 점도 분명히 하고 있는 것이다.

이러한 점들을 고려해 볼 때 그는 정부라 하더라도 그 보다 더 중요한 개인의 자유를 넘어 설 수는 없다는 점을 명확히 하고 있는 것으로 사료가 된다.

---

1) Stephen E. Ambrose, *To America : Personal Reflections of an Historian* (New York : Simon & Schuster, 2002), p.2.

2) Carol W. Lewis and Bayard L. Catron, "Professional Standards and Ethics", in James L. Perry (ed.), *Handbook of Public Administration*, 2nd ed. (San Francisco, CA : Jossey-Bass Publishers, 1996), p.700.

사실 역사적으로 살펴보면 미국이라는 나라는 적극적인 이민을 통해 이루어진 나라이다. 이 땅의 원주민들인 소수의 인디언들만이 드넓은 황무지 땅을 차지하고 있던 이 무렵에 구대륙인 유럽에서 이주해 온 사람들에 의해 차례로 일구어진 나라이다.

1492년 크리스토퍼 콜럼버스(Christopher Columbus)에 의해 발견이 된 이후 신대륙으로 일컬어지는 이곳에 이주를 해 온 이들은 낡아빠진 유럽의 구제도 즉, 앙샹 레짐(Ancien Régime)이 싫어 자신의 모든 기득권을 버리고 황무지 땅으로 목숨을 걸고 이주를 해 온 사람들이다.

특히 그들이 이 땅으로 이주를 하도록 동기화 시킨 강한 유인은 종교적 자유를 갖기 위한 동기도 그 중 하나였다. 그들이 바라는 가장 중요한 것 중 하나가 바로 구제도 하에서는 생각할 수도 없었던 자유였던 것이다.

이러한 이 시대의 시민 정서를 가장 잘 표현한 것으로 패트릭 헨리(Patrick Henry)의 "자유가 아니면 죽음을 달라!"(Give me liberty, or give me death!)라는 말이 있는데 이러한 정서와 사정을 충분히 이해할 수 있다면 자유가 얼마나 절박하고 소중한 것이었는지를 충분히 공감을 할 수 있는 절규라고 이해할 수 있을 것이다.

따라서 이 시대의 사람들은 자신의 자유를 속박하는 그 어떤 것도 원치를 않았다. 그것이 정부라고 할지라도 말이다. 만약 자신의 자유를 속박하는 것이 정부라고 한다면 그들은 정부를 거부하거나 가차 없이 내다 버릴 것이다.

이러한 생각을 가지고 있었기 때문에 이들은 토머스 제퍼슨의 표현을 빌린다면 "신문 없는 정부보다는 정부 없는 신문"을 선택했던 것이다. 신문으로 표현되는 언론의 자유를 정부보다 더 소중히 여겼던 것이다.

이러한 이들의 생각은 정부를 가능한 최소화 시켜야 한다는 생각을 자연스럽게 배태하게 되었고 이를 위한 실행을 계획하고 이를 집행해 나가려고 하였다. "최소의 정부가 최적의 정부"(the least government is the best government)라는 말이 이러한 생각의 연결들 속에서 나타난 것이다.

로버트 노직(Robert Nozick)이 주창한 자유방임적 사상을 뒷받침하는 최소국가론(the minimal state), 이것이 바로 이 시대를 살아가는 사람들의 일상적인 생각이었던 것이다.

페르디난트 라살레(Ferdinand Lassalle)는 이 시대의 정부 상을 "야경국가"(night-watch state, Nachtwächterstaat)라고 하여 이를 잘 표현하고 있다. 낮에는 외적의 침입을 잘 막고 밤에는 도둑이나 잘 지키는 것이 국가가 할 주된 일이라는 다소 국가의 역할과 위상을 비하하는 냉소적인 표현인 것이다.

이러한 생각이 지배적이었던 이유는 역사적 원인에서 기원을 하는 것으로 생각할 수 있다. 역사이래로 정부라고 표현 할 수 있는 국가 또는 사회적 지배자들은 일반백성의 복지를 위해서 존재하기 보다는 이들을 착취하여 자신의 부와 안일을 증대시키는 일에 혈안이 되어 왔었기 때문에 정부는 바로 착취의 주범이었던 것이다. 일반백성이 이러한 정부를 곱게 보아줄 리는 없는 것이다.

1. 정부불신에 대한 정치 철학적 논리

프랑스의 저명한 철학자인 장 자크 루소(Jean Jacque Rousseau)와 영국의 유명한 정치철학자 존 로크(John Locke)는 이러한 정부를 곱게 봐주기는커녕 이를 징벌할 수 있는 논리를 개발해 내었다. 즉, 이들은 국민저항권(Right of revolution)이라는 논리를 개발해 낸 것이다.

시민과 정부는 서로의 자유의지(free will)에 의해 계약을 체결한다는 것이다. 시민의 입장에서는 약육강식이 난무하는 밀림의 장에서 자력으로 자신의 생명과 신체 그리고 재산을 제대로 지키기엔 역부족이기 때문에 정부에 의탁하는 대신, 정부에 대해 자신의 몸과 돈을 제공하기로 하고, 반면 정부의 입장에서는 정부시스템을 운영해 나가기 위해선 시민들의 헌신적인 몸과 돈의 제공이 필요로 함으로 이를 제공받는 대신, 그 대가로 시민들의 안전을 지켜주기로 계약을 체결한다는 것이다.

예를 들어 여기에서 몸의 제공은 국가방위를 위해 병역을 필한다든가 또는 공역 등을 부담하는 것을 의미하며, 돈을 제공하는 것은 정부에 대해 세금 등을 납부하는 행위를 의미한다고 할 수 있다.

앞서 말한바와 같이 시민은 몸과 돈을 제공하고 정부는 그러한 시민들의 안전을 보장해 주는 행위를 함에 있어 시민과 정부는 어디까지나 계약관계이므로 주종 또는 상하의 수직적 관계는 아니며 서로 호혜평등한 수평적 관계라는 것이다. 기존의 구제도에서 볼 수 있었던 국가와 시민간의 상하의 주종관계를 상정하고 있지 않다는 것이 특징이다.

만약 이러한 정부와 시민간의 평등한 계약관계가 어느 일방에 의해 파기될 경우 정부는 이를 파기한 시민에 대해 계약에 근거한 법에 의해 사전에 규정된 여러 가지 규제를 할 수 있고, 시민 역시 계약을 체결한 정부를 거부하고 이에 저항하며 이를 통해 정부를 바꿀 수도 있다(regime change)는 논리인 것이다.

기존의 구제도적 사고로 볼 때에는 도저히 이해가 되지 않는 것으로 지금까지 정부에 종속되어져 일방적으로 착취만 받은 시민의 자유를 보호하고 나아가 극대화 할 수 있는 논리로 이해할 수 있는 것이다.

어쨌든 이러한 논리가 개발되어 나올 만큼 정부에 대한 시민들의 믿음은 철저히 망가지고 있었던 것이다. 바로 이러한 이면에는 또한 시민들의 정부에 대한 철저한 불신이 자리를 잡고 있었던 것이다.

강력한 연방주의 국가를 갈구한 미국의 초대 대통령 워싱턴 정부 시절 초대 재무장관을 역임했던 알렉산더 해밀턴(Alexander Hamilton)은 미국의 발전을 위해서는 여러 주정부가 한곳으로 뭉쳐 연합하여 구성된 연방 국가를 강고히 하고 행정권의 수반인 대통령에게 보다 강한 힘을 밀어주어 강력한 단일의 리더십 아래에서 국가발전을 일구어 나가야 선진화 된 유럽을 신속히 따라 잡을 수 있고 미국의 앞날을 보장할 수 있다고 생각을 하였다.

그래서 그는 행정수반인 대통령을 중심으로 한 강력한 행정국가화의 방향을 계획하고 추진시켜 나갔다.

그러나 이 당시의 시대상에서 읽을 수 있었겠지만 많은 시민들은 이러한 해밀턴의 생각, 즉 대통령을 중심으로 한 강력한 행정국가화의 방향을 달가워하지 않았다. 선거로 뽑힌 군주에 의해 또 다른 형태의 착취가 정당화 되고 제도화 될지 모른다는 의혹감이 이들을 두렵게 만들었기 때문이다.

이러한 흐름에 더욱 힘을 실어준 것은 의회주의자들이 만들어낸 일종의 정치적 음모였다. 토머스 제퍼슨과 같은 알렉산더 해밀턴의 대표적인 정적들은 이러한 행정국가화의 위험성을 과대 포장하여 이를 의혹 적으로 쳐다보고 있는 시민적 정서에 어필을 하였고, 이러한 어필은 당시의 시대상과 너무나 잘 맞아떨어졌다.

알렉산더 해밀턴의 생각은 장기적 관점에서 그리고 결과론적인 측면에서는 맞았지만 자유방임적 사상에 입각하여 최소국가를 지향했던 그 시대의 시민정서와는 일정한 간격, 즉 괴리를 가질 수 밖에 없었던 것이다. 일반적인 시민정서는 한마디로 정부를 못 믿겠다는 것이었다.

그는 이러한 연유로 인하여 결국 시민들의 선택을 받지 못해 대통령도 되지 못하고, 설상가상으로 1804년 정치적 이견을 가진 부통령 에런 버(Aaron Burr)와의 결투 끝에 비극적인 삶을 마감하게 되었다.

영국의 정치 철학자였던 토머스 홉즈(Thomas Hobbes)는 자연 상태의 인간 존재에 대해 1651년에 출간 된 『리바이어던』(Leviathan)에서 "만인의 만인에 의한 투쟁"(the war of all against all)으로 보았다.

상호 불신으로 가득 찬 갈등과 대결로 점철 된 인간 세상을 그는 상호 투쟁으로 상정했던 것이다. 그래서 이를 바로 잡기 위해 강력한 군주가 나타나 강제적으로 그리고 무력을 사용하여 이들의 일탈과 탈선을 막아야 한다고 생각했던 것이다.

따라서 군주로 대변되는 정부는 자비로운 존재일 수가 없었으며 일반 백성에게는 강력한 규제자 그리고 정부의 뜻과 다른 방향으로 나갈 때는 강력한 응징과 처벌이 뒤따랐다는 사실을 역사를 통해 학습할 수 있었던 것이다. 백성들의 눈에는 더 이상 정부는 자애롭고 부드럽고 따사로운 천사의 존재가 아니었다. 오히려 잔인하고 냉정하고 차가운 사탄의 존재로 비쳐졌던 것이다.

또한 이탈리아 당대 최고의 명문가문인 메디치 가(House of Medici)에 가신으로서 충성을 바친 니콜로 마키아벨리(Niccolò Machiavelli)는 자신의 주군인 메디치(Lorenzo di Piero de' Medici)에게 바친 『군주론』(The Prince)에서 권력의 잔인성과 냉정성을 정교하게 설파하였다.

정치권력은 호랑이처럼 무자비해야 하고 또한 여우처럼 교활하고 영민해야 한다고 설파하였던 것이다. 이는 목적이 수단을 정당화한다는 마키아벨리즘(Machiavellianism)으로 널리 알려져 있는 내용이기도 하다.

정부는 이러한 자들로 채워지고 이들의 권모술수가 정부를 도덕적으로 병들게 하였다고 많은 백성들은 생각하였다. 이렇게 사악하고 교활한 자들로 채워진 정치권력의 아성인 정부를 일반백성들이 좋게 받아들이긴 어려웠을 것이다.

이러한 것들은 역사적으로 학습되어진 것으로 정부를 좋지 못하게 보는 시각을 확대재생산하였다. 그래서 최소주의 국가(minimalist state), 소극적 국가(negative State), 제한된 국가(limited government)[3)]라고 일컬어지는 국가상을 구축하게 되었고 이는 당연한 논리적 귀결로 정부에 대한 부정적 이미지를 확대 재생산하게 되었던 것이다.

2. 정부불신을 낳게 만든 경제공황 이후의 행정국가 화

1920년대 말에 미국 사회는 독립 이후 처음으로 전대미문의 큰

---

3) 존 그레이(John Gray)는 이를 '제한된 국가'라고 표현을 하였다. John Gray, "Limited Government", in David McKevitt and Alan Lawton (eds.), *Public Sector Management : Theory, Critique and Practice* (Thousand Oaks, CA : SAGE Publications, 1994).

사건에 직면하게 된다. 지금까지 미국 사회를 튼튼하게 뒷받침해 주던 뉴욕 월가(Wall-street)에서 커다란 소요와 붕괴의 움직임이 1929년 감지되었기 때문이다. 미국뿐만 아니라 전 세계를 뒤 흔든 증권파동은 미국의 경제를 더 이상 제대로 작동하기 어려운 상황으로 몰아넣었다. 미국이 자랑했던 미국의 자본주의 시스템은 마치 산소 호흡기를 착용한 중환자처럼 가쁜 숨을 몰아쉬기 시작했던 것이다.

영국의 경제학자 아담 스미스(Adam Smith)가 1776년 출판한 『국부론』(Wealth of Nation)에서 주장한 것과는 달리 시장은 보이지 않는 손(invisible hand)에 의해 예정조화 적으로 작동하지 못했으며, 여러 군데에서 파열과 균열이 나타나고 서로 어긋나 삐꺽 거리는 소리가 난무하는 어려운 상황에 직면하게 되었던 것이다.

수많은 기업과 공장들이 도산이 되었고 실업자는 수를 헤아리기 어려울 정도로 늘어났으며 이로 인한 미국 경제의 파탄은 시간문제일 뿐이었다. 더 이상 자유방임적인 사상에 입각하여 시장을 속수무책으로 놓아 둘 수만은 없는 상황으로 치닫게 된 것이다. 지금의 시각으로 보면 시장의 실패(market failure) 현상이 나타난 것이다.

자유방임적 사상을 신봉했던 후버 정부는 실망하고 좌절하고 분노한 시민들에 의해 끝장이 나버렸다. 그리고 이의 대안으로 루즈벨트 정부가 시민들에 의해 선택이 되었다.

미국에서 유일하게 4번이나 대통령에 당선된 4선 대통령 프랭클린 루즈벨트(Franklin Delano Roosevelt)는 첫 번째 임기를 시민들의 요구에 화답이나 하듯이 과감히 시장의 실패를 인정하고 이를 해결하기 위해 정부가 적극적으로 개입을 하여 시장을 되살리겠다는 정책기조를 천명하고 이를 실행에 옮기기 시작하였다.

그는 영국의 경제학자였던 존 메이나드 케인즈(John Maynard Keynes)[4]의 경제(Keynesian economics) 정책을 채택하고 시민들의 구매력, 즉 유효수요를 창출하기 위한 유수정책(spending policy)을 추진시켜 나갔다. 또한 국가차원에서 기획(planning)을 통한 경제개혁의 기치를 내걸고 이를 밀고 나갔다.

정부의 시장에 대한 개입에 대해서 의혹과 불신의 눈초리를 보냈던 많은 자유방임주의자들은 국가가 계획을 세우고 이에 입각하여 경제발전과 개혁을 주도적으로 일구어 나가는 것을 보고 이념적 측면에서 공격을 했고 이러한 정부의 적극적 개입에 대해 저항하기 시작하였다.

심지어 학계에서 조차 이러한 기획에 대한 이념적 논쟁이 강하게 제기되었다. 과연 전체주의 공산국가인 소비에트 연방(Soviet Union : USSR)에서 만들어 사용하고 있는 국가기획(national planning)이 과연 미국이라는 자유자본주의 체제와 양립할 수 있느냐 하는 것이 주된 논쟁의 핵심 이슈였다.

이 논쟁의 대표적인 양대 주자는 프리드리히 하이에크(Friedrick A. Hayek)와 허만 파이너(Herman Finer)였다. 우선 프리드리히 하이에크는 "노예에 이르는 길"[5]이라는 글에서 기획이 결국 시민들을 모두 노예의 길로 내 몰 것이라고 강하게 기획을 비판하였다.

그러나 이러한 비판에 대해 비판을 하는 허만 파이너의 주장이

---

4) 1936년에 출판된 "고용, 이자 및 화폐의 일반이론"은 그의 대표적 명저이다. ; John Maynard Keynes. (1936). *The General Theory Of Employment, Interest, And Money.*

5) Friedrich A. Hayek, *The Road to Serfdom* (Sydney : Dymock's Book Arcade, 1944).

나왔다. 그는 "반동의 길"6)이라는 글에서 하이에크의 주장은 그릇된 것이라는 점을 분명히 지적하고 기획은 오히려 시민들에게 보다 많은 자유를 가져다 줄 것이라고 주장을 하였던 것이다.

이러한 가열된 논쟁에서도 알 수 있듯이 이 당시의 루즈벨트 대통령의 뉴딜 정책(New Deal policy)은 많은 장애물들에 봉착을 하였고 심지어 이를 위한 정책들이 사법부에 의해 위헌판결이 나기도 하였다. 그러나 "정직이 최선의 방책"이라고 믿고 있던 루즈벨트는 이러한 시련을 극복하고 자신의 정책을 일관되고 지속적으로 이끌고 나갔으며 이것은 결과적으로 전대미문의 경제공황(economic panic)을 타개하는 중요한 원동력이 되어졌던 것이다.

물론 이러한 루즈벨트의 정책을 다른 시각에서 이해하고 이의 경제공황 타개 효과를 폄하하는 세력 들이 없는 것은 아니지만 일반적으로 루즈벨트의 정책은 올바른 방향을 잡고 정책집행을 제대로 한 것으로 이해가 되고 있다.

세계 경제공황을 분수령으로 하여 결국 자유방임주의는 세계경제 공황과 더불어 역사의 장에서 한 발 물러나야 했다. 정부의 개입을 정당시하는 움직임이 일반화 되었고 이것은 결국 행정국가(administrative state) 화를 낳게 되었다.

종전의 자유방임주의 시대와는 달리 이제 국가가 보다 더 적극적으로 개입을 하여 문제를 해결하고 국민의 삶의 질을 증진시켜 나가는 주체가 되어야 한다는 적극 국가 개념으로 바뀌게 되었던 것이다.

이러한 흐름에 힘을 얻어 행정국가 화는 가속도를 받아 폴 라이

---

6) Herman Finer, *Road to Reaction* (New York : Westport, Connecticut : Greenwood Press, 1977).

트(Paul Light)가 이야기 하듯 연방정부를 비롯하여 미국의 정부 시스템을 엄청나게 빠른 속도로 증대시키는 결과를 가져왔다.[7] 그리고 이에 따른 역기능이 새로운 형태로 나타나기 시작하였던 것이다. 즉 국가를 보는 부정적인 시각이 새로이 나타나게 되었던 것이다.

폴 라이트가 지적한 행정의 비대화는 입법, 사법, 행정이라는 삼권 중 유독 행정의 기능을 과도하게 증대시킴으로써 종래의 권력분립에서 상정하였던 견제와 균형(check and balance)이라는 이상을 잠식하기 시작하였으며, 관료제의 비대화에 따른 관료적 병리현상(bureaucratic pathology)을 야기하였던 것이다.

이제 관료제가 없이는 시민의 삶을 좌지우지할 만큼 강력하게 비대화 된 행정을 더 이상 지속하고 지탱할 수 없게 된 것이다. 이러한 현상을 보고 자조적으로 관료제를 입법, 사법, 행정에 뒤 이은 제4의 권부로 보는 시각까지 나타나게 된 것이다.

3. 정부불신을 자초한 워터게이트 사건

시민들은 이러한 행정의 독주에 두려움을 느끼기 시작하였다. 이러던 차에 1970년대 들어서면서 세상을 깜짝 놀라게 한 커다란 사건이 터지게 되는 것이다. 일명 '워터게이트 사건'(Watergate scandal)으로 더 잘 알려져 있는 사건이다.

이 사건은 민주당의 대선 관련 선거본부가 있는 워터게이트 빌딩[8]에 정보요원들을 비밀리에 침투시켜 리처드 닉슨(Richard Nixon)

---

7) Paul C. Light, *The Thickening Government : Federal Hierarchy and the Diffusion of Accountability* (Washington, D. C. : The Brookings Institution, 1995). p.1.

대통령의 재선에 걸림돌이 되는 민주당의 선거 전략을 알아보기 위해 비밀 도청(wiretapping)을 시도하다가 적발이 되어 미수에 그친 사건이다.

물론 이 과정에 '깊은 목구멍'(deep throat)이라는 별명을 가진 내부고발 자(whistle-blower)[9]가 있었으며 그의 도움으로 이 비밀작전이 적발이 되었다는 사실이 뒤에 드러나기도 하여 또 한 번 세간의 관심을 받기도 하였다.

어쨌든 이 사건은 비밀도청을 누가 지시했느냐하는 것이 가장 수사의 핵심이었고 또한 시민들의 주된 관심사이기도 하였다. 지시선상에 있어 최고위선인 리처드 닉슨 대통령은 자신이 이 사건에 연루되어있다는 사실을 철저하게 부인하였다.

그리고 이에 그치지 않고 한 발 더 나아가 이러한 사실을 확실하게 굳히기 위해 중앙정보부(CIA) 리처드 헬름스(Richard Helms) 부장에게 이 사건과 대통령인 자신이 무관하다는 사실을 수단과 방법을 가리지 말고 어떻게든 국민들에게 주지시켜 이 사건을 무마토록 지시를 내렸다.

그러나 리처드 헬름스 부장은 대통령의 지시를 거절하였으며, 이에 격분한 닉슨 대통령은 보복적 인사 조치를 내려 그를 부장직에서 물러나게 하였다.

그리고 닉슨 대통령은 자신에게 비판적인 언론에 대해 재갈을 물리려는 시도를 서슴지 않았다. 이 사건을 최초로 특종으로 터트린 '워싱턴 포스트'(Washington Post) 지에 대해서는 연방방송위원회

8) 당시 이 빌딩 안에는 민주당 전국위원회 본부가 자리를 잡고 있었다. 그리고 시기적으로 대선이 임박한 시점이었다.

9) 2005년에 들어 이 내부고발 자가 당시 연방수사국(Federal Bureau of Investigation : FBI)의 부국장이었던 마크 펠트(Mark Felt)임이 드러났다.

를 통해 이 신문이 운영하는 방송국의 허가 갱신을 불허토록 압력을 행사했을 뿐만 아니라, 자신에게 비판적인 '콜롬비아 방송'(CBS) 등 3대 방송을 독과점 법으로 제소하고 더 이상 대통령을 비판하지 못하도록 협박했다. 또한 자신에 대해 비판적인 신문들을 골라 이들이 운영했던 3개의 방송국에 대해서도 허가를 취소하였다.10)

대통령의 이러한 협박적 행동은 그야말로 언론매체와의 전쟁을 선포한 것이나 마찬가지였다. 그러나 매스 미디어들 역시 이러한 협박에 겁먹지 않고 이에 굴하지 않았다. 상황은 점점 닉슨 대통령에게 좋지 않은 방향으로 굴러가고 있었다. 닉슨 대통령에게는 불행한 일이지만 설상가상으로 의회가 자신을 탄핵소추를 하려하였다. 그는 완전히 사면초가(四面楚歌)의 상태에 빠지게 되었던 것이다.

결국 닉슨 대통령은 더 이상 버틸 수 없음을 알고 자진하여 대통령직에서 하야를 하게 되었다.11) 미국 역사상 처음으로 현직 대통령이 스스로 하야를 하는 비극적 기록을 남기게 된 것이다.

이 사건은 미국의 조야(朝野)를 발칵 뒤집어엎은 사건이 되었고 기존의 정치 지형을 바꿔버린 대사건이 되었으며 시민들로 하여금 정치에 대해 불신을 극대화시키는 결정적 계기가 되었다.

이 사건을 통해 대통령을 비롯한 정치가들의 도덕성을 시험하

---

10) 이병철, 『행정의 역사와 이론』(부산 : 도서출판 금정, 2003), 274-275쪽.
11) 대통령이 워터게이트 사건과 관련이 있다는 녹취내용이 백일하에 드러나게 되자, 이를 근거로 하여 하원에서 탄핵안이 통과가 되었다. 이렇게 되자 닉슨은 상원에서도 탄핵안이 통과될 것으로 생각하고 대국민 사과담화문을 발표하면서 대통령직에서 물러나겠다고 발표를 하였다. 이병철, 『행정철학』(부산 : 도서출판 금정, 2012), 54쪽.

는 시금석(試金石)이 되었으며, 국가원수이며 행정부의 수반인 대통령이 비밀공작을 지시하고 나아가 이러한 사실과 관련하여 거짓말을 하였다는 점이 시민들을 매우 분노하게 만드는 결과를 가져왔던 것이다.[12] 헌법을 위시한 모든 국법을 준수하고 이를 지켜야 하는 대통령이 가지는 위상과 그의 상징성을 고려할 때 시민들의 분노는 충분히 공감이 되는 것이다.

이리하여 워터게이트 사건은 시민들로 하여금 대통령을 위시한 정치가들과 정부 그리고 행정 모두를 싸잡아 비판하면서 이에 대해 강한 불신을 가지게 만드는 중요한 계기가 되었던 것이다.

행정권의 수반이며 최고 통치자인 대통령의 거짓과 위선은 정부와 행정의 불신에 중요한 단초가 되었던 것이다. 워터게이트 사건으로 인한 정부에 대한 부정적 시각과 이미지의 증대는 이 시대의 막을 수 없는 대세가 되었던 것이다.

4. 정부불신의 또 다른 원인인 행정 관료의 부패

정부불신의 또 다른 원인으로 정부관료 제와 이에 몸담은 행정관료들의 부패 적 행태를 들지 않을 수 없다.

워터게이트 사건과 같이 대통령을 위시한 정치인들의 그릇된 행위에 더하여 정부 관료제와 이를 구성하는 행정 관료들의 행태

12) 아이젠하워 대통령부터 부시1세 대통령까지 집권말기의 대통령인기도 갤럽조사결과를 보면 닉슨은 24%를 차지하여 카터 대통령의 21%를 제외하고는 최하위를 나타내고 있다. 57%라는 가장 높은 인기도를 나타낸 케네디 대통령의 사망 시와 비교해 보면 좋은 대비가 될 수 있다. David Gergen, *Eyewitness to Power* (New York : Simon & Schuster, 2002). ; 최평길, 『대통령학』, 제2집 (서울 : 박영사, 2002), 311쪽.

역시 역사적으로 정치에 대해 부정적인 이미지를 심는데 커다란 역할을 했다. 동서고금(東西古今)을 막론하고 행정 관료들의 부패와 부조리는 차마 눈 뜨고 볼 수 없는 목불인견(目不忍見)의 상황으로 전개되었던 것이다.

1880년부터 1930년 사이에 만들어진 근대 공무원제는 원래 그런 것은 아니었다. 근대 공무원 제란 계층제적 관계체계 내에서 전일제 근무시간으로 고용이 되어 적절한 봉급을 받으며 일원화된 규칙에 따라 일하고 노후에 적절한 연금을 받는 것이 보장되는 정부의 구성체를 의미하는 것이었다.[13]

여기 어디에도 행정 관료의 부정과 부패에 대한 일면을 찾아 볼 수 없다. 제임스 페리(James L. Perry) 역시 공무원 제를 국가서비스를 제공하기 위한 인간자원 동원의 중개적 기관으로 정의하고 있을 뿐이다.[14] 어디까지나 공무원제의 중점을 국가서비스에 두고 있는 것이다. 이 개념 정의 어디에도 행정 관료들의 부정과 부패를 찾아보기 어렵다.

그러나 시간이 흐르면서 이러한 원론적 개념 정의는 변질이 되고 본질이 희석이 되었다. 적절한 봉급을 받지 못하거나 또는 자신이 제공하는 국가서비스를 사유화하여 이를 물건처럼 자신의

---

13) H. Parris, *Constitutional Bureaucracy : The Development of British Central Administration Since the Eighteenth Century* (London : Allen & Unwin, 1969), p.22. ; Hans A. G. M. Bekke, James L. Perry, & Theo A. J. Toonen (eds.), *Civil Service Systems in Comparative Perspective* (Bloomington, Indianapolis : Indiana University Press, 1996), p.68.

14) E. P. Morgan and James L. Perry, "Re-orienting the Comparative Study of Civil Service Systems", *Review of Public Personnel Administration*, Vol.8 (summer 1988), pp.84-95. ; Hans A. G. M. Bekke, James L. Perry, & Theo A. J. Toonen (eds.), *Ibid.*, p.68.

고객에게 팔려는 기회를 엿보거나, 한 발 더 나아가 관직 그 자체를 사고파는 거래의 대상으로 해서 불법적인 뒷돈을 챙기려고 하는 등 파행성이 만연하게 되었던 것이다.

이러한 불법적 행태들을 제대로 제어하고 억제하기 위해선 정기적인 보수와 적절한 급여가 보장되어야 한다고 처치(C. H. Church)는 주장을 하였던 것이다.[15] 이는 이와 같은 그릇된 변질이 자행됨을 목격하고 이를 예방 내지는 치유하려는 노력으로 평가할 수 있는 것이다.

그러나 이러한 노력은 역사적으로 볼 때 백년하청(百年河淸)이었고 일부 그릇된 행정 관료들은 자신의 몫을 더 챙기기 위해 자신이 가지고 있는 권력을 최대한 자기이익을 위한 방향으로 조운(趙雲)[16]의 헌 칼처럼 휘둘렀으며[17] 이로 인해 보다 많은 시민들이 상처입고 희생이 되었던 것이다.

그리고 이러한 희생은 행정 관료들의 무능, 즉 전문성 부족으로 인해 더 가중이 되었던 것이다. 1970년대 들어 미국에서는 행정 관료들에 대한 비판이 봇물처럼 터져 나왔는데 그 이유는 행정 관료들의 전문성 부족에 따른 실적 및 성과의 불만족과 정책 실패에 따른 국민부담의 가중 때문이었다.

국민들의 생각은 정부규모가 크고 행정 관료들은 많은 봉급을

---

15) C. H. Church, *Revolution and Red Tape : The French Ministerial Bureaucracy 1770-1850* (Oxford : Clarendon Press, 1981), p.99 & 137.

16) 중국 삼국시대 촉한(蜀漢)의 무장으로서 자는 자룡(子龍)이며, 기주(冀州) 상산군(常山郡) 진정현(眞定縣) 사람이다. http://ko.wikipedia.org/wiki/%EC%A1%B0%EC%9A%B4_(%EC%B4%89%ED%95%9C)

17) "조자룡 헌 칼 쓰듯"하면 중요한 것을 아끼지 않고 멋대로 사용하는 모습을 비유하는 말로 쓰게 되었다. http://edjnews.com/sub_read.html?uid=8738&ection=sc13

받고 있지만 전문성 부족으로 인해 형편없는 실적과 성과를 냄으로써 정작 제대로 밥값을 못하고 있다는 것이다. 또한 지나치고 쓸데없는 번문욕례(red tape)가 많고 승진이 그가 가진 능력과 실적에 의해 이루어지고 있지 못하다는 비판이 쇄도했던 것이다.[18)]

이와 같이 행정 관료들로 대변되는 정부는 더 이상 시민들을 위한 안식처가 아니라 자신들의 생명과 재산이라는 중대 이익을 위협하고 넘보는 매우 파렴치하고 위험한 존재로 인식하게 되었던 것이다. 바로 이러한 역사적 체험이 이들로 하여금 자연스러운 학습효과를 통해 이러한 인식을 깊숙하게 심어주게 되었던 것이다. 이러한 행정 관료제가 주는 부정적 면모를 리처드 스틸만(Richard Stillman, Jr)은 관료제의 신화라는 타이틀로 잘 요약을 하여 정리를 해주고 있다.[19)]

사실 동서양을 막론하고 행정 관료들의 부패와 부조리는 거침이 없이 활개를 쳤고 시민들은 이로 인해 많은 반사적 피해를 봤던 것은 부인할 수 없는 역사적 사실이다.

5. 정부불신을 야기한 조선시대 방납의 폐해와 삼정의 문란

그러한 일예로 조선시대의 방납(防納)의 피해를 들 수 있을 것이다. 이는 임금에게 진상하는 각 지방의 특산물 구매와 관련되어 일어난 부조리와 부패를 의미한다. 예를 들어 인삼이 특정지역의

18) W. A. McClenaghan, *MacGruder's American Government* (New York : Allen & Bacon, 1985), p.433.

19) 리처드 스틸만은 이러한 부정적 의미를 함축하고 있는 관료제의 역기능은 실제와는 많이 다르다고 주장을 하였고 그런 의미에서 관료제의 신화라고 명명을 하였던 것이다.

특산물이라고 가정을 하면 이를 임금에게 진상하여야 되는데 매년 중앙정부에서 얼마치를 내도록 하라는 명령이 지방 수령들에게 하달이 된다. 지방수령들은 방납업자들과 유착이 되어 백성들이 구매하여 납부하는 인삼을 여러 가지 이유를 들어 퇴짜를 놓고 이를 받아들이지 않았다.

백성들의 입장으로서는 난감할 수밖에 없고 이를 타결하기 위해 방납업자에게 일정한 돈을 주고 대신 납부토록 하거나 그가 내놓은 턱없이 비싼 인삼을 울며 겨자 먹기로 구매해서 관아에 납부할 수밖에 없게 되는 것이다. 이러한 과정에서 관아의 수령과 방납업자는 부당이득을 얻을 수밖에 없고 이를 나누어 갖게 되는 것이다.

이러한 폐해는 이에 그치지 않고 지방수령은 예를 들어 중앙정부로부터 올해 인삼 100근을 상납하도록 하라는 명령을 받았다면 이를 부풀려 백성들에겐 300근을 바치도록 함으로써 또한 200근의 인삼을 방납업자와 사전에 짠 대로 나누어 가지게 되는데 이는 결과적으로 백성을 다시 한 번 더 착취하게 되는 것이다.

이러한 폐단이 심화되자 백성들은 지방수령과 방납업자 간의 유착으로 인한 더 이상의 착취를 참을 수 없게 되고, 하나 둘 유민(流民)이 되어 마을을 떠나게 되는데 지방수령 들은 이를 막기 위해 그리고 자신들의 착취목표를 유지하기 위해 납부의 의무와 책임을 개인단위로 하는 것이 아니라 마을 단위로 함으로써 유민이 발생하면 할수록 남은 백성들이 이를 더 떠안게 되는 형국이 되었다. 이로 인해 남은 백성들의 피폐와 폐해는 이루 말로 형용하기 어려운 지경에 이르게 되었던 것이다.

이러한 착취의 이면에는 지방수령 등을 비롯한 행정 관료들의 부패하고 부조리한 행태도 한 몫을 하였지만 제도적인 문제점 역시 없지 않았다는 점이다. 즉 지방관아의 운영비 등이 중앙정부의 지원이 없는 관계로 부족했다는 점이다. 따라서 지방관아를 관리하고 운영해 나가야 할 지방수령들로서는 이러한 일들이 잘못된 일인지 알면서도 이러한 악습을 유지해 나갈 수밖에 없었던 것이다.

마치 지방아전[20]들 일명 향리(鄕吏)들에게 중앙정부로부터의 정기적인 급여가 없어 이들이 자신의 쥐꼬리만 한 권력을 악용해 백성들을 착취해 먹은 악행과 별다른 차이가 없는 일이다. 방납 폐해의 근원에는 제도적으로 백성들을 착취해 먹을 수밖에 없는 제도적인 맹점과 문제점 역시 존재했던 것이다.

결국 이러한 문제는 백 여 년이 훨씬 지나서야 해결의 실마리를 찾게 된다.[21] 조선 효종 조 때 김육(金堉)이라는 사람에 의해 미포(米布) 즉 쌀로 대납하는 대동법(大同法)이 시행이 됨으로써 이러한 문제점이 해결의 실마리를 찾아 나가기 시작했던 것이다.

어쨌든 이러한 백성들의 착취사례는 수를 헤아릴 수 없을 만큼 많았다. 임진왜란과 병자호란 등으로 인해 국가재정의 근간이 흔들린 이후부터는 이러한 착취사례는 일상화되고 제도화 되었을 뿐만 아니라 더욱 교활해지고 잔인해지기까지 하였다. 대표적인 것이 삼정 문란(三政紊亂)이다. 여기에서 삼정이라 함은 조선시대

20) 조선시대에 중앙과 지방의 관청에 딸려서 행정실무를 담당하던 하급관리들의 총칭이다. https://mirror.enha.kr/wiki/%EC%95%84%EC%A0%84

21) 오리(梧里) 이원익(李元翼) 등이 방납제도의 폐해를 근절해야한다는 문제제기를 하였으나 기득권 세력인 양반들의 반대로 제도화 되지 못했고 거의 백여 년 동안 폐해로써 일상화되어 백성들을 괴롭히다가 김육이 벼슬에 나아가 평소의 생각을 정책화함으로써 비로소 문제해결의 실마리를 찾게 되었던 것이다. 실로 오랜 세월이 걸렸던 것이다.

재정의 주류를 이루던 전정(田政), 군정(軍政), 그리고 환정(還政) 세 가지의 수취체제를 말한다.

예를 들어 군정의 문란 중 하나인 백골징포(白骨徵布)는 이미 죽은 자의 이름으로 군포[22]를 징수하는 것이고, 황구첨정(黃口簽丁)은 어린 간난아이에게 까지 군포라는 세금을 부과하는 것으로 일반적 상식으로는 도저히 이해되지 않는 폐해가 속출했으나[23] 백성은 이에 대해 어떠한 이의를 제기하거나 문제해결을 위한 노력을 할 수 없이, 힘이 없어 수탈의 대상이 되었다는 이유 하나만으로 속절없이 당하고 살 수밖에 없었던 것이다.

더욱이 일반 백성들을 더욱 절망케 만든 것은 백성보다 더욱 여유롭고 풍족한 양반계급들은 이러한 군역으로부터 해방이 되어있었다는 사실이다. 양반계급은 군포를 납부해야 하는 질곡으로부터 제도적으로 벗어나 있었던 것이다.

이러한 폐단을 완화하거나 근절하기 위한 양심 있는 위정자들의 노력이 없었던 것은 아니다. 영조 시대의 어사(御使) 박문수(朴文秀) 등은 이러한 부담을 서로 균등하게 나누어 가져야 한다는 의미를 가진 혁신안을 내 놓았는데 그것이 바로 균역법[24]이다. 그리고 양반과 백성이라는 신분과 관계없이 호(戶) 단위로 양반도 백성과 똑같이 군포를 내자는 호포 론을 통해 호포제도의 개선안 등을 제

22) 군대를 가는 대신 16세부터 60세까지 남성들이 1년에 2필씩 내야했던 면포를 의미한다.

23) 군포가 줄어들자 지방 관아에서는 이웃에게 군포를 강제 징수하는 인징(隣徵), 가족에게 강제로 징수하는 족징(族徵), 마을 단위로 전체의 군포액수를 부담케 하는 동징(洞徵) 등이 나타나 그 폐해가 하늘을 찔렀다.『두산백과』; http://terms.naver.com/entry.nhn?docId=1109413&cid=40942&categoryId=31778

24) 영조 때 역을 고르게 한다는 취지로 실시가 된 경제개혁 조치를 의미한다.

기하였다.

결국 이러한 노력들은 결실을 맺어 백성들에게 1년에 2필씩 강요되던 군포가 1필로 줄어들게 되었던 것이다. 그러나 양반에 대한 군포 납부의 면제는 지속되었고 백성들에 대한 수탈은 지속이 되었다. 결국 백 여 년이 지난 뒤 흥선 대원군 때 와서 호포법의 발의와 함께 양반도 납세의 의무를 지도록 하는 조치가 내려졌지만 만시지탄(晩時之歎)이라고 백성들의 삶은 이미 다 망가진 뒤였던 것이다.

이러한 지방관아의 착취와 수탈에 대한 백성들의 원한을 잘 표현 한 글이 작자미상인 춘향전(春香傳)에 잘 나타나고 있다. 이 소설 속에서 이몽룡 도령은 과거에 급제한 후 암행어사가 되어 춘향이가 옥에 갇혀있는 남원으로 암행시찰을 나온다. 우연의 일치인지는 모르지만 때맞춰 이 지방의 지방수령인 변학도는 자신의 생신연을 열고자 인근의 지방수령들을 불러 모아 큰 연회를 연다. 이 생신 연에 나타난 이 도령은 멋진 시 한귀를 적어 놓고 사라진다.

그 내용이 정말 백성의 한을 잘 표현하고 있다. 내용은 “금 항아리 안에 가득 담겨있는 맛있는 술은 천 백성의 피요, 옥쟁반 위에 놓여있는 향기 나는 안주들은 만백성의 기름(살)이다. 연회를 밝히는 촛불에서 촛농이 흘러내릴 때마다 백성들의 눈에선 눈물이 흘러내리고, 노랫소리 높은 곳에 백성들의 원망소리 또한 드높도다.”(金樽美酒 千人血, 玉盤佳肴 萬姓膏, 燭淚落時 民淚落, 歌聲高處 怨聲高)

아마 백성들을 착취하는 나쁜 짓을 많이 한 지방수령들이 이 글을 접하고 혼비백산했을 것은 불문가지(不問可知)인 듯 하다. 이와 같이 이 시대의 착취대상인 백성들의 삶은 피곤하고 절망적이었던 것이다.

다산(茶山) 정약용(丁若鏞)이 『목민심서』(牧民心書)를 통해 지방수령 즉 목민관들이 지켜야 할 덕목들을 제시하게 만들은 것도 바로 이러한 백성들에 대한 착취와 수탈이 도를 넘어 지나치게 자행이 되었기 때문이었다.

이와 같은 백성에 대한 제도적인 착취와 수탈은 지방관아에 대한 증오와 분노를 증폭시킬 뿐이었다. 백성들의 시각으로 볼 땐 정부는 더 이상 천사가 아니라 사탄이었던 것이다. 정부에 대한 불신은 점차 고조될 수밖에 없었고 이는 조선 말기 민란(民亂)으로 확대되었으며 결국 국가의 도덕성 실추와 백성으로부터의 신망을 얻지 못한 조선은 500년의 종묘사직을 외세에 의해 거두어들일 수밖에 없는 운명에 스스로 처하게 되었던 것이다.

6. 정부불신으로 야기된 프랑스 혁명과 미국 혁명

이와 유사한 사례들은 서양의 예에서도 얼마든지 찾아 볼 수 있다.

크레인 브린튼(Crane Brinton)은 『혁명의 해부』(The Anatomy of Revolution)라는 책에서 세계의 대표적인 혁명의 발단은 바로 돈에서 시작이 되었다고 주장을 하였다. 즉, 혁명은 국가의 재정적 문제에서 비롯되었다고 주장을 한 것이다. 그는 몇 개의 세계적 혁명을 거론하고 있는데[25] 우리가 너무 잘 알고 있는 프랑스 혁명과 미국 독립혁명을 예로 들어 살펴보면 다음과 같다.

---

25) 영국의 청교도혁명, 미국 독립전쟁, 프랑스 혁명, 그리고 러시아 볼셰비키혁명을 다루고 있다. ; Crane Brinton, *The Anatomy of Revolution* (Englewood Cliffs, New Jersey : Prentice Hall, Inc., 1938 & 1965).

1) 정부불신이 야기한 프랑스 혁명

프랑스 혁명(French revolution)은 1789년 발발하였으며 혁명군에 사로잡힌 루이 16세(Louis XVI)와 그의 왕비 마리 앙투아네트(Marie Antoinette)가 파리(Paris)의 콩코드 광장에서 기요틴(guillotine)에 의해 참수되었다. 이로 인해 부르봉 왕가(House of Bourbon)는 몰락하고 자유, 평등, 박애를 정치적 이념으로 하는 자유 공화국이 들어서게 된다.

물론 나폴레옹 보나파르트(Napoleon Bonaparte) 장군에 의한 쿠데타(coup d'etat)[26]와 뒤이은 황제 등극으로 인해 잠시 나폴레옹 제국이 형성이 되지만 영국 등을 위시한 반 나폴레옹 세력의 견제로 워털루 전투(Battle of Waterloo)에서 참패를 한 후 나폴레옹은 남대서양의 고도 세인트헬레나(Saint Helena)로 유배가 되어 이곳에서 운명을 마침으로써 제국은 물거품이 되어 역사의 전면에서 사라지게 된다. 이후 프랑스는 자유 공화국의 형태로 발전이 되게 된다.

여기에서 중요하게 살펴보고자 하는 것은 이러한 역사적 사실보다는 왜 부르봉 왕조를 근간으로 하는 프랑스 정부가 시민들로부터 버림을 받고 피의 혁명을 어쩔 수 없이 받아들여야 했는가 하는 점이다.

일설에 의하면 프랑스 혁명은 절대 왕정체제를 완성한 루이 14세(Louis XIV) 때부터 시작이 되었다고 한다. 이 말은 혁명의 씨앗이 이때부터 자라기 시작했다는 뜻이기도 하다. 그리고 이것이 의미하는 바는 루이 14세 때의 왕실재정과 국가재정의 방만하고 낭비적인 운영이 결국 루이 16세 때 와서 곪아 터진 것이라는 시각이다.

26) 쿠데타는 1799년 11월 9일 일어났다.

루이 14세는 요즈음으로 평가를 하자면 자존심이 강하고 뻥이 센 허영심 많은 군주였던 것 같다. 그는 그 성격 탓으로 유럽에서 프랑스의 힘과 세력을 과시하고 확장시키고자 3번의 주요 전쟁과 2번의 작은 분쟁 등 많은 전쟁을 수행하였으며 또한 거대한 궁전을 지었고 이로 인해 가지나 허약한 국가재정을 더욱 빈사상태로 몰아붙이게 만든 주범이 되었다.

그 당시 재무 장관이었던 콜베르 역시 국가재정의 어려움을 이유로 하여 베르사유 궁(Chateau de Versailles)을 짓는 것에 대해 부정적 입장을 표명할 정도였다 한다. 그러나 그의 독선적인 아집은 이를 짓는 쪽으로 밀어붙였던 것이다. 이로 인한 국가재정의 어려움은 이루 말로 형용하기 어려운 지경에 도달을 하였고 이로 인한 백성들의 삶은 처참하기 그지없을 지경이었다.

그러나 절대왕정의 대표적인 전제군주로서 "짐이 곧 국가이다!" (L'État, c'est moi)라고 큰소리를 쳤던[27] 태양왕(Le Roi Soleil)으로서의 영광과 권위를 대내외적으로 과시하기 위해 루이 14세는 원래 루이 13세가 지은 사냥용 별장을 1662년 무렵 자신의 명령으로 궁전으로 착공하게 하였다.

보 르 비콩트 성(the château of Vaux-le-Vicomte)을 설계한 프랑스의 저명한 건축가인 루이 르보(Louis Le Vau)가 루이 14세의 명을 받아 건축총감으로 궁전의 건축을 담당했다. 그리고 루이 14세 아래에서 거의 20년 가까이 재무 장관(Minister of Finances)을 지냈던 콜베르가 이를 총지휘하였다.[28]

---

27) 이런 말을 루이 자신이 직접 했는지 그 진위를 알 수는 없으나, 그는 절대적인 신권을 가진 위엄 있는 군주로서, 54년 동안 절대왕정을 이끌어 간 것만은 사실이다.

28) 그는 1665년부터 1683년까지 재무장관을 역임하였다.

이미 앞에서 언급을 하였듯이 화려하고 거대한 궁전이 지어지긴 했지만 그로 인한 후유증은 만만한 것이 아니었다. 백성들의 삶은 한마디로 처참 그 자체였다. 그러나 왕을 비롯한 정부의 지도자들은 이러한 이들의 곤궁하고 녹녹치 않은 삶을 잘 알지 못했던 듯 싶다. 아니 어쩌면 알면서도 모른 척 했을지도 모르는 일이다.

일설에 의하면 마리 앙투아네트의 시녀 중 한명이 오랜만에 휴가를 얻어 고향집을 다녀왔던 모양이다. 그 시녀는 고향에 가서 곤궁한 백성들의 삶을 직접 목격하고 또 들을 수 있는 기회를 가지게 되었던 셈이다. 그녀는 휴가를 마치고 다시 궁전으로 되돌아와 마리 앙투아네트에게 이렇게 말을 했다고 한다. “왕비님! 백성들이 먹을 빵이 없어요.” 그러자 왕비는 조금도 망설임이나 거침이 없이 “빵이 없으면 케이크를 먹으면 되잖아!”하고 대답을 했다는 일화이다. 왕비는 백성들의 비참하고 처절한 삶을 전혀 모르고 있었던 것이다.

그러기에 그녀는 죄책감 없이 쾌락과 사치에 전념을 할 수 있었던 듯 싶다. 값비싼 옷과 보석을 온 몸에 걸치고, 역사상 가장 복잡하고 화려한 헤어스타일을 하여 1미터에 가까운 머리장식을 붙이고 다녔으며, 가면무도회와 파티를 열곤 하였다.29) 또한 베르사유 궁전 한쪽에 있는 작은 별궁인 ‘프티 트리아농’(Petit Trianon)에 자기만의 에덴동산을 꾸미고 이를 가꾸고 치장하기 위해 물 쓰듯 돈을 썼다. 그렇지만 그녀는 이러한 사치와 방탕에 들어가는 비용에 대해서는 전혀 신경을 쓰지 않았다고 한다.30)

---

29) 로버트 그린 지음, 안진환 · 이수경 옮김, 『권력의 법칙』 (서울 : 웅진지식하우스, 2009), 614쪽.
30) 로버트 그린 지음, 안진환 · 이수경 옮김, 『앞의 책』, 614-615쪽.

역사에는 '만약 에라는' 가정이 존재할 수 없는 것이지만 구태여 만약에 라는 가정을 해 본다면 마리 앙투아네트 왕비가 백성들이 이루 형용하기 어려운 곤궁하고 처참한 삶을 꾸려 나가고 있다는 사실을 직시하고 자신의 처신을 올바르게 하는데 힘쓰고 나아가 남편인 루이 16세에게도 현상을 타파할 수 있는 정책적 노력을 기울일 수 있도록 조력하였다면 역사적 흐름은 달라졌을지도 모를 일이다.

그녀의 입장에서 가장 긍정적으로 이야기하자면 아마 피로 얼룩진 프랑스 혁명이 일어나지 않았을지도 모르는 일이었다. 그러나 역사적 평가에서 불행인지 그렇지 않고 행운인지는 모르지만 그런 가정은 결코 일어나지 않았고 루이 14세 때부터 곪기 시작한 상처는 혁명으로까지 비화를 하였던 것이다.

일설에 의하면 혁명군과 혁명에 가담한 일반시민들은 바스티유 감옥(Bastille de Paris)을 공격하고 혁명을 일으킬 당시만 해도 자국의 국왕과 왕비를 참수할 의사까지는 없었던 듯 하다. 그러나 이들이 베르사유 궁에 난입을 해서 보니 국왕과 왕비를 포함한 지도자들의 삶이 너무나 화려하고 방탕하여 자신들의 비참한 삶과 극명하게 대비가 되는데 따른 배신감과 실망이 결국 분노로 바뀌어 이들의 목을 참수하는 지경에 까지 이르게 되었다는 이야기도 있다.

어쨌든 이때의 백성들의 삶은 지옥 그 자체였던 듯 싶고, 이러한 것이 정부에 대한 강한 불신으로 와 닿아 결국 혁명의 불꽃이 일어날 수밖에 없었던 것이다. 결국 국가의 돈, 즉 재정의 궁핍이 백성들의 고혈을 쥐어짜게 만들었고 이에 대한 국민 저항의 한 극단적 표현이 피의 혁명이라는 방식으로 이루어졌던 것이 아닌가 싶다.

2) 정부불신이 야기한 미국 독립혁명

1776년에 일어난 미국 독립혁명(American revolution)도 결국 돈과 관련된 것으로 이해를 할 수 있다. 영국은 식민지인 미국에서의 착취를 통해 막대한 국부를 증대시키고 있었다. 이러한 착취의 일환으로서 영국정부는 미국에 대해 차세(tea tax)를 부과하는 조치를 취하게 되었다. 대부분의 미국인이 기호품으로 마시는 차(茶)에 대해 세금을 부과하도록 한다는 것은 영국 정부의 입장에서 볼 때는 엄청난 세수 증대를 꾀할 수 있는 조치였던 것이다. 반대로 미국인들의 입장에서 볼 때는 막대한 부를 눈뜨고 영국에게 탈취를 당하는 것이었다.

미국인들은 이러한 영국의 부당한 조치에 항의를 하였다. 영국의 일방적인 차세 도입은 미국인의 동의 없이 이루어진 것이기 때문에 무효라는 주장이 팽배하였다. "대표 없는 과세 없다."(No tax without no representative)란 말도 이러한 이 당시 미국인들의 불편한 심기와 이에 대한 강한 불만을 표출한 것으로 이해를 할 수 있다.

결국 이러한 불만은 물리적 저항의 형태로 나타나게 되는데 그것이 바로 1773년 12월 16일에 발발한 보스턴 차 사건(Boston Tea Party)이다. 영국본국으로부터의 차 수입을 저지하기 위하여 일으켰던 사건으로서 보스턴 시민들이 항구에 정박하고 있던 세 척의 영국 무역선으로 몰려가서 차 상자를 부수어 열고 차를 전부 바닷물에 던져버린 사건이었다.

이 사건을 계기로 하여 미국인의 영국에 대한 저항심은 한층 높아졌고 결국 미국이 영국에 대해 독립을 선언하게 하는 중요한 단초를 제공하게 되었던 것이다.

영국의 식민지 상태에 있었던 미국인들은 인지세법 이후 영국 정부에서 시행하는 모든 법에 대해 그 진의를 의심하게 되었고, 추가적으로 시행되는 법이 미국인의 이익과 상충된다는 점에 공감하고, 결국 이를 타개하는 방안은 물리력을 사용한 혁명밖에 없다는 결론에 도달하게 되는 것이다. 미국은 결국 1776년 독립선언을 통해 미국혁명을 통한 독립의 쟁취를 위한 피의 대행진을 시작하였던 것이다.

이러한 역사적 사실에서 알 수 있듯이 결국 미국인들을 분노케 하고 이들을 결집시킬 수 있었던 것은 자신들이 부당하게 영국인들에 의해 자신들의 귀중한 부를 강탈당하고 있다는 사실에 대한 인식 때문이었다. 이들은 독립전쟁이라는 혁명을 통해 이러한 착취구조의 사슬에서 벗어나려 했던 것이다.

미국인들은 영국 정부를 착취의 원흉으로 불신하였고, 이러한 정부에 의한 정책을 의심하고 불신하였으며, 이로 인해 영국 그 자체를 거부하는 독립의 길로 나아가게 만들었던 것이다. 결과적으로 이야기를 하자면 미국인들의 영국정부에 대한 불신이 새로운 미국 탄생의 발판이 되었던 셈이다.

이와 같이 프랑스 혁명의 사례와 미국 독립혁명의 사례에서 보았듯이 정부에 대한 신뢰성 저하는 정부 불신을 초래하고 엄청난 사회적 비용을 초래하는 혁명의 결과를 초래하게 된다는 것을 역사적 교훈으로 알게 되는 것이다,

앞에서도 언급하였듯이 토머스 제퍼슨이 말한 "우리는 피를 통해 세습이 되는 군주를 원하지 않지만 또한 선거를 통해 군림하는 군주도 원하지 않는다."는 어떻게 보면 극단적인 표현이기도 한 이것은 바로 이러한 사례들을 보면서 어떻게 보면 지극히 당연한

생각이 아닌가 하는 공감을 마음 한가운데 가지게 되는 것이다.

정부에 대해 신뢰할 수 없는 마음의 상태가 역사적으로 반복됨으로써 이들의 배신당하고 상처 입은 마음은 결코 절대 정치권력을 인정하지 않는 마음으로 굳어졌는지도 모를 일이다.

21세기 현재 시대에도 이러한 정서에는 커다란 변화가 없는 듯하다. 민주주의 체제 하의 많은 국민들이 새로운 정부의 출범을 환영하였다가 결국 그 정부에 대해 신뢰를 접어버리는 일들이 비일비재하게 나타나게 되는 것이다. 과거 절대왕정체제하고는 비교할 수는 없지만 현 시대적 기준에서 볼 때 납득할 수 없는 일들이 우리 시대에 나타나기 때문이다.

아직도 절대 권력의 향수에 젖어 있는 부류도 없지 않고, 국민 위에 군림하는 존재로 착각을 하는 부류도 없지 않으며, 정책적 무능으로 인해 국민을 어려움에 빠뜨리는 무리도 적지 않다. 더욱이 일부 부패하고 부조리에 물든 행정 관료들 역시 과거의 구태의연한 질곡에서 벗어나지 못하고 관료 지대를 추구(rent-seeking)하다 사회적 물의를 일으키는 그러한 모습들을 심심치 않게 보게 되는 것이 요즈음의 세태이기도 하다.

이러한 모습들이 지속되는 한 정부는 국민으로부터 믿음을 얻기가 어렵다. 국민의 마음을 가질 수 없다는 이야기이다. 그리고 국민으로부터 믿음을 얻지 못한 정부는 결국 불신의 대상이 되어 정부다운 정부로 역사에 남지 못하는 불명예를 안게 될 뿐만 아니라 국민들의 삶을 피폐하게 만드는 결과를 낳게 되는 것이다. 앞에서 살펴보았듯이 역사적 사실들이 이를 웅변으로 우리들에게 잘 보여주고 있다.

제2장 정부 신뢰성이란 무엇인가?

종전까지 행정이란 정부 관리를 보다 능률적이고 효과적으로 이루어내는 것으로 생각해 왔고 신행정학(New Public Administration) 등의 영향으로 여기에다가 사회적 형평(social equity)이란 개념을 더해 상대적 평등의 가치를 민주행정의 또 다른 한 축으로 여겨왔었다. 그러나 현실적인 문제들을 해결하기 위해서는 능률, 효과 그리고 형평에 부가하여 신뢰성이란 가치가 하나 더 가미되어야 한다고 생각한다.

신뢰란 믿음을 의미하는 것으로서 상호간의 믿음이 있어야 갈등과 충돌이 예방될 수 있고 이러한 것을 통해 사회적 비용을 줄일 수 있기 때문이다. 그리고 그것이 우리들의 삶을 보다 풍요롭게 해 줄 뿐만 아니라 삶의 질을 높게 유지할 수 있게 해주기 때문이다.

프랜시스 후쿠야마(Francis Fukuyama)가 불신이 사회적 비용을 증가시키므로 사회적 신뢰도를 증진시켜 나가야 한다고 말 한 것도 이와 맥을 같이 하는 것으로 이해 할 수 있다.[1)] 사실 서로를 믿고 의지한다는 것은 쌍방에게 이익이나 편익(benefit)을 가져다주는

---

1) Francis Fukuyama, *Trust : The Social Virtues and The Creation of Prosperity* (Free Press, 1996).

좋은 일인 것이다. 상생의 게임(win-win game)이 이러한 점에서 정당성을 갖게 된다. 영화게임(Zero sum game)보단 넌 제로섬 게임(Non-zero sum game) 혹은 플러스 섬 게임(Plus sum game)이 더 바람직하다고 보는 이유도 여기에 있다.[2]

실제로 예를 들어 왜 서로 상호신뢰를 해야 하는지를 살펴보도록 하자.

A라는 사람과 B라는 사람이 서로 공동모의를 해서 범행을 저질렀다고 가정을 해보자. 이 두 사람의 관계는 공범관계가 된다. 이 둘이 검거가 되었으며, 검사는 이 둘을 격리 수용시켰다. 둘이 말을 맞추거나 서로 사실을 은폐하는 행동을 할 가능성이 있어서 이를 하지 못하도록 하기 위해서였다. 검사가 제대로 된 물증이 없어서 공범의 자백에 의존을 해야 한다고 가정을 해보자. 그래서 검사는 이들과 플리바겐(plea-bargain) 협상을 하였다. 자백여하에 따라 형량을 조절해주는 타협조건을 제시했던 것이다.[3]

만약에 둘이 모두 범행을 부인하고 자백을 안 하면 6개월씩 감옥에 있도록 하겠다고 하였다. 그리고 만약에 A가 먼저 자백을 하고 B가 끝까지 침묵을 지킬 경우 A는 자유, B는 10년을 감옥에서 살게 하겠다고 말했다. 그 반대이면 A는 감옥에서 10년을 살고 B는 석방을 시키겠다고 말했다. A와 B가 동시에 자백을 할 경우 5년을 감옥에 살게 하겠다는 조건을 검사가 범인들에게 제시를 하였다.[4]

---

2) 영화 게임은 두 사람이 경쟁을 통한 게임을 할 때 한 사람이 게임에 이겨서 하나를 얻으면 다른 한 사람은 필연적으로 하나를 잃는다는 것을 의미한다. 넌 제로섬 게임은 이익과 손실의 합이 영(零)이 되지 않는 상황을 의미한다. 이병철, 『행정철학』(부산 : 도서출판 금정, 2012), 51쪽.

3) 이병철, 『앞의 책』, 62쪽.

이것이 바로 죄인(罪人) 혹은 수인(囚人)의 딜레마(prisoner's dilemma)를 나타내는 예이다. 죄인의 딜레마 또는 수인의 딜레마란 용어는 원래 프린스턴 대학의 수학자인 터커(A. W. Tucker)가 두 사람간의 비 협동적이고 비 영합적인 게임 상황을 예시하기 위해서 사용했던 일화에서 유래 한 것이다.5)

서로가 믿으면 6개월만 살면 되지만 서로 못 믿을 경우 최장 10년을 살게 되는 것이다. 서로 믿고 자백을 끝까지 안하는 것으로 협력한다면 6개월만 감옥에서 살고 나오면 되는 것이다. 이것은 상생의 결과를 가지는 것이다. 한 사람이 먼저 자백을 해 버린다면, 자백한 사람은 석방이 되지만, 믿고 협력한 사람은 10년을 감옥에서 살게 되는 것이다.

먼저 자백한 사람과 정반대로 믿고 협력한 사람은 너무나 많은 것을 잃게 되는 것이다. 제로 섬 게임이 되는 것이다. 결론은 서로 믿으면 상생이 된다는 것인데, 상호신뢰의 이점이 바로 여기에 있는 것이다.6)

따라서 국민들의 정부에 대한 신뢰, 행정에 대한 신뢰, 공직문화에 대한 신뢰, 그리고 정부의 국민에 대한 신뢰 이러한 상호 신뢰감이 중요한 가치로 접목되어져야 함은 두 말 할 여지가 없다 할 것이다.

최근에 발생하여 많은 국민의 마음을 참담하게 하였던 세월 호 침몰 사고나 많은 국민들을 공분케 하였던 원자력발전소 비리 및 운행중단 사고 등을 비롯하여 현재의 안전과 관련되어 일어나고

---

4) 이병철, 『앞의 책』, 62쪽.
5) 이병철, 『앞의 책』, 62쪽.
6) 이병철, 『앞의 책』, 62쪽.

있는 행정적 문제들은 여러 가지 시각에서 진단할 수 있겠지만 바로 이러한 정부와 국민 그리고 관련 이해당사자들 간의 상호신뢰의 기반이 상실됨으로써 나타나는 어려운 일로 생각할 수 있는 것이다. 즉 이러한 사고들은 상호불신에서 비롯되는 경우가 많은 것으로 판단이 된다는 말이다.

이러한 상호불신의 전형적인 예로는 1997년 외환유동성 부족으로 야기 된 '국제통화기금'(International Monetary Fund : IMF) 구제금융 사태를 들 수 있지 않을까 생각이 된다. 그 당시 언론매체 들이 국란(國亂)이라 너도 나도 표현을 할 만큼 경제사정이 악화되었음에도 정부는 정부대로, 정당들은 정당들대로, 기업의 경영진은 경영진대로, 노동조합은 노동조합대로, 금융권은 금융권대로 서로를 신뢰치 못하고 서로의 책임전가와 자신들의 이해관계에 깊이 얽혀 해결을 위한 보다 큰 줄기를 읽지 못했던 아픈 경험을 가지고 있다.

더욱이 이런 사태를 초래하게 된 원인부터도 각 사안의 주체들 간의 거리감 없는 탄탄한 신뢰가 형성되어 있지 못했기 때문이라는 점[7]은 이미 주지의 사실이 되고 있지 않나 싶다.

또한 국란의 발발 초기 단계에서부터 정부가 어려운 경제 사정을 국민들에게 납득시키고 허리띠를 졸라매고 동참할 것을 호소하고 어려운 경제를 회생시키기 위한 선제적이고 예방적인 노력을 경주했어야 마땅함에도 불구하고, 정부는 태국과 인도네시아를

7) 프렌치(W. L. French)는 신뢰가 바람직하고 필요한 수준보다 대부분의 집단과 조직에서 점점 더 낮아지고 있다고 지적하고 이것이 현대의 신뢰에 대한 위기를 가져오고 있다고 주장한다. W. L. French and C. H. Bell, Jr., *Organization Development : Behavioral Science Interventions for Organization Improvement*, 3rd ed. (Englewood Cliffs, New Jersey : Prentice-Hall, 1984).

중심으로 하는 동남아시아의 금융공황으로 불거진 경제위기를 강 건너 불 쳐다보는 식으로 안이하게 관망만 했을 뿐만 아니라, 국민들에게 한국은 외환보유고면에 있어서나, 경제구조의 견실도면에서나, 수출회복 조짐 면에서나, 경제규모면에서나 걱정할 것이 없다고 안심을 시키는 홍보에만 열을 올릴 뿐 문제를 해결하는 일과 직결된 실질적인 대응조치를 강구하고 실천하는데 무능력을 그대로 노정시키고 말았던 것이다.

이러한 정부의 무기력, 무소신, 무책임의 자세는 경제위기가 도래되어 국란의 상황에 직면을 하였을 때 국민으로부터 정부에 대한 신뢰를 잃게 하는 주요한 요인들 중에 하나가 되었다고 볼 수 있다. 더구나 외환보유고 등을 실제보다 과도하게 부풀려 국민들에게 발표[8]함으로써 국민들의 정부정책과 정부권위에 대한 신뢰를 정부 스스로 허물어뜨리는 어리석음을 저지르지 않았나 하는 생각이 들게 만든다.

이러한 잘못 된 정부대응으로 인해 정부신뢰에 부정적 영향을 준 사례들로는 여러 가지가 있겠지만, 미국 령 괌(Guam)에서의 여객기 추락 사고나 최근에 발생한 세월 호 침몰 사고 등이 이와 같은 맥락에서 이해 될 수 있지 않을까하는 생각이 든다.

추락 사고나 침몰사고 이후 해당 관련 민간기업과 관련정부부

---

8) "경제정책의 실패에 대한 책임론이 대선주자들을 중심으로 국민들 속에서 강하게 제기되자 민심수습차원에서 정부는 외환보유고와 관련된 허위보고에 관련된 자들을 문책하려는 움직임을 보이고 있다. 감사원에선 대선 후 이 문제가 국민의 정서나 차기 대통령당선자를 중심으로 하여 정치권에서 강하게 나타나면 문책을 하겠다는 의지를 드러내고 있다. 그러나 경제정책의 실패의 책임을 일부 중간 직 경제 관료들에게 덮어씌우는 선에서 마무리 지으려는 정부의 처사에 국민들은 더욱 정부에 대한 신뢰를 상실하고 있다는 의견도 만만치를 않다." 『중앙일보』, 1997년 12월 6일.

처간의 문제를 보는 시각의 차이, 관련정부부처간의 사고수습과 이의 해결방안들에 대한 이견, 희생자유족들과 정부 그리고 해당 기업과의 갈등 등이 모두 이러한 불신의 바탕위에 서 있었고, 상호간의 뿌리 깊은 불신의 구조 속에서 더욱 심화되어지는 감이 없지 않았던 것이다.

이와 같은 사례들에서 잘 볼 수 있었듯이 과거나 현재의 정부와 국민들 간에 있어 신뢰와 불신이 존재하고 있고 이것이 가지고 있는 실체적인 문제점은 무엇이고 이를 해결하기 위해서는 어떻게 하여야 할 것인가에 대한 나름대로 시의성과 적실성을 가진 처방전을 제시하기 위해선 우선 신뢰와 불신이 무엇인지 개념적인 정의를 통해 살펴 볼 필요가 있을 것이다. 그런 다음 정부 신뢰성은 무엇이며 이를 제고시키기 위한 방안은 어떠한 것이 있는지를 기존의 연구들을 바탕으로 하여 제시하도록 한다.

1. 신뢰성에 대한 개념적 정의와 함의

현대 사회에서 신뢰가 관심의 대상으로 주목받고 있는 것은 불신을 둘러싼 다양한 사회적 문제가 발생하고 있기 때문이다.[9] 불신을 둘러싼 다양한 사회적 문제가 발생을 하지 않는다면 구태여 신뢰에 대해 우리가 관심을 가질 필요는 존재하지 않을 것이다. 그러나 불행하게도 우리의 현실적인 삶은 신뢰에 대해 의문을 가질 수 있는 많은 사건 그리고 사고들이 발생을 하고 있고 이것이 우리의 삶을 짓누르는 압박요인으로 작용을 하고 있다는 것이다.

9) 정주용 · 김서용, "신뢰와 원자력 수용성의 다차원성에 대한 탐색적 분석", 『한국행정학보』, 제48권 제4호 (2014 겨울), 53쪽.

따라서 우리의 삶을 이러한 압박으로부터 벗어나게 하고 나아가 우리 사회가 건강한 사회가 되기 위해선 신뢰에 위협을 가하는 요인들에 대한 보다 정확한 진단과 이를 통해 도출된 문제들을 해결할 수 있는 적실성 있는 처방전을 제시하고 이를 실천 할 수 있어야 할 것이다.

그러한 노력의 일환으로서 우선 먼저 고려되어야 할 것이 과연 신뢰란 무엇인가 하는 문제이다. 정확한 현상에 대한 이해가 이루어져야만 이에 대한 접근이 가능할 뿐만 아니라 현상을 예측하고 나아가 통제할 수 있기 때문이다.[10)]

그래서 그런지 지금까지 많은 학자들이나 이에 대해 관심을 가지는 사람들이 신뢰란 무엇인가에 대해 고민하고 이에 대한 나름대로의 해답을 개념정의로 표현을 하고 있다. 그래서 신뢰에 대한 개념적 정의는 상당히 다양하고 다의적이며 수의 규모가 크다. 신뢰라고 하는 사회적 현상을 바라보는 학자나 논자의 시각 그리고 그들이 처하고 있는 상황에 따라 만들어진 개념 정의이다 보니 다양하고 다의적 일 수밖에 없음은 오히려 당연한 것처럼 여겨지기도 한다. 따라서 여기에서는 이해의 편의를 위해 이를 몇 가지로 요약하여 정리를 해 보면 다음과 같다.

우선 바버(B. Barber)나 피터 블라우(Peter M. Blau)는 '사회체계내의 결속을 만들어내고 유지하는 통합 메커니즘'으로 신뢰성을 이해하고 있다.[11)] 이를 쉽게 표현하자면 신뢰가 존재할 경우 사회체

10) 과학적 설명(scientific explanation)이 되기 위해선 현상에 대한 정확한 기술(description)이 이루어져야 하고 이에 입각하여 미래예측(future forecasting)을 할 수 있어야 할뿐만 아니라 현상을 통제(control)할 수 있어야 한다.

11) B. Barber, *The Logic and Limits of Trust* (New Brunswick, New Jersey : Rutgers University Press, 1983). ; Peter M. Blau, *Exchange and Power in*

계내의 결속을 강화시키고 이를 통해 사회체계 간의 통합을 증대시킬 수 있다고 보는 것이다. 여기에서 신뢰는 모든 힘을 한군데로 집중시키는 구심력과 같은 기능을 수행하는 것으로 생각해 볼 수 있는 것이다.

이를 뒤집어서 생각해 보자면, 만약 신뢰를 상실하게 된다면 사회체계내의 결속은 약화될 것이고 이로 인해 갈등과 충돌이 일어나고 결국 통합적 메커니즘은 붕괴될 수밖에 없게 되는 것이다.

다음 워런 베니스(W. G. Bennis)는 '조직을 움직이도록 하는 윤활유'로 신뢰성을 보고 있다.[12] 여기에서 윤활유란 여러 조직이나 체계들을 서로 밀접하고 손쉽게 연동시키기 위해 사용이 되는 기름이라는 은유적 표현으로 사용이 되어 진 것으로 이해가 된다. 즉, 신뢰란 여러 조직이나 체계들이 서로 공통의 목적을 달성하기 위해 움직일 때 이들 간의 연계관계를 보다 매끄럽고 원활하게 연결시켜주는 역할과 기능을 하는 것으로 보고 있는 것이다.

만약 신뢰가 상실된다면 더 이상 윤활유적인 기능과 역할을 수행할 수 없게 될 것이다. 이렇게 되면 여러 조직과 체계는 매끄럽고 원활하게 공조를 하지 못하게 됨으로써 결국 갈등과 충돌을 야기 시킬 수밖에 없게 되는 것이다.

로버트 골렘비웨스키(R. Golembiewski) 등은 신뢰를 생산성과 연계시키고 있고[13] 그리고 잰드(D. E. Zand) 등도 집단성과(group perf-

---

Social Life (New York : Wiley, 1964).

12) W. G. Bennis, and B. Nanus, *Leaders : The Strategies for Taking Charge* (New York : Harper Collins, 1985).

13) R. Golembiewski, and M. L. McConkie, "The Centrality of Interpersonal Trust in Group Processes", in C. L. Cooper (ed.), *Theories of Group Processes* (New York : Wiely, 1975). ; J. B. Rotter, "A New Scale for the Measurement of Interpersonal Trust", *Journal of Personality*, Vol.35, (1967), pp.651-665.

ormance)와 연관 짓고 있다.[14] 여기에서 언급 된 생산성이나 성과는 당연히 조직의 활동을 통해 달성된 결과라고 볼 수 있다. 조직의 활동이 제대로 이루어지지 못하면 당연히 생산성이나 성과는 낮아질 수밖에 없을 것이다.

물론 성과측정에 대해서는 여러 가지 말들이 많을 수 있다. 객관적인 성과평가니 또는 주관적인 성과평가니 하는 말들도 모두 이것과 연관이 되는 것이다. 그러나 주관적이든 객관적이든 성과나 생산성은 측정이 될 수 있고 이에 따라 조직 활동에 대한 평가는 가능할 것이다.

따라서 여기에서는 조직의 생산성이나 성과를 높이는데 신뢰가 차지하는 비중이 높다는 것을 강조하고 있는 것이다. 신뢰라는 개념 자체가 조직이 가지는 생산성이나 조직의 집단적 성과와 매우 밀접한 관계가 있음을 강조하고, 이러한 맥락에서 신뢰가 낮아질 경우 자연히 조직 활동에 장애가 발생이 되어 결과적으로 생산성이나 집단적 성과가 낮아지게 된다는 점을 강조함으로써 신뢰를 생산성과 집단적 성과와 연계를 짓고 있는 것이다.

도이치(M. Deutsch) 등은 신뢰를 보다 직접적으로 협력이나 갈등과 연관을 짓고 있다.[15] 신뢰가 제대로 잘 쌓여져 작동이 된다면 협력이라는 순기능적 결과를 얻어낼 수 있지만 그렇지 않고 불신

---

14) D. E. Zand, "Trust and Managerial Problem Solving", *Administrative Science Quarterly*, Vol.17, (1972), pp.229-239. ; R. W. Boss, "Trust and Managerial Problem-Solving Revisited", *Group and Organization Studies*, Vol.3, (1978), pp.331-342.

15) M. Deutsch, *The Resolution of Conflict* (New Haven, Conn. : Yale University Press, 1973). ; J. Loomis, "Communication, the Development of Trust, and Cooperative Behavior", *Human Relations*, Vol.12, (1959), pp.305-315. ; M. Sherif, *In Common Predicament* (Boston, Mass. : Houghton Mifflin, 1966).

이 쌓이게 되면 갈등이라는 역기능적 결과를 얻어 낼 것이란 점을 간명하게 표현하고 있는 것이다.

이러한 개념 정의들에서 한 걸음 더 나아가 렌시스 라이커트(R. Likert)는 리더십 유형[16]과 신뢰를 연관 짓고 있으며, X이론과 Y이론으로 유명한 더글러스 맥그리거(D. McGregor)는 노동자들에 관한 관리가정들[17]과 신뢰를 연관 짓고 있다. 나태하고 비자발적인 X이론적인 인간은 부지런하고 자발적인 Y이론적인 인간보다 신뢰성이 보다 낮을 것이다. 따라서 X이론적 인간은 보다 수동적이고 소극적인 관리를 필요로 할 것이며 필요에 따라서는 보다 많은 통제와 규제의 대상이 될 것이다. 이유는 간단하다. 믿을 수 없기 때문인 것이다. 이러한 시각에서 맥그리거는 조직 속에서 일을 하고 있는 노동자들에 대한 관리가정들을 신뢰와 연관 짓고 있는 것이다.

또한 욕구의 계층제(hierarchy of needs) 이론으로 유명한 아브라함 매슬로우(Abraham H. Maslow)는 욕구충족[18]과 신뢰를 연관 짓고 있다.

이외에 마일스(R. E. Miles)는 참여[19]와 멜링거(G. D. Mellinger)는 의사소통[20]과 크리스 아지리스(C. Argyris)는 심리적 계약 혹은 고

---

16) R. Likert, *The Human Organization* (New York : McGraw-Hill, 1967).

17) D. McGregor, *The Human Side of Enterprise* (New York : McGraw-Hill, 1960).

18) A. H. Maslow, *Motivation and Personality* (New York : Harper Collins, 1954).

19) R. E. Miles, and J. B. Ritchie, "Participative Management : Quality versus Quantity", in D. A. Kolb, I. A. Rubin, and J. M. McIntyre (eds.), *Organization Psychology*, 4th ed. (Englewood Cliffs, New Jersey : Prentice-Hall, 1984).

20) G. D. Mellinger, "Interpersonal Trust as a Factor in Communication", *Journal of Abnormal Social Psychology*, Vol.52, (1956), pp.304-309.

용인과 그 고용주간의 불문 화 된 상호기대[21] 그리고 라이히(R. Reich)는 노사관계의 질[22]과 각각 연관을 지워 개념을 정의하고 있다.[23]

데이비드 카니베일(David G. Carnevale)은 아주 단순 명료하게 '신뢰란 사람이 가지고 있는 믿음(faith), 그들이 가지고 있는 동기(motivation) 그리고 그들의 능력(capacity)'이라고 말하고 있다.[24] 그러면서 어떠한 조직도 신뢰가 제공하는 끈끈한 사회적 유대감(social cohesion)과 그 결속을 가능케 하는 에너지 없이는 높은 성취를 일구어 낼 수 없다고 주장하고 있다.[25]

그래서 조직의 리더가 매우 중요한 역할을 수행해야 한다는 점을 강조하고 있다. 왜냐하면 신뢰란 결국 조직을 어떻게 운영하고 관리해 나가야 할 것인가를 결정해야 하는 리더가 갖는 선택의 결과이기 때문이라는 것이다.[26]

배정현은 신뢰란 '다른 사람의 의지나 행동에 대한 긍정적 기대에 바탕을 두고 상대방을 호의적으로 인식하고, 그에 따른 위험을 감수하고 협력하려는 태도'[27]를 의미한다고 정의하고 있다. 이 개

---

21) C. Argyris, *Understanding Organizational Behavior* (Belmont, CA : Dorsey Press, 1960).

22) R. Reich, *Tales of a New America* (New York : Times Books, 1987).

23) 이상의 각 학자들의 개념정의는 다음의 책에서 재인용을 하였다. 이병철, 『한국행정학의 새로운 이해』 (울산 : 울산대학교 출판부, 2010), 87-88쪽.

24) David G. Carnevale, "The Crisis of Trust in Today's Organizations", in David G. Carnevale, *Trustworthy Government : Leadership and Management Strategies for Building Trust and High Performance* (San Francisco, CA : Jossey-Bass Publishers, 1995), p.4.

25) *Ibid.*, p.4.

26) *Ibid.*, p.4.

27) 배정현, "아시아에서의 정부신뢰의 근원 : 다수준 분석", 『고려대학교

념정의에서 흥미로운 점은 위험을 감수하고 협력하려는 태도라는 점을 부각시킨 점이다. 특히 위험이라는 개념이 신뢰의 개념 정의에 들어간 것이 새롭기도 하고 흥미롭기도 하다는 것이다.

주커(L. G. Zucker)가 이르기를 신뢰란 개념에는 공통적으로 위험과 상호의존성이 나타나고 있다고 주장을 하였는데 이러한 개념정의를 반영한 것으로 생각이 된다.[28] 먼저 상호의존성이라는 개념을 넣어서 표현을 한 것으로는 데이비드 카니베일(David G. Carnevale)의 개념을 참고할 수 있다.

그는 어떠한 사회체계나 어떠한 지역사회도 구성들 간의 상호 믿음에 대한 조치가 없이는 효과적으로 운영될 수 없다고 말하고 있는 것이다. 이 말이 의미하는 함축적 의미는 구성원들 간의 상호 믿음이 존재해야 만 상호 의존성이 전제될 수 있다는 점을 분명히 하고 있다는 것이다.[29]

여기에서 위험이라는 개념을 넣어서 표현을 하자면, 신뢰라는 것은 상대방의 태도에 따라 손해를 볼 수 있는 위험한 상황에서 상대방을 얼마나 믿는가라는 것이다. 위험을 무릅쓴 이러한 믿음은 다시 상대방에 대한 기대와 취약성을 수용하는 정도로 판단할 수 있을 것이다.[30]

대학원 박사학위논문』, (2011), 23쪽. ; 정주용·김서용, "신뢰와 원자력 수용성의 다차원성에 대한 탐색적 분석", 『한국행정학보』, 제48권 제4호 (2014 겨울), 53쪽에서 재인용.

28) L. G. Zucker, "Production of Trust : Institutional Sources of Economic Structure, 1840-1920", *Research in Organizational Behavior*, Vol.8, (1986), pp.53-111. ; 이현국·김윤호, "정부서비스 성과와 정부신뢰 : 서울시 정부서비스를 대상으로", 『한국행정학보』, 제48권 제4호 (2014 겨울), 3쪽에서 재인용.

29) David G. Carnevale, *op.cit.*, p.4.

30) D. M. Rousseau, S. B. Sitkin, et al. "Not So Different After All : A Cross-

이렇게 위험이라는 개념에 초점을 맞추고 신뢰란 무엇인가에 대해 개념을 정의해 보자면 '위험정보를 제공하고, 위험을 직·간접적으로 관리하는 기관들에 대해 일반 대중들이 갖는 확신의 수준'으로도 이해를 할 수 있다.31)

이러한 신뢰에 대한 개념 정의를 보다 쉽게 이해하기 위해 말도 많고 탈도 많은 원자력발전소에 대한 일반국민들의 신뢰에 관한 예를 들어 볼 수 있을 것이다. 원자력발전소에 대한 신뢰의 경우 원자력위험 정보를 제공하고, 원자력 위험을 직·간접적으로 관리하는 기관들에 대해 국민들이 갖는 기대의 수준으로 정의를 할 수 있을 것이다.32)

이렇게 개념을 정의하는 이유로는 일반적으로 일반 국민들의 과학기술에 대한 지식이 체계적이지 못하고, 지식에 대한 접근성도 낮아 이를 관리하는 기관에 대한 신뢰를 통해 위험을 지각하는 경향이 있기 때문으로 이해할 수 있는 것이다.33)

이를 좀 더 부연하여 설명을 한다면 일반인들은 대중매체를 통해 과학연구에 대한 지식을 획득하고 의견을 형성하지만 대부분의 경우 과학적 지식수준이 낮아 과학적 지식에 기반 하여 신뢰를

Discipline View of Trust", *Academy of Management Review*, Vol.23, No.3. (1998), pp.393-404. ; 이현국 · 김윤호, "앞의 논문", 3쪽에서 재인용.

31) Y. J. Cha, "Risk Perception in Korea : A Comparison with Japan and the United States", *Journal of Risk Research*, Vol.3. No.4. (2000), pp.321-332. ; 정주용 · 김서용,"앞의 논문", 54쪽에서 재인용.

32) Y. J. Cha, "Risk Perception in Korea : A Comparison with Japan and the United States", *Journal of Risk Research*, Vol.3. No.4. (2000), pp.321-332. ; 정주용·김서용, "앞의 논문", 54쪽에서 재인용.

33) T. C. Earle, "Trust in Risk Management : A Model-based Review of Empirical Research", *Risk Analysis*, Vol.30. No.4. (2010), pp.541-574. ; 정주용 · 김서용, "앞의 논문", 54쪽에서 재인용.

결정하지 못하고[34], 대신 선택의 복잡성을 덜기 위해 위험관리기관이 제공하는 정보에 대한 신뢰를 통해 자신의 입장을 드러낸다는 것[35]이다.

실제로 일본에서 후쿠시마 원전사고가 발생하였을 때 일본 국민은 정부와 도쿄전력이 발표하는 내용에 의지할 수밖에 없었다. 왜냐하면 국민들로서는 원자력발전이나 원전사고 시 나타날 제반 문제들에 대한 과학적인 전문 지식이 미흡하거나 없었기 때문에 상대적으로 이 분야에서 원자력에 대한 과학적 전문성이 뛰어난 정부와 도쿄전력이 제공하는 정보를 믿을 수밖에 없었던 것이다.

우리가 어떠한 지식이나 정보에 대한 권위를 인정하는 데는 여러 가지 소스(source)가 있을 수 있다. 이러한 소스로는 일반적으로 물리적 강제력, 물질적 보상, 정통성, 준거, 전문성 등 여러 가지가 있다. 여기에서 특히 지식이나 정보에 대해 권위를 인정하는데 있어 커다란 도움을 주는 것은 아무래도 전문성이 아닐까 싶다.

전문성을 인정받을 때 그 지식이나 정보는 수용의 범위가 넓어질 것이다. 예를 들어 어떤 새로운 발견과 관련된 정보를 유포하고자 할 때 전문적으로 인정이 된 국제학술저널의 지면이나 또는 세계적인 저명 학자의 입을 빌려서 한다면 매우 효용이 높게 나타날 것이다.

이와 마찬가지가 아닌가 싶다. 어떤 새로운 발견과 관련된 정보

---

34) 이현주 · 이영애, "원자력발전소와 방폐장 낙인의 심리적 모형 : 신뢰와 감정, 지식을 중심으로", 『한국심리학회지』, 제30권 제3호 (2011), 834쪽. ; 정주용 · 김서용, "앞의 논문", 57쪽에서 재인용.

35) M. Siegrist & G. Cvetkovich, Perception of Hazards : the Role of Social Trust and Knowledge", *Risk Analysis*, Vol.20, No.5. (2000), pp.713-720. ; 정주용 · 김서용, "앞의 논문", 57쪽에서 재인용.

에 접했을 때 일반적인 사람들은 그 내용을 알기 쉽지 않을 것이다. 또한 이러한 정보를 이해하고 설명할 수 있는 지식적 기반 등이 현격히 부족할 것이다. 따라서 이 분야의 전문가들에 의해 검증이 되고 인정이 된 내용을 믿을 수밖에 없을 것이다.

원자력발전과 관련된 지식과 정보를 제대로 알고 있는 사람들이 이 지구상에서 과연 얼마나 많이 될 수 있을까? 아주 극소수에 불과할 것이다. 따라서 많은 사람들은 이러한 극소수의 전문가들의 의견과 그들이 제공하는 정보에 일반적으로 의지할 수밖에 없는 것이다.

만약 믿었던 전문가가 거짓말을 한다면 그것은 어쩔 수 없는 일이 될 수밖에 없다. 옥석을 가릴 수 있는 능력이 일반 사람들에게는 없기 때문이다. 많은 일본 사람들이 일본 정부와 도쿄 전력의 말을 그저 믿을 수밖에 없었던 이유이기도 한 것이다.

뒤늦게 이러한 위험관리기관이 제공한 위험 정보에 문제가 많다는 점을 인식하게 된 이후에야 국민들은 정부와 도쿄전력에 대해 비판적인 시각을 드러내고 이러한 기관들에 대해 신뢰를 접고 불신감을 갖게 되었던 것이다.

정주용과 정재진의 연구에서도 일본의 후쿠시마 원전사고가 신뢰요인에 대한 부정적 인식을 증가시켰다는 점을 보여주고 있는 것도 이와 맥을 같이 하는 것으로 이해 할 수 있는 것이다.[36)]

이렇게 학자들이나 논자들에 따라 다양하게 개념이 정의되는 신뢰의 뜻을 하나의 의미 있는 개념정의로 이해하고 더 나아가 설

---

36) 정주용 · 정재진, "후쿠시마 원전사고 대국민 원자력 수용성 변화", 『2011 한국정책학회 추계학술대회 발표논문집』, (2011). ; 정주용 · 김서용, "앞의 논문", 55쪽에서 재인용.

명하기는 어렵다. 단지 여러 학자들이나 논자들이 제시하는 신뢰에 관한 개념적 의미의 공통분모를 고려해 일반적인 정의를 나름대로 내리자면 '신뢰성이란 상대방을 호의적으로 인식하고, 그에 따른 위험을 감수하고 협력하려는 태도로서, 사회체계내의 여러 갈등요인들 간의 결속과 협력을 윤활유처럼 원활하게 만들어내고 유지하는 통합 메커니즘'으로 이해 할 수 있을 것이다.37)

2. 정부신뢰성이란 무엇이며 이를 어떻게 제고시킬 것인가?

1) 정부신뢰성이란 무엇인가?

한마디로 간단하게 표현하자면 정부신뢰성이란 국민들이 정부에 대해서 얼마나 신뢰하는가를 말한다.38) 다시 말해 국민들이 정부를 얼마나 믿고 의지하고 따르는가 하는 정도를 의미한다 하겠다. 국민들이 정부가 하는 말이나 행동을 '메주를 팥으로 쑨다.'고 해도 믿을 정도라면 정부 신뢰성은 높다고 표현할 수 있다는 것이다.

이러한 정부 신뢰성은 미시적으로는 공무원 개인에 대하여 갖는 신뢰부터 거시적으로는 광의적인 정치까지 포괄하여 그 범위가 다양하다 할 수 있다.39)

공무원 개인은 어떻게 보면 정부의 거울이라 할 수 있다. 공무원의 개인적 말이나 행동이 거울처럼 그대로 반영되어 정부 상으

---

37) 배정현, "아시아에서의 정부신뢰의 근원 : 다수준 분석", 『고려대학교 대학원 박사학위논문』, (2011), 23쪽. ; 정주용 · 김서용, "앞의 논문", 53쪽에서 재인용. ; 이병철, 『앞의 책』, 88쪽에서 재인용.

38) 이현국 · 김윤호, "앞의 논문", 2쪽.

39) 이현국 · 김윤호, "앞의 논문", 3쪽.

로 비쳐지기 때문이다. 그래서 공무원 개인의 비리나 부패가 개인의 비리나 부패로 끝나는 것이 아니라 정부 신뢰성에 커다란 영향을 미치게 되는 것이다. 하나를 보면 열을 알 수 있듯이 공무원 개인의 말과 행동이 바로 정부의 말과 행동으로 여겨지는 현상으로부터 결코 정부는 자유로울 수 없는 이유가 바로 여기에 있는 것이다.

또한 정치 역시 정부 신뢰성에 매우 큰 영향을 끼친다. 올바르게 정치가 이루어진다고 국민이 느끼면 정부에 대한 믿음은 커질 수밖에 없다. 그러나 정치가 올바르지 못하고 그릇된 방향으로 나간다고 국민이 느끼게 되면 정부의 신뢰성은 크게 상처를 입게 된다. 그래서 정치를 하는 정치가들의 말과 행동이 이 경우 매우 중요하다. 정치가들의 처신과 정치적 말과 행동이 그릇될 경우 정부 신뢰성은 그 순간부터 타격을 입게 되는 것이다.

여기에서 하나 흥미로운 점은 공무원 개인과 정치가 서로 밀접한 관련성을 가지면서 정부 신뢰성과 연계가 된다는 점이다. 국민을 주권의 본질 또는 주체로 여기는 민주주의 국가인 관계로 정치가들은 국민의 주권을 위임받은 선량들이다. 그리고 공무원은 정부기관의 구성원들로서 정치가들의 통제를 받게 되어있다. 따라서 공무원은 국민의 주권을 위임받은 선량이 아니므로 당연히 국민주권의 위임체인 정치가에 의해 통제되는 것은 당연한 일이다.

그런데 주인-대리인 이론(principal-agent theory)에서 볼 수 있듯이 주인인 정치가들이 제대로 대리인들인 공무원들을 관리하고 통제하지 못할 경우 공무원들의 개인적 비리나 부패 또는 공무원들의 집합체인 관료제 자체 내의 문제들이 나타날 수 있다. 이는 결과적으로 정치가들의 그릇된 행동으로 여겨지게 되는 것이다.

왜냐하면 국민으로부터 위임받은 주권에 입각하여 공무원들을 관리하고 통제해야 할 장본인으로서의 역할과 소임을 다하지 못한 책임으로부터 결코 자유로울 수 없기 때문이다. 따라서 공무원 개인이나 공무원들의 집합체인 관료제가 관료지대 추구 등 그릇된 선택행위 등을 할 경우 정치가들 역시 비판의 대상으로 전락하게 되며 이는 덩달아 정부 신뢰성의 저하로 나타나게 된다는 것이다.

그림메리크위센(S. G. Grimmelikhuijsen)은 정부신뢰를 신뢰의 대상에 따라 정치적 신뢰와 공공부문 신뢰로 구분하고, 이를 다시 범위에 따라 각각 거시적, 중범위적, 그리고 미시적 신뢰로 구분하여 여섯 가지 정부 신뢰의 종류를 제시하고 있다.40)

각 종류를 보다 구체적으로 설명을 하면 정치적 신뢰 중 거시적 신뢰는 민주주의에 대한 신뢰이고 중범위적 신뢰는 국회 등 정치적 기관에 대한 신뢰이며 미시적 신뢰는 특정한 정치인에 대한 신뢰를 의미한다. 그리고 공공부문의 신뢰 중 거시적 신뢰는 일반적인 정부신뢰나 일반 관료에 대한 신뢰를 의미하고 중범위적인 신뢰는 행정부 등 정부조직에 대한 신뢰나 경찰, 소방 등 공공기관에 대한 신뢰를 의미하고 미시적 신뢰는 공무원이나 경찰관에 대한 신뢰를 의미하는 것이다. 신뢰의 대상과 범위에 따라 세분하여 분류함으로써 신뢰의 내용과 성격을 보다 구체화 하였다는데 의미가 있다 할 수 있다.

정부신뢰성이 높아지려면 국민들이 민주주의에 대한 믿음이 커야하고, 국회 등 정치적 기관에 대한 믿음도 커야하며, 개별적 정

---

40) S. G. Grimmelikhuijsen, "Transparency and Trust : An Experimental Study of Online Disclosure and Trust in Government", *Dissertation*, Utrecht University, 2012. ; 이현국 · 김윤호, "앞의 논문", 3쪽에서 재인용.

치인들에 대한 믿음도 커야 한다는 것을 알 수 있다. 또한 일반 행정 관료제에 대한 믿음도 커야하고, 행정부나 공공기관에 대한 믿음도 커야하며, 나아가 공무원 개인들에 대한 믿음도 커야 함을 알 수 있다.

이를 한마디로 표현하자면 민주주의, 국회 등 정치기관, 개별 정치인, 행정부 등 정부조직, 공공기관 그리고 개별 공무원들에 대한 믿음이 커질 때 정부 신뢰성은 높아진다는 등식을 도출해 낼 수 있는 것이다. 이와 반대로 이러한 것에 대해 국민들의 믿음이 낮게 나타난다면 당연히 정부 신뢰성 역시 낮게 나타날 수밖에 없는 것이다. 정부 신뢰성을 가늠할 수 있는 좋은 요소들을 일목요연하게 정리해 주었다는 점에서 의미를 가진다고 평가할 수 있는 것이다.

다음 이현국과 김윤호는 정부신뢰에 관한 연구를 크게 세 가지로 나눌 수 있다고 보고 이를 분류하고 있다. 첫째는 정부신뢰의 중요성이고 둘째는 정부신뢰 개념구성과 측정, 그리고 셋째는 정부 신뢰에 영향을 주는 요인에 관한 연구로 나누는 것이다. 이들에 의하면 오늘날에 있어서는 이 중 대부분의 연구가 정부신뢰의 영향요인에 맞추어져 있다고 한다.[41)]

이들은 정부신뢰의 영향요인을 신뢰는 상호적이란 점 때문에 '신뢰자'와 '피신뢰자'의 특성으로 구분하여 설명하고 있다. 우선 신뢰자의 특성으로 개인적인 요인뿐만 아니라 사회의 성원으로 개인에게 축적된 특성도 포함을 시키고 있다. 즉, 개인의 성별, 소득, 종교와 같은 인구통계학적 요인뿐만 아니라 사는 지역이나 사회참여 여부 등 사회 경제적 요인도 신뢰자의 특성에 포함을 시키는 것이다.[42)]

---

41) 이현국 · 김윤호, "앞의 논문", 3쪽.

피신뢰자인 정부의 특성으로 이들은 정부가 가지고 있는 내재적인 특성과 정부가 산출한 정책을 검토하는 것으로 나누고 있다. 전자는 정부신뢰를 측정하기 위해 공무원의 능력, 호의도, 성실성, 공정성, 형식적 규제 시행 즉 번문욕례(red tape) 등을 검토 한다는 것이다. 여기에서 공무원의 능력, 호의도, 성실성, 공정성 등은 정부 신뢰에 긍정적인 영향을 주는 것이고 형식적 규제 시행 즉 번문욕례 등은 정부신뢰에 부정적인 영향을 주는 것으로 보고 있다.[43]

여기에서 하나 덧붙일 것은 오경민이나 박홍식은 정부의 기능적 차원과 윤리적 차원으로 구분하여 접근하고 있다는 것이다.[44] 이현국과 김윤호는 윤리성 등은 정부신뢰의 한 특성 내지 개념 구성 요소로 보는 것이 맞을 것이라 이해하고 있는데 이는 정부의 능력이나 윤리성에 대한 시민의 평가가 곧 정부에 대한 신뢰를 의미하기 때문이라는 것이다.[45]

후자는 정부가 산출한 정책을 검토하는 것으로 성과 측정의 문제로 귀결이 된다. 정부의 성과가 정부신뢰에 영향을 미치는 것에 관한 연구가 많이 이루어져 왔지만 이현국과 김윤호는 정부신뢰에는 시민들의 기대와 시민들의 성과 인식 간의 차이가 영향을 미칠 수 있다는 점에서, 정부 신뢰에 대한 많은 연구들에서 사용되는 성과지표는 실제의 산출·결과 지표보다는 주관적인 지표를 더

42) 이현국 · 김윤호, "앞의 논문", 4쪽.
43) 이현국 · 김윤호, "앞의 논문", 5쪽.
44) 오경민 · 박홍식, "정부신뢰 수준의 측정과 비교에 관한 연구", 『한국정책학회보』, 제11권 제3호 (2002), 113-137쪽. ; 이현국 · 김윤호, "앞의 논문", 5쪽.
45) 이현국 · 김윤호, "앞의 논문", 5쪽.

많이 사용해야 하지 않을까하는 점을 내비치고 있다.46)

아무래도 정부성과 즉 정부가 제공한 공공서비스의 질과 효과성을 평가하는데 있어 시민의 주관적 인식이 보다 본질적인 요소47)라고 보기 때문이 아닌가 싶다. 공공서비스에 대한 객관적인 성과지표가 아무리 잘 나왔다고 하더라도 국민이 이를 느끼는 주관적인 지표가 시원찮게 나왔다면 결국 공공서비스의 성과에 대한 평가는 낮게 나올 수밖에 없는 것이다. 중요한 것은 국민이 어떻게 보고 느끼느냐 하는 것이다.

사실 이러한 경우는 경제적인 현상에 대한 평가의 경우에도 자주 접하게 되는 것이다. 아무리 눈으로 볼 수 있는 객관적인 경제지표가 좋게 나왔다고 해도 국민이 느끼는 체감지표가 낮게 나왔다면 경제적 현상은 우울하게 돌아 갈 수밖에 없는 것이다. '경제는 심리'라는 말이 이러한 맥락에서 마음에 와 닿는 것도 그러한 이유 때문일 것이다. 그래서 장바구니 물가 등이 더욱 중요한 지표로 간주되는지도 모르는 일이다.

얼마 전에 전 세계를 대상으로 하여 어느 나라가 가장 행복한 나라인가를 알아보는 조사가 있었다. 많은 사람들은 복지의 천국인 북구 스칸디나비아 국가들이나 석유로 인해 부국으로 발돋움을 한 중동국가들이나 그래도 가장 국민총생산이 높은 미국 등을 생각할지 모르지만 결과는 전혀 엉뚱하게 나타났다.

가장 행복한 나라가 인도 옆에 있는 아주 가난한 나라인 '방글라데시'라는 것이었다. 이 나라는 객관적인 경제지표에 따르자면

---

46) 이현국 · 김윤호, "앞의 논문", 7쪽.

47) C. Pollitt, Bringing Consumers into Performance Measurement : Concepts, Consequences and Constraints, *Policy & Politics*, Vol.16, No.2 (1998), pp.77-87. ; 이현국·김윤호, "앞의 논문", 7쪽에서 재인용.

아마 가장 가난하고 불행한 나라로 분류될 것이다. 그러나 실제로는 그렇지 않다는 것이 반증이 된 것이다. 자연 친화적인 환경은 물론이고 치열한 경쟁이 없고 나아가 이 나라에 살고 있는 사람들이 가장 행복감을 만끽하고 있다는 것이 가장 행복한 나라가 되는 비결이라는 것이다. 이것을 보더라도 객관적인 지표가 절대적일 수 없다는 것을 알 수 있는 것이다.

그리고 덧붙여 가시적인 성과 못지않게 비가시적인 성과에 대해서도 주된 관심이 경주되어져야 함이 강조되고 있는 듯 싶다. 이러한 흐름은 최근에 들어 정책에 있어 시민중심 적 시각이 커지고 시민참여 적 행동들이 늘어나면서 더욱 강화되고 있는 것이 아닌가 하는 생각이 드는 것이다. 과정과 절차에서의 공정성, 투명성을 확보하기 위해 일방적인 행정 서비스 제공이 아닌 시민이 공정하게 대우받고 참여하는 수준의 성과가 정부 신뢰에 긍정적인 영향을 준다고 볼 수 있기 때문이다.[48)]

인간은 자신이 참여하고 자신이 일구어 낸 가치에 대해서 더 많은 애착과 성취 욕구를 느끼는 법이다. 행정 과정이나 정책 과정에 더 많은 시민이 참여하고 공정하게 대우받을 수 있다는 것은, 그러한 행정과 정책과정을 운영해 나가는 정부에 대한 믿음과 애착을 더욱 높이는 중요한 동인이 되는 것이다.

2) 정부신뢰성을 어떻게 제고시킬 것인가?

정주용과 김서용은 정부와 관련 된 신뢰를 크게 정보에 대한 신뢰, 행위자에 대한 신뢰, 규제역량에 대한 신뢰로 구분하고 있다.

---

48) 이현국 · 김윤호, “앞의 논문”, 8쪽.

이 세 가지 신뢰가 제대로 인정을 국민들에게 받을 수 있을 때 정부의 신뢰성은 높아질 수 있다는 것이다. 이들은 이러한 개념을 이해하기 쉽게 설명하기 위해 원자력과 관련된 신뢰를 예로 들고 있다.49)

우선 정보신뢰란 원자력 관련 기관이 제공하는 정보에 대한 대중의 믿음을 말한다. 이는 원자력에 대한 구체적이고 심도 있는 과학적으로 검증된 고급이론이나 지식에 근거한 원자력 정보가 아니라 일반대중이 이해할 수 있는 정도의 원자력 정보에 대한 신뢰를 의미한다 하겠다.50) 일반적으로 매스컴을 통해 전달되는 원자력 정보 수준으로 이해를 하면 되겠다.

다음 행위자 신뢰란 원자력과 직·간접적으로 관련되는 행위자들에 대한 믿음의 정도를 의미한다. 원자력 정책을 관장하는 정부기관, 원자력발전소의 운영과 안전을 책임지는 기관, 대학교수 및 연구소의 원자력 전문가 집단, 그리고 원전정책을 반대하는 반핵 환경단체 등 시민단체로 표현되는 NGO에 대한 신뢰는 원자력 신뢰에 영향을 끼치며 당연히 정부신뢰에 대해서도 커다란 영향을 미치게 된다는 것이다.51)

그리고 마지막으로 규제역량에 대한 신뢰는 원자력 안전을 규제하는 기관의 규제체계 및 규제의 전문성에 대한 믿음의 정도를 의미한다. 원자력 규제기관이 전문성을 바탕으로 안전을 관리하고, 위험을 통제한다고 인식 할 때, 일반대중들은 원자력에 대한 신뢰를 보인다는 것이다.52)

---

49) 정주용 · 김서용, "앞의 논문", 57-58쪽.
50) 정주용 · 김서용, "앞의 논문", 57쪽.
51) 정주용 · 김서용, "앞의 논문", 57쪽.
52) 정주용 · 김서용, "앞의 논문", 57쪽.

앞서 잠깐 언급을 하였듯이 이러한 세 가지 정부와 관련 된 신뢰에 관한 문제를 해결해 나가는 것이 정부 신뢰를 증대시켜 나가는 것으로 이들은 이해를 하고 있다.

따라서 이들은 정부 신뢰를 제고하기 위해 우선 정보의 책임성, 진실성을 강화하는 전략이 필요하다고 보고 있다. 지금까지 이러한 정보와 관련된 문제점이 원자력 정책에 대한 신뢰성을 훼손시켰던 이유로 투명하지 못한 정보공개, 정보에 관한 책임성 부재, 그리고 정보의 진실성에 대한 의혹 등을 손꼽을 수 있기 때문이다. 따라서 이를 해결하기 위해서는 제공되는 정보에 대한 책임자의 표시, 정보 진실성 검증을 위한 보다 더 강력한 절차와 방법, 그리고 투명한 정보 공개 등을 마련하는 전략이 필요하다고 한다.[53)]

다음 정부의 신뢰제고를 위해 행위자들에 대한 신뢰가 제고되어야 한다고 보고 있다. 이를 위해서는 이들의 연구결과에 의해 도출되었듯이 신뢰도가 높은 집단 즉 행위자들에 대한 고려와 낮은 집단 즉 행위자들에 대한 고려가 균형에 맞게 이루어져야 한다는 것이다.

이 말이 의미하는 뜻은 상대적으로 신뢰도가 높게 나타난 전문가 집단이나 NGO들을 정책과정에 적극 참여시키는 방안을 고려할 수 있다는 것이다.[54)] 지금까지 원자력 정책이 NGO와는 적대적 관계를 유지하여 왔으나 안전규제와 신뢰회복을 위해 이들의 참여를 제도화 하는 발상의 전환도 필요하다는 것이다.

그리고 상대적으로 신뢰수준이 가장 낮게 나온 정부는 신뢰회복의 문제가 아니라 다수 주체 간 협업과 거버넌스 구축의 문제라

53) 정주용 · 김서용, “앞의 논문”, 74쪽.
54) 정주용 · 김서용, “앞의 논문”, 73쪽.

는 시각을 가지고 이를 회복하는데 노력을 기울여야 할 필요가 있음을 지적하고 있다.[55] 이에 덧붙여 원자력을 관리하는 기관들의 내부적인 비리 문제 등도 이러한 결과에 영향을 끼쳤다고 볼 수 있다. 따라서 이에 대한 시정 노력도 정부 차원에서 강도 높게 시행이 되어야 할 것이라는 점이다.

마지막으로 규제역량에 대한 신뢰제고를 위해서는 국민들이 원하는 규제의 방향을 전략적으로 반영할 필요가 있음을 지적하고 있다. 전반적인 규제수준에 대한 불신이 존재하므로 행위자 수준의 규제역량보다는 전반적인 규제수준의 강화가 필요하다는 것이다. 규제와 관련해 불필요한 규제는 제거되어야 하지만 원자력 발전소와 같이 한 번으로도 엄청난 재앙 적 위험이 발현될 수 있는 관리 및 시설에 대한 규제는 강화되어야 한다고 주장하고 있다.[56]

만약 이러한 신뢰제고 방안이 실현되지 못할 경우 원자력 정책에 대한 신뢰는 나아지기 어려울 것이며 심지어는 더욱 악화되어질 가능성도 배제하기 어려울 것이다. 이렇게 될 경우 위험문제가 더욱 부각되어 심각한 사회갈등으로 번져나갈 가능성도 있게 될 것이다.

지금까지 정주용과 김서용이 원자력 정책과 관련하여 정부의 신뢰성을 제고하기 위한 방안들의 내용을 정리해보았는데 일반적으로 정부의 신뢰성을 제고하기 위해 이러한 방안들을 참고 하는 것은 나쁘지 않다고 말할 수 있다.

이와 병행하여 정부 신뢰를 제고하기 위해서는 일반 국민들이 공무원 개인에 대하여 갖는 신뢰부터 증진시켜 나갈 필요가 있을

---

55) 정주용 · 김서용, "앞의 논문", 73쪽.
56) 정주용 · 김서용, "앞의 논문", 74쪽.

것 같다. 앞서 이야기 하였듯이 공무원 개인은 정부를 나타내고 대변하는 거울이기도 하다. 그들의 일거수일투족(一擧手一投足)이 바로 정부의 얼굴로 비쳐지게 되는 것이다. 일부 부패한 공무원 개인이나 집단이 저지르는 비리나 부조리가 정부 신뢰성에 커다란 부정적 영향을 끼치는 것도 이와 무관치 않다.

최근에 연이어 나타났던 원자력발전소 근무자들의 비리나 부패는 그 개인으로만 이러한 일들이 한정되는 것이 아니라 원자력발전소가 가지는 위상이나 그 위험성의 정도에 의해 정부 차원의 부조리나 부패로 확대되는 인상이 강하다. 따라서 개인적인 이들의 비리나 부조리가 정부의 비리나 부조리로 연결되어 원자력발전소에 대한 전체 이미지를 부정적으로 전환시킬 뿐만 아니라 정부에 대한 불신도 증폭시키게 되는 것이다.

따라서 정부의 신뢰성을 증진시키고 제고시키기 위해선 공무원 개인들에 대한 효과적이고 공정한 통제와 유인체계가 작동되어져야 한다. 이러한 일을 하는데 있어 무엇보다 중요한 존재가 바로 정치인이라 말할 수 있다. 정치인들이 제대로 대리인들인 공무원들을 관리하고 통제하지 못할 경우 공무원들의 개인적 비리나 부패 또는 공무원들의 집합체인 관료제 자체 내의 문제들이 나타날 수 있고 이는 결과적으로 정치인들의 그릇된 행동으로 여겨지게 될 것이다.

또한 정부신뢰성이 높아지려면 국민들이 민주주의에 대한 믿음이 커야하고 국회 등 정치적 기관에 대한 믿음도 커야하며 개별적 정치인들에 대한 믿음도 커야 한다. 또한 일반 행정 관료제에 대한 믿음도 커야하고 행정부나 공공기관에 대한 믿음도 커야하며 나아가 공무원 개인들에 대한 믿음도 커야 할 것이다.

그리고 정부신뢰성이 높아지려면 국민들 역시 개인적인 요인뿐만 아니라 사회의 성원으로 개인에게 요구되는 특성을 증진시키는데도 노력을 경주하여야 할 것이다. 그 나라의 정치수준은 그 나라 국민의 정치의식수준과 동일하다는 이야기도 있다. 결국 정치가를 뽑는 것은 국민이기 때문이다. 그릇된 정치를 하는 정치인을 욕하기 이전에 그러한 정치인을 뽑은 자신을 되돌아보아야 하는 이유도 여기에 있다 하겠다. 정부의 신뢰성을 제고시키기 위해선 일반 국민들의 이에 대한 노력이 요구되고 있다는 점을 인식하여야 할 것이다.

또한 정부신뢰성이 높아지려면 공무원의 능력, 호의도, 성실성, 공정성 등을 보다 더 제고시키고 형식적 규제 시행 즉 번문욕례 등은 감소시켜 나가야 할 것이다. 이에 덧붙여 공무원의 윤리적 능력 역시 제고시킬 필요가 있다.

공직 윤리에 대해서는 아무리 강조한다해도 지나침이 없을 만큼 정부 신뢰도를 높이는데 있어 없어서는 안 되는 매우 중요한 요인이다. 공무원들의 윤리의식은 정부신뢰도를 높이느냐 혹은 낮추느냐하는데 있어 관건이 되는 중요 요인이다. 공무원의 공직 윤리가 확고하게 자리를 잡고 있다면 정부의 신뢰성은 올라 갈 수밖에 없다. 그러나 그 반대라면 정부에 대한 불신은 더욱 심화될 것이다.

지금과 같은 세상에 굶는 곤궁한 공무원은 없을 것이다. 지금의 부패는 이전의 생계형 부패가 아니다. 보다 많은 부를 축재하기 위한 조직적이고 영속적인 성격을 갖는 아주 질이 나쁜 부패이다. 따라서 쉽게 근절이 되기 어렵다.

공무원들에게 확고한 공직윤리의식을 심어 줄 수 없다면 그리고 제도적으로 공무원이 부패와의 단절을 할 수밖에 없도록 만들지 못한다면 공직 부패는 영원히 지속될 것이다. 따라서 정부의 신뢰성을 제고시키기 위해선 공무원의 윤리적 능력을 제고시킬 필요가 있는 것이다.

그리고 정부신뢰성이 높아지려면 시민들의 기대를 충족시킬 수 있도록 정부의 성과를 국민들의 피부에 와 닿게 높여 나갈 필요가 있다. 즉 국민들이 느낄 수 있도록 체감지수를 높여 나가야 할 필요가 있다는 것이다. 시민들의 주관적 인식이 정부 신뢰성 제고에 커다란 영향을 주는 만치 시민들의 눈높이에 맞는 성과를 보여주어야 할 것이다.

그리고 정부 정책에 있어 시민중심 적 시각이 커지고 시민참여적 행동들이 늘어나는 만치 과정과 절차에서의 공정성, 투명성을 확보하기 위해 일방적인 행정 서비스 제공이 아닌 시민이 공정하게 대우받고 참여하는 시민 중심의 참여행정을 일구어 나가야 할 것이다.

데이비드 카니베일(David G. Carnevale)도 오늘날의 정부를 비롯한 조직들에 있어 신뢰의 위기는 이제 남의 이야기가 아니고 바로 우리의 발등에 떨어진 불이며 이러한 위기를 극복하기 위해서는 신뢰할 수 있는 리더십(trustworthy leadership)을 일구어내고 시민들의 적극적인 참여(participation and involvement)를 이끌어내지 않으면 안 된다는 주장[57]을 하고 있는데 이것도 이와 같은 맥락에서 이해할 수 있을 것이다.[58]

---

57) David G. Carnevale, *Trustworthy Government : Leadership and Management Strategies for Building Trust and High Performance* (San Francisco, CA : Jossey-Bass Publishers, 1995).

58) 이병철, 『행정철학』 (부산 : 도서출판 금정, 2012), 50쪽.

제3장 정부 신뢰에 대한 위기 : 미국과 한국

1. 미국의 정부 신뢰에 대한 위기

사실상 오늘날 정부 신뢰에 대한 위기는 생각보다 자못 심각하다. 미국에서 일어났던 최근의 역사적 사실들이 이를 잘 설명해주고 있다. 하나의 예를 들어 보자면 존 케네디(John F. Kennedy) 대통령과 린든 존슨(Lyndon Johnson) 대통령 등에 의해 치러진 월남전(Vietnam war)을 들 수 있다. 명료치 못한 개입과 확전이 미국 정부의 신뢰를 많이 떨어지게 만든 것이다.[1)]

이 전쟁은 처음부터 많은 논란의 대상이 되었다. 명료치 못한 전쟁 개입의 의혹이 화근이 된 것이다. 표면상으로는 일명 '통킹만 사건'(Gulf of Tonkin Incident)[2)]이라는 것을 빌미로 미국이 베트남에서의 전쟁행위에 개입하게 된다.

1964년 8월 2일 통킹 만 해상에서 미국의 구축함인 매독스 함

---

1) 토머스 J. 크라우프웰, M. 윌리엄 펠프스 지음·채은진 옮김, 『대통령의 오판』 (서울 : 말글빛냄, 2010).

2) 1971년 6월 '뉴욕 타임스'는 미국 국방성 비밀자료인 '펜타곤 페이퍼'(Pentagon Papers)에 입각하여 통킹 만 사건은 조작되었음을 처음으로 폭로하였으나 아직도 이에 대해서는 많은 논란이 일고 있다.

(USS Maddox)이 북베트남 해군 어뢰정으로부터 공격을 당하자[3] 이를 미국에 대한 선전포고로 간주하고 당시 대통령이었던 린든 존슨(Lyndon B. Johnson)은 통킹 만 결의안을 의회에 제출하고 의회의 승인을 얻어내 전쟁개입을 정당화하지만 이러한 사건 이전에도 비밀리에 미국은 크고 작은 전투를 이미 베트남 내부에서 치루고 있었던 것이다.

그러나 이러한 전투행위는 법적으로 정당화 될 수 없는 것이었고 따라서 은밀하면서도 비공개적으로 이루어졌다. 이러한 사실들의 일부가 국내에 알려지게 됨으로써 미국의 베트남 전 참전에 대한 많은 의혹과 논란들이 일어나게 되었고 이것은 많은 미국인들로 하여금 정부가 무언가 떳떳하지 못한 일을 그 곳에서 저지르고 있는 것이 아닌가하는 의혹을 가지게 만들었다. 이러한 초기의 의혹은 결국 베트남전이 크게 확대가 되면서 더욱 커져 나가 반전시위의 도화선 역할도 하고 나아가 국론분열의 불씨가 되기도 하였다.

베트남전에 대한 미국 내의 국론분열 양상과 반전시위는 결국 정치권에 대한 반감과 불신으로 확산되었다. 베트남전을 통해 얻은 것은 미국 국민의 미국 정부에 대한 가득 찬 불신과 분노였던 것이다.

여기에 부가하여 정부에 대한 불신을 낳게 만든 또 다른 사건으로는 린든 존슨 대통령 정부가 의욕적으로 시도한 '위대한 사회'(the Great Society) 프로그램의 실패도 한 몫을 하였다.

60년대 초기에는 인종갈등이 극에 달한 상태였다. 1865년 남북

3) 북베트남에서는 이를 전면 부인하고 오히려 미국의 구축함 매독스 함이 자신들의 영해 내에서 자신들을 선제공격했다고 발표하였다.

전쟁이 종결이 되었을 때 흑인들의 노예해방은 이루어진 것이었다. 노예해방을 내 걸은 아브라함 링컨(Abraham Lincoln)의 북군이 이를 반대한 남군을 제압하고 전쟁을 승리로 이끌었기 때문이었다. 그러나 100년이 지났지만 아직도 남부 지역 등 미국의 상당한 지역에서는 흑인들에 대한 차별과 박해가 일반화되어있었다. 이러한 차별과 박해를 묵묵히 받아들이는 흑인들도 상당수였지만 이러한 것을 더 이상 참지 못하고 일어나서는 무리들도 없지 않았다.

시카고 등 대도시에는 이러한 무리들과 이에 동조하는 세력들에 의해 도시폭동이 일어나고 흑인에 대한 차별과 박해를 중단하라는 시위와 저항이 점차적으로 미국 전역으로 확대되어 나갔다.

미국의 흑인 인권 운동 활동가이자 이슬람 운동가였던 맬컴 엑스(Malcolm X) 등이 이끄는 급진세력과 미국의 침례교회 목사이자 인권 운동가이며 흑인 해방 운동가였던 마틴 루터 킹(Martin Luther King, Jr.) 등이 이끄는 온건세력의 차이는 있었지만 이들이 추구하는 목표나 가치는 동질적인 것이었다. 더 이상의 흑인에 대한 차별과 박해를 없애고 백인과 동등한 대우를 받을 수 있도록 해 달라는 것이었다.

이러한 흑인들을 중심으로 한 시위나 저항은 마틴 루터 킹 목사가 암살된 다음에 극에 달해 엄청난 사회적 파장을 가져왔다. 흑백갈등에 따른 사회적 갈등은 엄청난 사회적 비용을 요구하였다. 그리고 이러한 해결의 실마리가 보이지 않는다는 것이 더욱 사람들을 절망스럽게 하였다. 정부는 정부대로 백인은 백인대로 흑인은 흑인대로 서로를 믿지 못하고 배척시하면서 갈등의 골을 더욱 깊게 해가고 있던 것이 이 시대의 자화상이었다.

또한 이 당시 흑인들의 상당수는 이러한 인종 갈등과 더불어 가난에 시달리고 있었다. 제대로 교육을 받지도 못했기 때문에 문제의식조차 자각하지 못하는 흑인들이 상당수였고 교육수준이 낮은 관계로 경제적으로 열등한 위치에 설 수밖에 없었다. 이들은 자포자기 심정에 빠져 슬럼가에서 술과 마약에 절어 자신의 인생을 망치고 있었고 내일의 희망이라는 생각은 사치스런 것이 되어있었다. 하루하루를 차별과 박해 그리고 절망이라는 단어 속에 갇혀 지옥 같은 생활을 영위하고 있었던 것이다.

이러한 자신들의 삶을 방치하고 희망을 불어넣어주기는커녕 방관하고 나 몰라라 하는 정부에 대해 실망과 분노를 가지고 있었다. 존슨 행정부는 이러한 사태가 결코 미국의 발전을 위해 도움이 되지 않는다고 생각을 하였다. 그리고 이러한 사회적 긴장과 갈등이 고조되면 그리고 급기야 임계점에 도달하면 어떠한 사회적 비용으로도 해결할 수 없는 사태를 맞이하게 될 것을 두려워하였다. 무언가 정부차원에서 근본적인 문제해결이 필요로 된다고 생각을 하였던 것이다.

이러한 시대적 상황에서 나온 것이 바로 위대한 사회 프로그램이었다. 도시빈민촌인 슬럼을 재개발하여 흑인들의 빈곤한 주거환경을 개선하고 헤드 스타트 프로젝트(head start project) 등을 통한 교육개혁 등을 통해 열악한 흑인들의 교육 여건을 개선시키고 여러 복지시책 등을 통해 흑인들의 비참한 삶을 개선시키겠다는 것이 이 프로그램의 골자를 이루었다.

위대한 사회 프로그램은 곧 정부의 정책이 되어 공표가 되었고 이는 실제 시행을 위해 착수가 되었다. 빈곤과 차별 그리고 박해로부터 고통 받고 있던 많은 흑인들은 이러한 프로그램에 대해 많은 기대를 가지고 이러한 정책시행을 쌍수 들어 환영을 하였다.

특히 부의 축적에서 백인들에 의해 철저하게 배제가 된 흑인들은 자신들의 자식들만이라도 공정한 교육기회를 통해 가난을 대물림하지 않게 되었다는 점에서 안도하기 시작하였다.

그러나 문제는 정부의 재원이었다. 정책의 의도나 취지는 나무랄 것이 없었다. 그리고 이 정책이 실행이 되면 분명 흑인들을 위한 것이 되는 것이었다. 그러나 정부는 이러한 정책을 추진시켜 나가는데 충분한 재원을 확보하기가 쉽지 않았다. 결국 재원의 부족으로 인해 이 정책은 표류할 수밖에 없었다. 처음은 창대했으나 끝은 미미하게 된 것이다.

처음 이 정책을 열렬히 지지했던 흑인들은 이러한 모양새를 지켜보면서 실망할 수밖에 없었다. 그들이 가진 기대가 너무 높았기에 실망도 더욱 높지 않았을까 싶다. 이들의 실망 뒤에 엄습한 분노는 극에 달했고 정부에 의해 속임을 당했다는 아픔이 이들의 마음을 사로잡았다. 이렇게 상처 입은 마음속에는 정부에 대한 커다란 분노와 불신이 자리 잡게 되었던 것이다.

이러한 정부에 대한 불신과 분노는 이 당시 국론분열 상태로 치닫고 있던 월남전에의 개입을 반대하는 반전시위와 얽혀 더욱 큰 사회적 갈등 요인으로 떠올랐고 미국정부의 사회적 비용을 증대시키는 결과를 가져왔던 것이다.

그리고 1970년대로 접어들면서 리처드 닉슨(Richard Nixon) 대통령을 하야하게 만든 워터게이트 사건(Watergate scandal)[4)]이 정부나

4) 정정길은 1970년대 초반 닉슨 대통령의 워터게이트 사건은 전임 존슨 대통령의 월남전 전황에 대한 계속적인 거짓말과 결합되어 정치인과 정부에 대한 신뢰를 극도로 추락시켜 행정통제와 감시를 위한 개혁을 강화시켰다고 주장하고 있다. 정정길, 『행정학의 새로운 이해』 (서울 : 대명출판사, 2006), 362쪽.

행정부에 대한 불신을 더욱 증폭시킨 직접적인 원인이 되었다.

선거와 관련하여 상대정당의 선거전략 등을 알아내기 위해 비밀리에 공작 반을 상대방 선거관련 기관에 은밀히 침투시켜 도청을 하려했다는 것도 비도덕적이고 불법적인 것이다. 하물며 더욱 미국 국민들을 분노케 만든 것은 이러한 떳떳하지 못한 비밀공작을 대통령이 직접지시를 하고 진두지휘를 했다는 것이다. 더욱이 이러한 사실이 들통이 나자 꼬리를 자르고 자신의 부하들에게 모든 책임을 떠넘기면서 자신은 이 사건과 전혀 무관하다는 거짓되고 위선적인 언행을 일삼고, 관련 증거들을 철저하게 은폐하거나 인멸하려고 했다는 것이다.

많은 국민들은 이런 떳떳하지 않은 위중한 사건에 대통령이 개입되었다는 사실 조차 믿기 어려워하고 설마 하는 마음을 가졌을 것이다. 그러나 결국 이러한 국민들의 기대는 처참하게 허물어지고 말았다. 밝혀진 사실 들에 의하면 대통령이 직접 지시를 했으며, 이 사건과 자신이 무관하다는 것을 보여주기 위해 온갖 수단과 방법을 동원하여 언론을 포함 한 관련자와 관련 기관들을 협박하고 관련 자료들을 은폐하고 인멸하고 자기의 부하들에게 책임을 떠넘기고 심지어 국민들에게 자신이 이 사건과는 전혀 무관하다고 거짓 된 진술을 하였다는 것이다.

이러한 대통령의 파렴치한 행위는 국민들을 실망시키고 더 나아가 분노하게 만들었다. 국가의 원수이며 행정권의 수반인 대통령이 솔선수범하여 모범적인 행동을 보여주지는 못할망정 대통령으로서는 해서는 안 되는 일들을 서슴없이 저질렀다는데 대한 국민들의 실망과 좌절감은 하늘을 닿을 듯 했던 것이다. 대통령도 못 믿는 세상이 되었다는 탄식의 이면에는 정부와 행정 그리고 정치가와 행정 관료들에 대한 불신의 원성은 하늘에 닿아 있었던 것이다.

이러한 국민적 정서를 반영했는지 워터게이트 사건이후 행정 관료들을 겨냥한 보다 많은 공직자 윤리법들이 제정이 되었고, 이 법들은 보다 엄격하고 많은 것들을 행정 관료들에게 요구를 하였던 것이다.5)

그럼에도 불구하고 정부 불신과 분노로 가득 찬 많은 미국 국민들은 이러한 일련의 사태 이후 워싱턴의 정가를 혐오스런 존재로 간주하고 있다.

이런 세태를 지켜보면서 프랭크 톰슨(Frank J. Thompson)은 미국이라는 나라는 불신을 키우는 매우 독특한 정치문화를 가지고 있다고 지적하면서 이런 제도화된 불신이 공적 신뢰를 좀먹고 모든 수준에서의 공공서비스를 활성화시키고자 하는 노력을 손상시킨다고 주장하고 있다.6)

캔터(D. L. Kanter)는 인간의 본성 그 자체가 이기심과 위선으로 가득 차 있다고 냉소적으로 보는 사람들이 미국 국민의 43%에 달한다고 주장한바 있으며7) 1992년 10월에 조사된 타임(Time)과

---

5) Congressional Reserach Service, U.S. Library of Congress, "Legislative Ethics in Democratic Countries : Comparative Analysis of Financial Standards", *CRS Report 94-325A* (Washington D. C. : CRS, 1994).

6) Frank J. Thompson, "Critical Challenge to State and Local Public Service", in Frank J. Thompson (ed.), *Revitalizing State and Local Public Service : Strenghthening Performance, Accountability, and Citizen Confidence* (San Francisco, CA : Jossey-Bass, 1993).

7) D. L. Kanter, and D. H. Mirvis, *The Cynical Americans : Living and Working in an Age of Discontent and Disillusion* (San Francisco, CA : Jossey-Bass, 1989), pp.1 & 2.

CNN의 공동여론조사결과는 응답자의 63%가 정부지도자들이 국민들에 대해 정직한 말을 하지 않고 있다고 믿고 있으며 75%나 되는 응답자가 10년 전보다 정부가 더 부도덕하고 위선적이 되었다고 믿고 있는 것으로 발표를 하였다.[8)]

브로더(D. S. Broder) 역시 이에 가세해 월남전 이전에는 10명중 8명이 워싱턴의 정치 지도자나 행정 지도자들이 적시에 올바른 일을 하고 있다고 믿었으나 1994년에는 1/3이하만이 그렇게 믿고 있을 뿐이라고 주장했다.[9)] 그리고 연방공무원들에 대한 조사결과를 보면 응답자의 44%만이 자신의 직장에 대해 믿음을 가지고 있을 뿐이며[10)] 상당수의 연방공무원들이 그들 직속상관을 불신하고 있음이 조사결과 나타났다.[11)]

---

8) P. Gray, "Lies, Lies, Lies", *Time*, Oct. 5, 1992, pp.32-38. ; David G. Carnevale, "The Crisis of Trust in Today's Organizations", in David G. Carnevale, *Trustworthy Government : Leadership and Management Strategies for Building Trust and High Performance* (San Francisco : Jossey-Bass Publishers, 1995), p.7.

9) D. S. Broder, "Dialogue Makes for Democracy", *Norman Transcript*, Apr. 25, 1994, p.6. ; David G. Carnevale, "The Crisis of Trust in Today's Organizations", in David G. Carnevale, *Trustworthy Government : Leadership and Management Strategies for Building Trust and High Performance* (San Francisco CA: Jossey-Bass Publishers, 1995), p.7.

10) L. Rivenbark, "Workers' Opinion Poll Could Change Benefits", *Federal Times*, June 8, 1992, p.1 & 14. ; David G. Carnevale, "The Crisis of Trust in Today's Organizations", in David G. Carnevale, *Trustworthy Government : Leadership and Management Strategies for Building Trust and High Performance* (San Francisco CA : Jossey-Bass Publishers, 1995), p.9.

11) U. S. Merit Systems Protection Board, *Federal Blue Collar Employees : A Workforce in Transition* (Washington, D. C. : U. S. MSPB, 1992). ; David G. Carnevale, "The Crisis of Trust in Today's Organizations", in David G. Carnevale, *Trustworthy Government : Leadership and Management Strategies*

이런 주장들을 종합해볼 때 세마이어 립셋(Seymour Martin Lipset)이 지적했듯이 정부나 행정부에 대한 신뢰성 즉 이들에 대한 믿음이 최근 들어 점차로 추락하고 있음을 알 수 있는 것이다.12)

이러한 정부에 대한 불신이나 거부감 그리고 혐오감 더 나아가서 공포감은 정부의 근간을 이루고 있는 관료제가 민주주의를 위협할 것이란 생각에서도 발생한다.13)

제임스 프리드먼(James O. Freedman)은 관료제의 생성과 비대는 미국 민주주의의 성격, 미국식 정의의 본질, 그리고 미국생활의 질에 대한 의미와 연계된 골치 아픈 문제를 제기하였다고 비판하고 관료제에 대한 정통성의 위기를 시사하고 있다.14)

그리고 그는 관료제가 너무나 많은 권한과 권력을 행사하고 행정 관료들이 엄청나게 누적된 힘을 행사하고 있음에도 불구하고 선거로 당선된 정치적 선량들은 이를 제대로 통제하지도 못하고 있을 뿐만 아니라, 행정 관료들 역시 선거 직 상급자의 권위에 대

---

for Building Trust and High Performance (San Francisco CA : Jossey-Bass Publishers, 1995), p.9-10.

12) S. M. Lipset, and W. Schneider, *The Confidence Gap*, rev. ed. (Baltimore, MD : Johns Hopkins University Press, 1987).

13) 이와 관련하여 참고 할 글은 다음과 같다.
M. A. Crensen & F. E. Rourke, "By Way of Conclusion : American Bureaucracy Since World War II", in L. Galambos (ed.), *The New American State : Bureaucracies and Policies Since World War II* (Baltimore, MD : Johns Hopkins University Press, 1987), pp.137-177. ; W. E. Nelson, *The Roots of American Bureaucracy, 1830-1900* (Cambridge, MA : Harvard University Press, 1982). ; S. Skowronek, *Building a New American State : The Expansion of National Administrative Capacities, 1877-1920* (Cambridge, U.K. : Cambridge University Press, 1982).

14) James O. Freedman, *Crisis and Legitimacy : The Administrative Process and American Government* (New York : Cambridge University Press, 1978), p.260.

해 책임 있게 응대하지도 않으며 이들에 대해 책임도 거의 지지 않고 있다고 비판하고 있다.

이는 정보의 비대칭에 기반을 두고 있는 주인-대리인 이론(principal-agent theory)에서 제기하고 있는 관료들의 도덕적 해이(moral hazard)와 역 선택(reverse discrimination)으로 표현되는 관료제의 역기능 혹은 병리(bureaucratic pathology) 현상이 정치와 관료제 사이에서 여과 없이 그대로 노정되고 있음을 잘 드러내주는 비판이라 할 수 있다.

사무엘 헌팅턴(Samuel P. Huntington) 역시 권력을 가장 위험스럽게 구사하고 있는 실체로 관료제를 지칭하고 이들에 대한 의혹과 불신이 바로 미국정치사상의 중심적 사고라고 혹독히 비판을 하였다.[15)]

제임스 윌슨(James Q. Wilson)도 소위 정부의 제4부인 관료제는 미국 건국의 아버지들이 만든 헌법과도 양립되지 않는다고 비판을 하였다.[16)] 그는 선거로 뽑히지도 않은 행정 관료들이 무소불위의 권능을 행사한다는 것은 민주주의국가에서 있을 수 없는 일이라고 하였다.

허버트 카푸먼(Herbert Kaufman)은 이런 관료제에 대한 공포를 모두 싸잡아서 '미친 듯이 날뛰는 세계적인 병'(raging pandemic)으로 규정하고 있다.[17)]

---

15) Samuel P. Huntington, *American Politics : The Promise of Disharmony* (Cambridge, MA : Harvard University Press, 1981), p.33. ; B. Kellerman, *Leadership : A Multidisciplinary Perspective* (Englewood Cliffs, New Jersey : Prentice-Hall, 1984), p.66.

16) James Q. Wilson, "The Rise of the Bureaucratic State", *The Public Interest*, Vol.41, (1975), pp.77-103.

17) Herbert Kaufman, "The Fear of Bureaucracy : A Raging Pandemic", *Public*

이러한 관료제의 공포에서 벗어나기 위해 행정 관료들의 자유재량권과 이들의 폭넓은 권한과 권위를 아주 엄격하게 축소시키고 통제하여 이들의 관료적 힘을 무기력하게 만들기 위한 여러 가지 전략들이 구상되어 제기되고 있다.[18)]

예를 들면 빌 클린턴(Bill Clinton) 대통령 때 단행되었던 연방정부의 구조조정을 위한 앨 고어 위원회(Al Gore committee)의 활동과 이를 통해 도출된 '연방정부성과평가보고서'(National Performance Review : NPR)에서 보여주듯이, 끊임없는 조직의 재조직과 혁신 그리고 정부규모를 축소키 위한 예산, 프로그램, 인원의 삭감과 감축 그리고 행정 관료들에 대한 제반규제조치 확산 등을 들 수 있다. 물론 관료제를 지지하는 사람들은 이러한 전략들이 시민들에게 봉사하는 정부의 행정기관능력을 장기적으론 손상시킬 것이라고 주장을 하고 있다.[19)]

Administration Review, Vol.41, (1981), p.1.

18) 이에 관한 연구들은 다음의 글들을 참고 할 수 있다. A. Farazmand, "Crisis in the U. S. Administrative State", *Administration & Society*, Vol.21, (1989), pp.173-199. ; L. M. Lane & J. F. Wolf, *The Human Resource Crisis in the Public Sector* (New York : Quorum, 1990). ; F. E. Rourke, "Bureaucracy in the American Constitutional Order", *Political Science Quarterly*, Vol.102, (1987), pp.217-232.

19) B. Adams, "The Frustrations of Government", *Public Administration Review*, Vol.44, (1984), pp.5-13. ; B. Rosen, "Effective Continuity of U. S. Government Operations in Jeopardy", *Public Administration Review*, Vol.43, (1983), pp.383-392. ; B. Rosen, "Crises in the U. S. Civil Service", *Public Administration Review*, Vol.46, (1986), pp.195-215. ; A. Wildavsky, "Ubiquitous Anomie : Public Service in an Era of Ideological Dissensus", *Public Administration Review*, Vol.48, (1988), pp.753-755. ; J. F. Wolf, "Disinvesting in the Administrative Capacity for Public Action", *International Journal of Public Administration*, Vol.10, (1987), pp.209-234.

이러한 관료제의 팽창과 이에 따른 공포에 대한 우려를 잠재우고 정부 혁신에 대한 중차대한 임무를 두 어깨에 걸머지고 앨 고어 위원회를 이끌었던 부통령 앨 고어(Al Gore)는 효과적이지 못한 행정체계는 이러한 체계 속에서 일하고 있는 자들의 잘못이 아니라고 이야기하고 있다. 그는 문제의 핵심은 일하는 자들에게 신뢰할 수 없는 메시지를 끊임없이 보내고 있는 직무 역할, 사무실 규칙들 그리고 조건이나 그 환경에 내재되어 있다고 말하고 있다.[20)]

이 말이 함축하고 있는 의미는 관료제 속에서 일하고 있는 행정관료 개개인의 그릇됨이 관료제 즉 행정체계를 효과적이지 못하게 만드는 것이 아니라 직무 역할, 사무실 규칙, 그리고 이와 연계된 조건이나 환경 등 행정 관료들을 규제하고 이를 관장하는 관료제 그 자체가 믿음을 주지 못해 신뢰성을 잃고 있기 때문이라는 것으로 이해 할 수 있을 것이다.

데이비드 카니베일(David G. Carnevale)도 정부나 행정에 대한 낮은 신뢰는 해당 행정 관료들의 성취나 기관 적 성과를 억누르는 조직적 제도 그리고 관리관행 등의 결과로 인해 야기되고 있다는 주장을 하고 있는데[21)] 이것도 이와 맥을 같이 하는 것이다.

그는 공공조직에 있어서 문제의 근원은 더 이상 존재하지도 않는 운영 환경을 위해 고안되어진 관료적 조직에 과도하게 의존하고 있다는 점을 지적하고 있다. 이러한 시대에 뒤지고 낡은 조직적 구조들과 진부한 운영 및 관리 철학은 결국 이 조직 속에 몸담

---

20) David G. Carnevale, "The Crisis of Trust in Today's Organizations", in David G. Carnevale, *Trustworthy Government : Leadership and Management Strategies for Building Trust and High Performance* (San Francisco CA : Jossey-Bass Publishers, 1995), p.3.

21) David G. Carnevale, *Ibid.*, p.3.

고 있는 사람들을 질식시키고야 말 것이란 점을 분명히 하고 있다.[22]

또한 여기에 그치지 않고 한 발 더 나아가 그는 행정을 제대로 혁신하기 위한 좋은 처방전은 복잡하지 않고 매우 단순하다고 하면서 행정이 믿음을 회복하면 된다고 주장하고 있다.[23]

2. 한국의 정부 신뢰에 대한 위기

이러한 정부와 행정에 대한 불신감은 한국이라고 해서 예외는 아닌 듯 싶다. 한국 역시 정부에 대해 신뢰를 갖기 어렵게 만든 사고나 사건들이 있었고 이러한 것이 국민으로 하여금 정부신뢰에 금이 가게 하는 요인이 되었던 것으로 생각을 해 볼 수 있다.

이러한 사건으로는 여러 가지가 존재할 수 있겠지만 여기에서는 크게 1997년에 발발한 국제통화기금(IMF) 구제금융 사태로 일컬어지는 환란사태와 2008년에 야기된 미국 발 세계금융위기로 인한 한국경제위기, 그리고 2014년에 발생한 세월 호 침몰사고 등 세 가지로 국한하여 설명을 하고자 한다.

1997년 11월 한국은 아시아경제위기의 여파로 닥쳐 온 일시적 외환유동성부족에 정책적으로 적절하게 대처하지 못함으로써 국제통화기금으로부터 구제 금융을 받아야하는 예기치 못한 황당한 상황으로 내몰렸다. 이로 인해 국가신용등급이 급락되었고 이의 여파로 금융을 비롯한 경제는 어려움을 겪었으며 많은 기업들이 본의 아니게 도산되었다. 그리고 이러한 기업 도산으로 인하여 실

22) David G. Carnevale, *Ibid.*, p.4.
23) David G. Carnevale, *Ibid.*, pp.3-4.

업자들이 직장에서 길거리로 쏟아져 나왔다. 또한 금융권을 중심으로 한 사회 각계각층의 구조조정 여파가 사회적 긴장을 고조시켰으며 이로 인한 국가적 손실도 말로 형용키 어려운 지경에 처하여졌었다.24)

한마디로 환란으로 일컬어졌던 이러한 국가 위기사태에 대해 정부가 좀 더 일찍 올바른 정책적 대응을 했다면 이러한 지경까지 처해지진 않았을 거라는 뒤늦은 불평과 비판도 나왔지만 이미 물은 엎질러진 상태였다.

동남아지역에서부터 시작된 경제위기 상황을 너무 안이하게 판단을 하고 이에 대한 정책적 대응을 제대로 시의성에 맞게 하지 못한 것이 아니냐는 지적도 이와 맥을 같이 하는 것이다.

이미 97년 초에 한국은행 등은 동남아를 중심으로 아시아 지역에서 일어나고 있는 경제위기에 대해 관심을 기울일 것과 한국의 외환 관리 등에 있어 보다 시의성과 적실성을 갖춘 대응이 필요로 됨을 경고하였다.

그러나 관련 정책당국들은 한국의 외환보유고가 충분해서 설사 충격이 가해진다 해도 이러한 충격쯤은 충분히 흡수할 수 있다느니, 또는 한국의 경제체질이 강해서 문제가 없다느니 또는 일시적인 경제순환 상의 사정이므로 곧 해결이 되어 그 여파가 한국까지 미치지 못하거나 설사 미친다고 해도 미미할 것이라는 등 안이한 생각을 하고 이를 묵살하거나 무시하는 자세를 견지했던 듯 싶다. 그래서 호미로 막을 수 있었던 일을 가래로도 막지 못하는 사단을 자초했다고 비판론자들은 주장을 하고 있는 것이다.

24) 이병철,『행정윤리』(울산 : 울산대학교 출판부, 2004), 146쪽.

어쨌든 정책당국은 동남아 쪽에서 튕겨져 나온 문제의 불똥에 대해 적극적인 대응을 하지 않고 수수방관하며 사태의 호전만을 기대하는 눈치였으나 결과적으로 볼 때 이러한 정책당국의 움직임은 문제의 본질을 애써 외면하려는 어리석음임이 드러나게 되는 것이다.

결국 한국은 97년 11월 상환해야 할 단기외채 비율이 상대적으로 높은 관계 등 여러 요인들로 인해 외환유동성 부족 상태에 빠져들어 갔고 국가부채 상환불능 상태, 즉 국가부도를 의미하는 디폴트(default) 상황이 도래될지 모른다는 우려와 함께 국가적 위기 상황으로까지 치닫게 되었던 것이다. 결국 정부는 버티다가 백기를 들었고 국제통화기금에 투항을 하는 신세가 되었던 것이다. 이로 인해 경제주권을 상실한 국민들의 고통은 이루 형용할 수 없을 정도로 가중이 되었다.

이런 저런 이유로 아무 문제도 없을 것이라는 정부의 말을 굳게 믿었던 것이 고통 받는 국민에겐 커다란 화근으로 다가왔던 것이다. 국란에 버금가는 미증유의 사태인 환란을 맞아 실업자가 되면서 그리고 경제적 위기에 고통을 받으면서 정부의 말을 믿었던 것이 잘못 된 일이었다는 것을 뒤늦게 깨닫기 시작했던 것이다.

1999년 국회 'IMF환란 조사 특별위원회'가 '국정조사 결과보고서'를 발간했는데 1997년의 환란의 원인, 다른 말로 하자면 외환위기의 원인으로 관치 경제와 정경유착으로 인한 기업과 금융기관의 부실, 이를 부채질한 정치권, 정책 당국자들의 무지 및 무사안일을 지적하고 무분별한 임금인상과 사치성 소비로 외화를 낭비한 국민 모두의 공동 책임으로 결론을 내리고 있다.[25)]

---

25) 『경향신문』, 1999년 2월 12일. ; 이병철, 『행정윤리』 (울산 : 울산대학교

국제통화기금으로부터 긴급 수혈을 받은 이후 정책당국은 경기 부양이 필요로 되었다. 그래서 여러 정책들을 사용하기 시작하는데 이때 이러한 정책의 일환으로 신용카드사용을 진작시키는 조치가 이루어졌다. 그런데 문제는 과도한 소비 진작 정책의 일환으로 신용카드의 남발이 이루어졌고 이로 인해 카드 부채가 눈덩이처럼 불어나기 시작하는 후유증이 사회문제로 대두되자 정책당국이 이들의 카드관련부채를 탕감해 주려는 움직임[26]을 보였고 이것이 도덕적 해이 문제와 연계되어 사회적으로 뜨거운 이슈가 된 것이다.

심지어 신용불량자 사이에 '돈을 갚지 않으면 언젠가는 빚을 탕감해 주지 않겠느냐' 라는 식의 도덕적 해이가 퍼지게끔 만들었다.[27] 성실하게 돈을 갚아 나가는 선량한 신용불량자와 언젠가 부

출판부, 2004), 146쪽.

26) '자산관리공사'(KAMCO)와 산업은행, 국민은행 등 금융계에서 360만명을 상회하는 신용불량자를 대상으로 잇따라 구제책을 내 놓은바 있다. 금융계에 따르면 자산관리공사가 신용불량자 구제를 위해 부채를 총 70%까지 감면해주기로 했다는 보도가 나왔다 한다. 『디지털타임스』, 2003년 10월 20일. ; 이병철, 『행정윤리』 (울산 : 울산대학교 출판부, 2004), 148쪽.

27) 실제로 자산관리공사가 대규모 채무재조정안을 공개한 이후 신용카드사들의 채권회수 실적이 40% 정도 급감할 정도로 연체 고객의 빚 안 갚기 현상이 두드러지게 나타난 것이 이를 입증하고 있다. 좀 더 살펴보자면 자산관리공사의 대규모 채무재조정안이 나온 10월 16일이 포함된 주(10월 13-18일)의 일주일 동안 카드사 채권 회수규모는 1701억4500만원으로 집계됐다. 이는 직전 주(10월 6-11일)의 채권 회수액 2670억9300만원에 비해 36.3%나 줄어든 것이다. 또 자산관리공사의 채무재조정안 발표 다음 주(10월 20-25일)의 채권회수액은 1558억3700만원에 그쳐 직전 주보다 무려 41.7%감소했다. 자산관리공사의 신용불량자 구제를 위한 선의의 노력은 이해하지만 도덕적 해이를 부추길 수 있는 무책임한 채무재조정은 보다 신중하게 접근을 했어야 한다는 비판이 이에 근거

채를 탕감 해 줄 것이라는 막연한 기대감에 상환을 버티는 불량한 신용불량자사이에서 불량한 신용불량자의 부채에 대한 탕감 정책은 도덕적 해이문제 뿐만 아니라 양자의 형평성문제까지 야기 시키는 문제로 결코 가벼이 취급할 수 없는 사회적 이슈거리가 되었던 것이다.28)

많은 국민들은 이러한 카드 남발 정책과 이로 인해 야기된 부채 탕감 정책에 실망을 하였고, 이러한 국민적 실망은 정부에 대한 국민의 신뢰를 저버리는 결과를 가져 오게 하였던 것이다.

2008년의 서브프라임모기지 사태(subprime mortgage crisis)와 리먼 브라더스(Lehman Brothers Holdings Inc.) 파산 사태 등으로 촉발된 미국 발 세계 금융위기 역시 제2의 IMF사태로 불려 질 만큼 한국 경제에 커다란 영향을 끼쳤다. 한국의 경우에는 국제금융시장이 신용경색의 상태로 빠져 들어가는데 따른 국내 금융시장의 충격 완화에 대한 대응책이 요구되어졌을 뿐만 아니라, 미국의 가계 소비 위축에 따른 미국 경기의 급격한 침체를 우려해야했고, 이와 연동된 대미수출에 대한 지장을 경계해야 되는 상황이 되었다.

한국 정부는 한국경제에 미치는 충격과 이를 극복하기 위한 정책들을 펼쳐 나갔다. 일단 이러한 상황에서 상정 할 수 있는 위기적인 충격은 외국 투자가들이 한국경제의 건전성을 의심하고 자신들이 투자해 놓은 자본을 유출 할 경우 국내 금융시장이 흔들리고 국민이 피부로 느낄 수 있는 실물경제까지 충격을 받게 될 수 있다는 것이었다.

하고 있음을 알 수 있다.『조선일보』, 2003년 12월 24일. B2쪽. ; 이병철,『행정윤리』(울산 : 울산대학교 출판부, 2004), 148쪽.

28) 이병철,『행정윤리』(울산 : 울산대학교 출판부, 2004), 148-149쪽.

예상했던 것처럼 실제로 환율은 불안정성을 보였다. 제2의 외환위기가 다시 재현되는 것은 아닌가 하는 우려와 불안이 정책당국뿐만 아니라 국민들 사이에도 퍼지기 시작하였다. 발등에 떨어진 문제는 단기외채에 대한 상환부담과 수출의 부진으로 인한 경상수지 적자 등에 대한 우려였다. 왜냐하면 이러한 것은 결국 한국이 보유한 외환에 충격과 위기를 던져 줄 수 있는 것이었기 때문이었다.

한 차례 환란을 통해 겪은 경험이 있었기 때문에 여러 가지 정책들이 발 빠르게 구사되어졌다. 한국은행은 미국의 중앙은행인 연방준비제도이사회(FRB)와 300억 달러 상당의 통화 스와프 협정을 체결했으며, 이어 중국인민은행과도 1800억 위안, 달러로 환산한다면 약 260억 달러에 상당하는 수준의 통화 스와프 협정을 체결했다고 밝혔다. 또한 일본은행과의 통화 스와프 규모를 기존 130억 달러에서 300억 달러로 확대하는 협정을 체결했다고도 밝혔다.

이러한 선제적이면서 전향적인 대응 정책에 힘입어 정부는 어느 정도 위기를 넘어 한숨 돌리는 국면을 만들어냈다. 그러나 문제가 완전히 해결된 것은 아니었다.

정부가 주도한 환율정책은 수출을 하는 기업의 입장에서는 이익이 되었으나 내수부문에는 부정적 영향을 주어 내수회복을 오히려 지연시켰다. 그리고 물가상승률이 높아지는 후유증과 실질이자율이 급락하고 가계부채가 급증하는 예기치 않은 결과를 낳게 되었던 것이다. 이는 사회적 양극화를 더욱 심화시키고 고착화시키는 결과를 초래하고 현재까지 한국 경제의 시한폭탄으로 작동하고 있는 것이다.

현재까지도 내수회복이 제대로 이루어지지 않아 일본식의 장기 불황과 장기침체로 가는 것이 아니냐하는 의구심과 두려움이 강하게 제기되고 있고, 경상수지 흑자는 지속되면서 내수경기는 더욱 더 가라앉는 범삼치 않은 현상이 일어나고 있는 것이다.

수출기업의 금고에는 차곡차곡 돈이 쌓이는데 반해, 일반 서민 그리고 소비자들의 지갑은 점점 얇아져만 간다는 이율배반적인 현상이 발생하고 있는 것이다. 이로 인해 기업과 서민, 소비자 간의 양극화는 더욱 심화되어지고 있다. 그리고 내수 경기의 부진 등으로 인해 가계부채가 더욱 증가하여 이것이 한국 경제의 암적 존재로 비화 될 것을 우려하는 목소리가 국내·외적으로 높아지고 있다.

이제 국민들은 2008년의 세계금융위기가 가져 온 정책적 결과에 의해 또 다시 고통을 받고 있는 것이다. 정부 정책이 가져 온 이러한 부정적인 결과는 정부에 대한 국민의 신뢰를 또 한 차례 저버리게 만드는 결과를 가져오고 있는 것이다.

여기에 설상가상으로 발생한 세월 호 침몰 사고에서 국민은 온갖 관피아와 관련된 행정 관료제의 비리와 부조리를 목격하였고 정부의 무능과 위기관리 능력의 부재나 미흡을 피부로 느끼게 되었던 것이다.

이러한 사례들은 결국 정부에 대한 국민의 신뢰를 낮추는 결과를 가져 온 것으로 사료가 되는 것이다.

이러한 정부에 대한 국민의 신뢰저하를 수치적으로 살펴보면 보다 더 실감나게 현상에 대한 이해를 할 수 있을 것이다.

김번웅(金繁雄)은 행정관서의 민원인들의 71%가 행정 관료들의 업무처리의 공정성에 대해 회의를 나타내고 있고 55%가 공무원의 근무 자세를 소극적이고 나태한 것으로 보고 있는 반면, 일선공무원들의 73%가 행정업무에 관한 민원인들의 태도나 자세가 부정적이라고 보고 있어 정부와 국민간의 상호불신이 매우 심각하다고 주장한바 있다.29)

또한 그는 이러한 상호불신이 결국 행정규제를 강화시키고 통제위주의 행정체제를 초래한다고 주장하면서 이런 상황에선 국민의 정부나 행정부에 대한 신뢰는 이루어지기 어렵다고 주장하고 있다.30)

최근의 상황은 이러한 주장과 다른가를 알아보기 위해 2014년 행정연구원이 조사한 자료를 살펴보았다.

이 자료에 따르면 공직자가 민간 기업 등에 종사하는 회사원보다 윤리의식이 강한지에 대해 공무원은 94.9%가 '그렇다'라고 응답을 하였는데 국민들의 생각은 이와 다르게 나왔다. 즉 국민은 45.2%가 '그렇지 않다'라고 나왔고 '그렇다'라고 긍정적 응답을 한 비율은 전체의 15.8%에 그쳤다. 공무원의 업무 공정성에 대해서도 공무원 자신은 93.5%가 그렇다고 응답을 하였지만 국민의 생각은 그렇지 않다는 것이었다. 전체 응답의 17.4%만 그렇다고 동의했을 뿐이다.

그리고 덧붙여 2014년에 인사혁신처에서 조사한 자료에 의하면 공직사회 혁신을 위해 먼저 해야 할 일로 국민은 '청렴하고 존중받는 공직자상 확립'을 33.6%로 가장 비중 높게 응답하고 있는데 반해, 공무원은 '공무원의 자긍심 고취 및 사기 앙양'을 53.2%로

29) 김번웅, "한국공무원의 부조리행태", 『한국행정개혁론』(서울 : 법문사, 1997), 255쪽.
30) 김번웅, 『앞의 글』, 256쪽.

가장 비중 높게 응답을 한 것으로 나타나고 있다.

그리고 공직사회의 문제로 국민은 '뇌물, 인사 청탁 등 부정부패'를 36.0%로 가장 비중 높게 응답하고 있는데 반해, 공무원은 '성과 평가의 어려움'을 49.4%로 가장 비중 높게 응답하고 있다. 국민과 공무원이 쟁점이 되는 사항에서 서로 다른 생각을 하고 있다는 점이 드러나고 있는 조사결과라고 이해 할 수 있다.

이러한 최근의 자료를 보더라도 그의 주장에 어느 정도 일리가 있지 않나 하는 생각을 하게 된다.

그만치 우리 정부나 행정부에 대한 국민적 신뢰성은 바닥세를 나타내고 있다는 것을 의미하는 것이다. 그리고 이러한 정부와 행정에 대한 불신감이 인내할 수 있는 수위를 넘고 있다는데 문제의 심각성이 있다는 것이다.

> 공무원은 별명이 많다. 가장 흔한 것이 '철밥통'이다. '신이 내린 직장'이니 '신이 감추어둔 직장'이란 말도 종종 들린다. 권력기관에 대해서는 '민중의 몽둥이'란 몹쓸 말도 있다. 안일무사, 복지부동, 보신주의도 공무원들의 못된 버릇을 비꼬는 대명사다. 고위 공직 인사는 '회전문 인사' 또는 '코드 인사'로 치부된다. 권력자 맘대로고 그들만의 잔치라는 것이다. 연고주의, 할거주의, 집단이기주의는 공무원 사회의 오랜 병폐다. 공무원과 기업과 정치인의 유착과 비리를 가리켜 철의 삼각지대(iron triangle)라 부르는 것은 이미 학문적인 관행이 되었다. 국민의 신뢰를 받지 못하기는 비단 공무원 사회, 즉 좁은 의미의 정부에 그치지 않는다. 국회와 법원, 즉 넓은 의미의 정부도 예외는 아니다…. 국회는 이미 국민의 편이 아니었다. 법

원은 '전관예우'와 '유전무죄, 무전유죄'의 딱지를 분홍글씨처럼 달고 다닌다. 늑장 재판, 지연재판은 이제 얘깃거리도 되지 않는다. 사법 개혁 문제를 앞에 놓고는 법원도 한갓 이익집단에 불과했다. 국회도 법원도, 자기들 조직의 이익 앞에 국민의 이익은 온데간데없다. 10점 만점에 국회의 신뢰도는 3점, 정부는 3.3점, 법원은 4.3점이란다. 누구도 정부를 믿지 않는다.[31)]

이미 앞에서 부분적으로 언급되었지만 불신감의 팽배로 인해 효율성은 말할 것도 없고 사회적 형평까지 교란되고 있다. 한국행정은 한국 사회에서 불 번지듯 팽배하고 있는 집단이기주의열풍에 휩싸여 있다.

행정 관료집단을 위한 일이 우선이 되고 그들의 권익과 안일을 위해서 자신들이 봉사해야 할 국민들을 부차적인 존재로 여긴다면 이것은 보통 문제가 아니다. 김번웅도 한국의 정부 관료제는 바로 자신이 소속한 관료계급을 위하여 우선적으로 일하고 일반시민을 위한 봉사는 부차적인 것으로 간주하고 있다고 보고 이러한 사실을 정시(正視)해야 할 필요가 있음[32)]을 지적하고 있는데 이것도 이와 맥을 같이 하는 것이다.

이런 관료행태에 상처받고 멍든 국민들은 행정 관료집단에 대해 깊은 불신감을 갖게 되고 이것은 심리적으로 확대 재생산되어 급기야는 정부에 대한 불신으로 귀결되게 되는 것이다.

정부 신뢰에 위기감을 더해주는 또 다른 요인이 있는데 그것은 바로 정치적 영역이다. 정치적 영역에서 활동을 하는 정치인들로

---

31) 이철규, 『한국행정의 이론과 실제』(서울 : 법문사, 2007), 1쪽.
32) 김번웅, "서-한국적 행정학의 파라다임", 김번웅 외(공저), 『현대한국행정론』, (서울 : 박영사, 1991), 6-7쪽.

인한 그릇된 행태들로 인하여 국민들이 실망을 하고 정치인들이 주도하는 정부를 불신하게 되는 것이다.

앞에서도 누차 언급하였듯이 거대해지고 비대해지는 관료제를 견제하고 통제하며 이러한 관료제 안에서 활동하고 있는 행정 관료들을 국민이 원하는 방향으로 이끌어 나가야 하는 것이 정치인들이 해야 할 일들이다.

그러나 국민으로부터 주권을 위임받은 이들이 이러한 일을 제대로 하지 못하고 있을 뿐만 아니라 오히려 정치인들이 자신의 지대추구에 몰입을 하고 국민을 통합하고 올바른 방향으로 나가도록 계도하기는커녕 서로간의 이해관계에 따라 국민을 분열하고 국론을 분열시키는 행위를 일삼음으로써 국민들로부터 신뢰를 잃고 있는 것이다. 이러한 신뢰상실은 외국에서의 평가에서도 거의 대동소이하게 나타나고 있다.

세계경제포럼(WEF)이 발표한 2014년 국가경쟁력 평가에서 정치인에 대한 신뢰가 97위로 나타났는데 이는 우리보다 몇 수 아래라고 생각하고 있는 아프리카의 우간다나 베트남보다도 낮은 순위였다.

> 정치인에 대한 공공의 신뢰는 전년보다 15계단 뛰어올랐지만, 97위(2.4점)로 여전히 하위권을 벗어나지 못했다. 점수로는 1위 싱가포르(6.2점)와 2위 카타르(6.1점)의 절반에도 미치지 못했고, 49위 베트남(3.4점)과 94위 우간다(2.5점)보다 낮았다.[33)]

---

33) 『파이낸셜뉴스』, 2015년 2월 1일. ; http://www.fnnews.com/news/201502011747528800

미국을 위시한 소위 선진국이라는 나라들에서도 나타나는 현상이긴 하지만 '가장 믿지 못하는 집단이 어느 집단이냐?'는 질문에 대해 서슴없이 나오는 대답이 바로 정치권이라는 것이다.34) 이러한 사실은 한국이라고 해서 예외는 아닌 듯 싶다.

국민주권의 수권자로서 모범이 되고 솔선수범을 하여야함에도 불구하고 그렇게 하지 않고 있다는 것이 바로 이러한 대답을 얻게 되는 이유이기도 한 듯 싶다. 국민은 뒤로 하고 안하무인(眼下無人)격으로 파벌이나 계파를 만들고 이를 바탕으로 당쟁이나 정쟁에 빠질 뿐만 아니라, 검은 돈과의 유착에 어느 누구보다 앞장을 서고, 서양 선진국에서 일상화 된 노블레스 오블리주(Noblesse oblige)와는 거리가 먼 실망스런 행태를 거듭하는 모습은 이들을 믿고 지지하고 선택한 국민들을 실망시키기에 너무나 충분한 소재거리가 되는 것이다.

거대하고 비대해진 관료제와 그에 몸을 담고 있는 행정 관료들의 그릇된 행태로 인한 정부 불신 못지않게, 이러한 그늘로 얼룩진 정치권에서 보여주는 실망스런 행태로 인한 국민적 실망은 더욱 정부 불신을 부채질 하는 커다란 원인이 된다고 볼 수 있다.

공자는 정치에서 가장 중요한 것이 백성의 신뢰라고 보았다. 공자나 맹자 모두 정치에 있어 문제는 바로 신뢰에서 나온다고 하였

---

34) "미국 직업군별 신뢰도 조사에서 '정치인'이 '로비스트'와 함께 가장 낮은 점수를 받은 것으로 나타났다. 16일(현지시간) 미국 CBS 방송에 따르면 여론조사업체 갤럽이 미국 성인 1천31명을 대상으로 연간 직업별 신뢰도 조사를 한 결과 국회의원이 '(매우) 정직·도덕적이다'라고 답한 미국인은 8%에 그쳤다. 이는 조사대상 직업 중 최하위인 로비스트(6%)에 이어 두 번째로 낮은 것이다. '질 나쁜 중고차를 비싸게 판다'는 고정관념이 박힌 자동차 판매원(9%)보다도 더 부정적이다." 『노컷뉴스』, 2013년12월 17일. ; https://m.nocutnews.co.kr/news/1151569

다. 백성에게서 신뢰를 얻은 정치라면 문제가 없지만 그렇지 않으면 문제가 된다는 것이다.

사실 백성에게 신뢰를 얻은 정치는 물에 의해 떠받침을 받는 배와 같은 모습이고 신뢰를 잃은 정치는 물에 의해 뒤집어지는 배와 같은 모습일 것이다. 물은 바로 백성이고 배는 정치인이기 때문이다.

정치에서 얼마나 신뢰가 중요시 되는 지 공자와 제자인 자공과의 대화를 통해 이해를 할 수 있다.

> 제자 자공이 공자에게 정치의 참된 길을 묻자 공자가 답하기를 "음식이 풍족하고 군비가 넉넉하며 백성의 신뢰를 얻는 것"이라 했다 한다. 지금의 기준으로 보자면 경제와 국방과 신뢰를 정치의 요체로 말한 것이라 사료가 된다. 자공이 그 셋 중 하나를 버려야 한다면 어떤 것이겠냐고 묻자 공자는 군비를 먼저 버리겠다고 했고 또 하나를 버려야 한다면 음식이라고 말했다. 그리고 "백성들의 신뢰가 없으면 아무 것도 바로 설 수 없다."고 말했다 한다.[35]

이상의 대화에서 알 수 있듯이 공자는 군왕이 국가를 운영하는데 있어 제일 우선 시 해야 할 정책으로 백성의 지지(足信)를 얻는 것이며, 그 다음은 백성들을 풍요롭게 먹이는 경제(足食)이며 그 다음이 국가 안보(足兵)라고 생각을 하였던 것이다.[36] 이러한 것을 보더라도 국민의 정부에 대한 지지와 신뢰가 얼마나 중요한 것인가를 잘 알 수 있는 것이다.

---

35) 『논어』, "안연편". ; 김재한, 『동서양의 신뢰 : : 비교 연구를 넘어 일반이론으로』 (서울 : 아카넷, 2009).

36) 최평길, 『국가정보학』 (서울 : 박영사, 2012), 423쪽.

백성으로 은유되는 물은 정치라는 배를 띄울 수도 있고 뒤집어 엎을 수도 있는 것이다. 결국 물의 믿음, 다른 말로 해서 백성의 마음을 얻는 것이 바로 정치의 성공과 직결된다는 사실을 여과 없이 잘 설파하여 보여주는 말로 이해가 되는 것이다.

이러한 정부에 대한 불신의 원인은 이미 많은 선행 연구들에 의해 도출이 되어졌고 또한 이의 해결을 위한 많은 노력들이 이러한 연구들을 통해 제시가 되어졌다.

그러나 최근에 발생한 경주 리조트 체육관 붕괴사고 그리고 온 국민의 초미의 관심사가 되었던 세월 호 침몰 사고 등 일련의 안전과 관련된 사고들은 좀 더 이러한 불신의 원인과 이를 해소하는 방안에 대한 접근이 새로워져야 함을 인식시켜주고 있다.

만약 이러한 정부 불신에 대한 원인과 이를 해소하는 방안이 제대로 강구되지를 못하여 이러한 본질적인 문제들을 해결해 주지 못한다면 정부 불신에 대한 위기는 더욱 더 고조되어 질 것이다. 그것은 국민도 또한 정치인도 그리고 행정 관료도 결코 원치 않는 일일 것이다.

제4장 전문적 대응조치 저해와 관련된 사례

- 괌(Guam) 공항에서의 여객기 추락사고 -

이곳에서는 앞에서 언급한 분석 준거 틀에 따라 우선, 안전사고 등 위기발생시 적실성과 시의성을 가진 전문적 대응조치 저해와 관련되어진 사항들에 대해 살펴보고자 한다. 그 다음 기관 및 행정 관료들의 도덕적 해이(moral hazard) 등을 포함하는 도덕성 미비 및 부재 등에 대해서도 분석과 진단을 해보고자 한다. 그리고 책임지고 통합적으로 조율하고 통제할 수 있는 컨트롤 타워의 부재나 미비와 관련부처 간 그리고 기업과 해당관련기관 간의 협력과 공조체제에 대한 체계적인 관리시스템의 부재나 미비 그리고 관련 위기관리지침인 매뉴얼이 제대로 준비되고 그에 따라 집행되지 못하는 측면 등을 분석하고 진단 하고자 한다.

우리가 살아가는 삶에 있어서 사고라는 것은 항상 일어나게 마련인 듯 싶다. 어떻게 보면 삶과 사고는 본질이 같은 것인지 모른다. 마치 동전의 양면처럼 앞면과 뒷면으로 얼굴 모양만 다르지 몸통은 같은 것이 아닌가 싶다.

평생 재난을 연구해온 예일 대학교 교수인 찰스 페로에 따르면 현대사회에서 대형사고가 발생하는 것은 지극히 정상이라는 것이다. 고도로 복잡한 과학기술 중심 사회에서는 아무리 효율적인 안전장치를 동원해도 피할 수 없는 사고가 반드시 있다는 의미로 받아들일 수 있을 것이다. 현대사회에서 위험은 일상화돼 있으며 사고는 그것이 단지 외부적으로 표출되는 것에 불과하다는 시각인 것이다.1)

이러한 시각을 그대로 반영이라도 하듯이 고도로 복잡한 과학기술의 산물인 항공기가 먼 이국땅에서 추락하는 사고가 발생을 하였다. 이 항공기는 추락 등을 방지하기 위한 최첨단 안전장치 등을 장착하고 있었지만 끔찍한 사고는 피해 갈 수 없었다. 사고의 필연성이라는 덫에 걸린 결과로 볼 수 있을 것이다.

1997년 여름에 있었던 괌(Guam) 공항에서의 여객기의 추락사고 소식은 모든 사람들을 경악케 하였다. 220여명이 넘는 고귀한 생명들이 이억 만 리 먼 땅에서 유명을 달리했다. 현재까지 나온 추락사고의 원인들로는 아열대성 비가 심하게 쏟아져 시계가 극히 불량했고, 설상가상으로 돌풍 성 난기류가 형성되는 등 악천후와 비행 상황에 대한 조종사들의 판단착오 그리고 괌 공항의 관제시설과 관제사들의 관제능력에 문제가 있었던 것으로 밝혀지고 있다.

이 중에서 조종사들의 비행 상황에 대한 판단착오를 가져오게 한 것은 여러 가지가 있었다. 우선 조종사들은 좀 더 아래로 내려가면 활주로가 보일 것이라는 안이한 생각을 했지만 활주로는 사고 당시까지 보이지 않았다. 당시 괌 공항 인근 지역은 비가 많이 내리는 상황이었고 새벽이어서 비행시계의 사정이 좋지를 않았다. 그리고 엎친 데 덮친 격으로 강한 돌풍 성 난기류가 세차게 몰아치고 있었다. 이렇게 비행시계가 불량인 상황에서 여러 비행계기

---

1) 정성희, "재난의 학습효과", 『동아일보』, 2014년 10월 28일. ; http://news.donga.com/Main/3/all/20141028/67481618/1

에 대한 정보를 이해하고 판단하고 결심을 하는데도 많은 어려움이 따랐다.

한 가지 예로 '지상접근경보장치'(Ground Proximity Warning System : GPWS)의 경고를 조종사들의 판단착오로 심각하게 인지를 했어야 함에도 불구하고 가볍게 들은 것이다. 지상과의 충돌을 방지하는 이 장치는 착륙에 관한 결심고도를 알려주는 것으로, 실제 상황에서 결심고도에 도달하였음을 이 장치는 지속적으로 경고를 하였지만 조종사들은 활주로와 가까워지면서 나는 자연스러운 경고음이라고 잘못 생각하였던 것이다.

통상적으로 조종사들은 결심고도까지 내려와서 활주로가 보이지 않으면 우선적으로 비행기의 안전을 고려하여 비행기를 다시 상승토록 조종을 하는 복행(Go around)[2]을 시도하는 것이 일반적인 관례이다. 그러나 사고기의 조종사들은 이러한 조치를 취하지 않았다. 뒤늦게 상황의 심각성을 인지하고 복행을 위해 기체를 들어 올려 상승시키는 동작을 취했지만 이미 때는 늦었던 것이다. 비행기의 기체가 산과 부딪치고 만 것이다.[3]

사고 당시 국내언론들은 서둘러 사고원인을 관제실수로 보도했지만, 이 사건을 주도면밀하게 조사를 하고 그 결과를 발표 한 '미국연방교통안전위원회'(National Transportation Safety Board : NTSB)는 항공사측과 '미국연방항공청'(Federal Aviation Administration : FAA) 양자 모두의 잘못으로 판정을 내렸다.

항공사측의 잘못은 사고기 조종사들의 판단착오를 가져온 여러 요인들을 근거로 하여 조종사 양성방식에 문제가 있다는 점을 지

2) 착륙 중이던 비행기가 착륙을 포기하고 상승하는 것을 의미한다.
3) 말콤 글래드웰, 『아웃라이어』(서울 : 김영사, 2009), 210-211쪽.

적을 하였고, 미국연방항공청의 잘못은 '최저안전고도경보장치'(Minimum Safe Altitude Warning : MSAW)[4] 관리 등에서 비롯된 문제점을 제기하였다.

한마디로 항공기 추락의 원인은 다름 아닌 인재라는 것이다. 정성희는 한국적 재난의 특징의 하나로 대부분이 인적(人的) 오류에 기인했다는 점을 지적하고 있다. 그는 "100년에 한두 번 일어나는 자연재해는 어쩔 수 없지만 우리나라에서 순수한 자연재해라고 할 만한 게 없다. 설계를 잘못했거나, 부실하게 시공했거나, 조작자가 실수를 했거나, 사람들이 하지 말라는 일을 해서 사고가 난다."는 것이다.[5]

2011년 3월 11일 일본 도후쿠(東北) 지방에서 발생한 진도 9의 강진에 의한 높이 10미터의 쓰나미로 인해 실종자를 포함 해 2만 명 가까운 인명을 잃고[6] 이의 여파로 후쿠시마(福島) 원전까지 폭발사고를 일으켜 방사능 물질이 유출되는 사상 초유의 사태가 일어남으로써 방사능 피폭 등 엄청난 피해를 본 일본열도의 이러한 사고는 어떻게 보면 인재보단 천재에 가까운 것으로 볼 수 있다. 물론 후쿠시마 원전 사고를 인재로 보는 사람들도 많을 테니 이 부분은 아니라고 하더라도 말이다.

---

4) 이것은 최저안전고도 경보장치로 비행기의 고도가 비정상적으로 낮은 경우 관제사에게 경고를 주고 이 경고가 조종사에게까지 주어지게 된다.
5) 정성희, "재난의 학습효과", 『동아일보』, 2014년 10월 28일. ; http://news.donga.com/Main/3/all/20141028/67481618/1
6) 2012년 9월 12일, 일본 경시청 보고서는 15,878 명 사망, 6,126 명 부상, 2,713 명 실종을 확인했다. ; http://ko.wikipedia.org/wiki/%EB%8F%84%ED%98%B8%EC%BF%A0_%EC%A7%80%EB%B0%A9_%ED%83%9C%ED%8F%89%EC%96%91_%ED%95%B4%EC%97%AD_%EC%A7%80%EC%A7%84

또한 2005년 8월 말 플로리다(Florida) 등 미국의 남동부지역을 강타한 초강력 허리케인 카트리나(Hurricane Katrina)에 의해 재즈의 고향으로 유명한 루이지애나(Louisiana) 주의 뉴올리언스(New Orleans)가 엄청난 인명과 재산피해를 보았다. 8월 30일 허리케인으로 인해 폰차트레인 호(Lake Pontchartrain)의 제방이 붕괴되면서 이 도시의 대부분의 지역에 물난리가 일어났다. 뉴올리언스는 지역의 80% 이상이 해수면보다 지대가 낮아 그 당시 들어온 물들이 빠지지 못하고 그대로 고여 있어 더욱 상황을 악화시켰다.[7] 이와 같이 허리케인으로 인한 침수와 이로 인한 엄청난 인명과 재산피해 역시 어쩔 수 없이 당해야 하는 천재로 볼 수 있을 것이다.

그러나 분명 삼풍백화점 붕괴사고[8]나 성수대교 붕괴 사고[9] 그

7) R. Sobel & P. Lesson, "Government's Response to Hurricane Katrina : A Public Choice Analysis", *Public Choice* (2006).

8) 1995년 6월 29일 서울특별시 서초구 서초동에 있던 삼풍백화점이 붕괴된 사건으로, 사망자는 502명, 부상자는 937명이며 6명은 실종되었다. 피해액은 약 2700여 억 원으로 추정된다. 붕괴원인으로는 여러 가지 복합요인들이 수사과정에서 지적이 되었으며 특히 매장 공간 확보를 이유로 기둥을 없애고, 무단 증축하는 등 안전을 무시한 잘못된 부실시공도 한 몫을 한 것으로 나타났다. http://ko.wikipedia.org/wiki/%EC%82%BC%ED%92%8D%EB%B0%B1%ED%99%94%EC%A0%90_%EB%B6%95%EA%B4%B4_%EC%82%AC%EA%B3%A0

9) 1994년 10월 21일에 서울특별시의 한강에 위치한 다리인 성수대교에서 상부 트러스가 무너졌던 사고이다. 이 사고로 17명이 다쳤고 32명이 사망했다. 붕괴원인으로는 여러 가지가 지적이 되었지만 가장 결정적인 것은 트러스 식 공법은 이음새가 잘못되면 무너지기 쉬운 공법이었는데 이 방식을 채택을 하였다는 것이다. 뿐만 아니라 이음새 핀 등의 세부요소들을 정기적으로 점검해야 하는데, 이러한 안전점검 조치를 소홀히 하였다는 것이다. http://ko.wikipedia.org/wiki/%EC%84%B1%EC%88%98%EB%8C%80%EA%B5%90_%EB%B6%95%EA%B4%B4_%EC%82%AC%EA%B3%A0

리고 고리 원자력발전소의 빈번한 운행정지사고[10) 등은 그러한 천재는 아니었다. 분명 인재였던 것이다. 설계를 잘못했거나, 부실하게 시공했거나, 조작자가 실수를 했거나, 사람들이 하지 말라는 일을 해서 사고가 난 것이다.

괌에서 일어난 여객기 추락사고도 이와 맥을 같이 한다고 볼 수 있다. 여객기 기체 결함이라기보다는 조종사들의 잘못으로 인해 야기된 사고로 볼 수 있는 것이기에 인재라고 말 할 수 있는 것이다.

여기에 덧붙여 국내 언론들은 항공사측의 안전 분야에 대한 관심부족 역시 이번 사고의 한 원인이 되었다는 보도를 내보냈었다. 여러 가지 면에서 위험부담이 상대적으로 높은 심야에 비행을 강행했을 뿐만 아니라, 더 나아가 조종사들이 제대로 휴식을 취하지 못할 만큼 무리한 운항스케줄로 밀어 붙였으며, 괌 공항의 관제시설의 낙후와 관제능력의 미비 그리고 결정적인 '활공각지시기'(Glide Slope : GS)[11) 등의 고장을 알면서도 운항을 계속했던 것

10) 2011년 4월 고리 발전소 3호기 점검 및 연료 교체작업 중 선로 회귀를 하는 데 쓰인 CTTS가 손상됨에 따라 고리 4호기의 전기를 끌어 쓸 수 없어 No Load Failure가 발생, 발전소가 급정지하는 일이 벌어졌다. 2012년 2월 9일에는 1호기에 전력 공급이 중단되는 사고가 발생했다. 다행히도 연료봉 교체 등의 작업을 위해 정비 중인 관계로 원자로가 가동중인 상황이 아니었기 때문에 원자로 온도 자체는 높지 않아서 심각한 문제는 발생하지 않았다. https://mirror.enha.kr/wiki/%EA%B3%A0%EB%A6%AC%20%EC%9B%90%EC%9E%90%EB%A0%A5%20%EB%B0%9C%EC%A0%84%EC%86%8C

11) '계기 착륙장치'(Instrument landing system : ILS)는 '로컬라이저'(Localizer)와 활공각 지시기인 '글라이드 슬로프'(glide slope : GS)으로 나눠지는데, 로컬라이저는 비행기의 기축을 활주로와 일치하게 해주며 글라이드 슬로프는 비행기를 활주로까지 안전하게 하강 할 수 있게 해준다. 사고 당시 괌 공항의 로컬라이저는 작동했으나 글라이드 슬로프는 1-2달 전부터 사용할 수 없는 상태였다.

은 여름 성수기를 맞이한 항공사가 승객의 안전보다는 이윤극대화라는 기업마인드에 더 큰 비중을 둔 안전 불감증이 초래한 결과였다는 것이다.

그래서 승객의 안전은 철저하게 외면되었고 결과적으로 사고를 자초하였다는 유족이나 일부 국민들의 비판의 소리를 일고의 가치도 없다고 접어 둘 순 없다는 것이다.

말콤 글래드웰(Malcolm Gladwell)도 조종사들이 제대로 휴식을 취하지 못할 만큼 무리한 운항스케줄에 쫓겨 운항을 하여 피로가 누적이 되면 정확한 판단력이 부족하게 되고 이것이 사고와 직결이 된다는 점을 지적하고 있는데[12] 이것도 앞선 주장과 맥을 같이 하는 것이다.

실제로 괌 여객기 추락 사고를 조사한 사람 중 한명인 말콤 브레너(Malcom Brenner) 역시 이번 사고의 원인 중 하나가 기장의 피로였다고 주장을 하여[13] 앞선 말콤 글래드웰의 주장에 무게를 실어주고 있다.

또한 이에 덧붙여 그는 사고기의 조종사들[14]의 판단착오를 가

12) 추락사고 중 압도적으로 많은 사고가 지연된 비행에서 발생하며, 이 경우 파일럿은 대개 서두르게 된다. 파일럿이 12시간이나 그 이상을 운항하는 바람에 피로가 누적돼 정확하게 판단할 수 없었던 경우도 전체사고의 52퍼센트를 차지한다. 말콤 글래드웰, 『앞의 책』, 211쪽.

13) 그는(기장) 전날 아침 6시부터 잠을 자지 못했다…. "피로도 한 원인이 됐죠. 그 코스는 왕복비행입니다. 한국 시간으로 새벽에 비행기를 타고 착륙한 다음, 지상에서 몇 시간 보내고 해가 떠오를 때 다시 나가는 거죠. 기장은 한 달 전에도 그런 비행을 해봤습니다. 그때 그는 1등석에 앉아서 잤죠. 그런데 이제 다시 비행해서 들어가는데 그는 매우 피곤하다고 말하고 있습니다." 말콤 글래드웰, 『앞의 책』, 245쪽.

14) 사고기의 기장은 공군에서 제대를 한 후 항공사에 입사를 하여 거의 4년간 파일럿으로 일해 왔는데 그때까지 그의 비행시간은 총 9,800시간

져온 조종사들 간의 의사소통상의 문제도 사고의 한 원인을 제공했다는 점을 강하게 지적하고 있다. 그는 비행기의 추락 사고를 유발하는 실수들은 예외 없이 팀워크나 의사소통에서 수반되는 문제들 때문이라고 주장을 하고 있는 것이다.15)

말콤 브레너가 주장하고자 하는 핵심적 내용은 강한 유교문화적 정서가 흐르고 있는 조종실 내의 상하 위계질서가 위기 발생 시 시의성과 적실성을 가질 수 있는 의사소통을 막았다는 주장인 것이다.16)

비행기 승무원들 사이에는 선배가 은퇴할 때 후배가 식사를 대접한다거나 선물을 제공하는 풍습이 오래전부터 있어 왔다고 한다. 이것은 여러 가지로 해석할 수 있겠지만17) 분명한 것은 선배와 후배 사이에 강한 상하관계 즉 위계질서가 존재한다는 것을 보여주는 것으로 이해 할 수 있다는 것이다. 한 전직 조종사에 따르면 상당수 조종실의 분위기가 '기장이 책임지고 자신이 원하는 방

에 달했으며 그 중 3,200시간은 점보기를 조종했다. 사고 나기 몇 달 전에는 낮은 고도에서 고장 난 점보기의 엔진을 훌륭하게 다뤄 항공사로부터 상을 받기도 했다. 그는 괌 공항과 김포 공항 사이를 여덟 번이나 운항 한 경험이 있었기 때문에 공항과 그 주변 지형을 잘 알고 있었다. 말콤 글래드웰, 『앞의 책』, 208-209쪽.

15) 말콤 글래드웰, 『앞의 책』, 212쪽.

16) 기어트 홉스테드(Geert Hofstede)는 우리가 성장해온 공동체의 문화적 환경을 통해 우리의 언어나 행동이 영향을 받는다는 점을 분명히 하고 있다. Geert Hofstede, *Culture's Consequences : Comparing Values, Behaviors, Institutions, and Organizations Across Nations* (Thousand Oaks, CA : Sage Publications, 2001). ; 말콤 글래드웰, 『앞의 책』, 236쪽에서 재인용.

17) 가족주의 및 온정주의로도 해석할 수도 있다. 자고로 식사를 같이 한다거나 또는 아랫사람이 윗사람에게 식사접대나 선물을 제공하는 것은 가족 간의 연대의식을 과시하거나 확인 또는 강화하는 것으로 여겨져 왔다.

향으로, 자신이 생각하는 대로 비행기를 조종하고 다른 사람은 조용히 앉아서 아무것도 하지 않는 것'이었다고 한다.[18]

이러한 진술은 기장의 책임 하에 항공기는 운항이 되며 기장 이외의 다른 어떤 사람들도 기장의 결정에 따라 움직여야 하며, 기장에게 이의를 제기하는 등 기장의 권위에 도전하는 언행은 용납될 수 없는 정서가 강하게 흐르고 있다는 점을 지적한 것으로 볼 수 있는 것이다.

강제상과 고대유는 한 조직의 일상화 된 관행들이 부정적 결과로 나타나는 역학 관계의 근본적 기저에는 '조직 침묵'(organizational silence)[19]이라는 요소가 자리 잡고 있다고 보고 있다. 이렇게 보는 이유로는 조직구성원이 조직의 특정 행위를 목격했을 때 이를 바람직하지 못한 것이라고 인식하고 있음에도 불구하고 이에 대해 침묵하고, 이러한 행태가 장기적으로 바람직하지 못한 조직의 행위를 조직 내에 일상적 관행으로 고착화시키기 때문이라고 주장하고 있다.[20]

조직 침묵이 바람직하지 않은 이유는 업무 수행 과정에서 소통과 혁신적 아이디어를 차단하고 조직 내 비도덕적인 관행을 묵인하는 결과를 초래하여, 조직의 성과에 부정적인 영향을 미치기 때문이라 한다.[21] 또한 이러한 부정적인 영향은 민간조직보다 공공

---

18) 말콤 글래드웰, 『앞의 책』, 247쪽

19) 조직침묵이란 "직무환경을 발전시킬 수 있는 정보, 견해, 발언, 아이디어 등을 의도적으로 표현하지 않는 것"이라 정의하고 있다. 강제상·고대유, "공공조직의 문화가 조직침묵에 미치는 영향 : 해양경찰조직을 중심으로", 『한국행정학보』, 제48권 제2호 (2014 여름), 2쪽.

20) 강제상·고대유, "앞의 논문", 1쪽.

21) 조직침묵이 조직의 성과에 부정적 영향을 미치는 내용은 조직 내 정보소통을 약화시켜 관리자가 합리적인 의사결정을 하는 데에 걸림돌로

조직이 파급효과 면에서 더욱 심각할 수 있다고 보고 있다. 왜냐하면 파급효과가 조직 내에 국한되는 민간조직과 달리, 공공조직은 그 파급효과가 조직 내부뿐만 아니라 공공영역 전반, 심지어는 민간영역에 까지 미칠 수 있기 때문이라고 한다.[22)]

일반적으로 조직구성원이 침묵 행위를 선택하는 데에는 또는 영향을 미치는 데에는 두 가지 원인이 있다고 하는데 하나는 환경적 요인이고 다른 하나는 개인적 요인이라는 것이다.[23)] 여기에서 조직 내에서 환경적 요인이라 함은 조직문화를 의미하고 개인적 요인이라 함은 조직정치지각을 뜻한다.

조직문화[24)]는 조직구성원을 둘러싸고 있는 환경으로서 조직구성원들의 태도를 크게 결정하게 된다. 예를 들어 조직의 권위주의, 온정주의, 관계지향 등 관료제적 특성들이다. 그리고 조직정치지각이란 구성원이 주변 동료들은 사익만을 추구하기 위해 비공식적 행동 혹은 폭 넓게 수용될 수 없는 행동을 빈번히 시도 한다 여기고 조직을 불공정한 장으로 지각하는 정도를 의미한다.[25)]

작용할 수 있고, 조직 내에서 발생하는 부조리를 묵인하거나, 조직 내 개방적인 토론을 제안하여 조직의 성과에 부정적 영향을 끼치며, 가장 큰 문제점으로는 전이성을 가진다는 것이다. 즉 조직 내 특정 사안에 대한 침묵행동으로 향후 더 많은 사안에 대하여 침묵을 하게 만들 수 있다는 점이다. 강제상·고대유, "앞의 논문", 2쪽과 4쪽.

22) 강제상 · 고대유, "앞의 논문", 2쪽.

23) 강제상 · 고대유, "앞의 논문", 2-3쪽.

24) 조직문화란 특정한 조직구성원들이 환경의 자극에 반응하는데 공유하는 가치와 신념, 이념, 관습, 규범, 행동패턴 그리고 지식과 기술을 포함한 거시적이고 종합적인 개념의 총체이다. 김호섭 · 김판석 · 유홍림 · 김대건, 『행동과 조직행태』(서울 : 대영문화사, 2011). ; 강제상 · 고대유, "앞의 논문", 4-5쪽.

25) 강제상 · 고대유, "앞의 논문", 3쪽.

조직정치지각의 대표적인 부정적 효과로는 편승하는 행위를 들 수 있다. 조직정치지각이 높을수록 상관에 의해 수용되는 태도나 행동에 순응하고, 자신에게 손해가 되는 행동을 하지 않음으로써 간접적이고 암묵적인 이익추구 행동을 많이 한다는 것을 의미하는 것이다. 이러한 편승행위는 조직 침묵 행위를 증가시키는 원인이 되는 것이다.[26]

이러한 조직침묵이 사고기의 조종실에서도 나타난 것으로 이해할 수 있다. 기장과 부기장 간의 강한 상하관계를 강요하는 조직문화와 높은 조직정치지각으로 인한 편승하는 행위가 상호작용을 통해 조직침묵을 나타나게 만든 것이라고 추론해 볼 수 있는 것이다.

부기장이 기장의 실수를 위계질서라는 눈에 보이지 않는 압력 또는 권위에 압도되어 제대로 지적하지 못한다거나[27], 유교문화에서 강조하는 겸손과 체면에 길들여져 위기 시 자신의 실수를 감지하지 못하는 기장에게 부기장이 상황의 심각성을 가감 없이 진술하게 직언을 하여 이를 깨우치게 하지 못하게 한 것은 바로 이러한 조직침묵의 현상으로 이해할 수 있을 것이다.

---

26) 강제상 · 고대유, "앞의 논문", 3쪽.

27) 기어트 홉스테드는 권력 간격 지수(Power Distance Index : PDI)라는 지수로 이를 설명하고 있다. 이 권력 간격 지수는 특정문화가 위계질서와 권위를 얼마나 존중하는지를 나타낸다. 이 지수를 가지고 조종사들을 측정 해 본 결과 상위 5위에 속하는 나라들은 다음과 같았다. 1위가 브라질, 2위가 한국, 3위가 모로코, 4위가 멕시코 그리고 5위가 필리핀이었다. 이 순위를 국가별 비행기 추락사고 발생 빈도와 대조하면 보기 좋게 맞아떨어진다. 상대적으로 이 지수가 가장 낮은 다섯 나라는 미국, 아일랜드, 남아프리카공화국, 오스트레일리아, 뉴질랜드이다. Robert Helmreich & Ashleigh Merritt, "Culture in the Cockpit : Do Hofstede's Dimensions Replicate?," *Journal of Cross-Cultural Psychology*, Vol.31, No.3 (May 2000), pp.283-301. ; 말콤 글래드웰,『앞의 책』, 236쪽, 241쪽에서 재인용.

그리고 자신의 잘못을 지적받았을 경우 아랫사람의 진언을 감사하게 수용하지 않고 자신의 권위와 체면을 생각해 이를 일축해 버린다거나, 또는 좋은 게 좋다는 식의 생각으로 실수를 두루뭉술하게 포장을 하여 애매모호하게 전달하는 완곡어법 식의 의사소통의 행태 등으로 나타나는 또 다른 형태의 조직침묵에 의해, 신속하고 적절하게 처리를 했으면 별 탈이 없을 가벼운 실수도 결국 치명적인 큰 실수로 번지게 만드는 결과를 낳게 만든다는 것이다.28)

이러한 이유로 해서 앞서 말했듯이 미국연방교통안전위원회는 항공사측의 잘못으로 사고기 조종사들의 판단착오를 가져온 조종사 양성방식에 문제를 제기했던 것이다. 권위적인 위계질서와 체면 그리고 애매모호한 완곡어법 식의 의사소통의 문제를 해결하지 못한 조종사 양성방식이 결국 이런 커다란 사고를 가져왔다는 것이 바로 그들의 시각이었던 것이다.

실제로 한국에서 안전과 관련된 위기발생 시 정부 행정에서 이러한 유사한 실 예들은 너무나 많았다. 권위적인 위계질서에 압도되어 또는 체면 그리고 좋은 게 좋다는 식의 애매모호한 의사소통의 체질화는 위기 시 위기상황을 주도면밀하게 분석하고 냉철하

---

28) 완곡어법과의 싸움은 최근 15년간 민간 항공사의 최우선 과제가 되었다. 대부분의 대형 항공사는 '승무원 자원관리'(Crew Resource Management)라는 훈련 프로그램을 실시한다. 이는 연차가 낮은 승무원이 자신의 의사를 분명하고 효율적으로 전달할 수 있게 해주는 훈련이다. 또한 많은 항공사가 상황이 나쁜 방향으로 흘러가고 있을 때 부조종사가 조종사의 권한을 양도받을 수 있는 절차를 마련하고 있다…. 많은 항공 전문가가 최근에 항공 사고가 놀라울 정도로 감소한 이유는 이러한 완곡어법과의 싸움이 승리로 돌아갔기 때문이라고 판단한다. 말콤 글래드웰, 『앞의 책』, 227-228쪽.

게 파악하는 전문적 능력을 떨어뜨리게 만들고 이로 인해 올바른 결단을 내리지 못하게 만들어 버리는 경우가 비일비재하였던 것이다. 결국 위기 시 이를 극복하기 위한 시의성과 적실성을 가진 전문적인 행정 조치를 내리는데 미숙한 행정을 낳게 되는 것이다. 그리고 이러한 미숙한 행정은 또 다른 정부 불신의 근거를 국민들에게 제공하게 되는 것이다.

제5장 전문적 대응조치 저해와 관련된 사례
- 세월 호 침몰 사고 -

앞에 설명 된 괌 여객기 추락사고의 사례에서 나타난 문제점들이 탑승자 476명 중 사망자가 295명에 이르고, 아직도 실종자가 9명에 이르는 세월 호 침몰 사고에서도 여실히 드러나고 있다.

세월 호 조타수 오 모 씨는 사고 이후 조사과정에서 "조타실에 있다가 상황을 살피기 위해 선수 쪽으로 갔다. 이후 선장님에게 '배가 더 넘어간다.'고 소리를 질렀다."며, 그렇지만 "선장님은 물끄러미 쳐다보기만 했다."고 진술하였다.[1)]

이 말의 뜻을 좀 더 구체화 해보면 오씨는 "배가 '기운다.'가 아니라 '더 넘어간다.'고 악을 쓰는 것처럼 말했다."고 진술했다는데 이는 상황이 예상보다 훨씬 더 심각하다는 것을 알리기 위한 센 표현이지만 선장은 보고를 받고도 아무런 조치를 취하지 않았다는 것을 의미한다.

오 씨는 조사과정에서 진술을 통해 "선내 대기방송(1차 조치)[2)]

---

1) 『조선일보』, 2014년 10월 21일. ; http://news.chosun.com/site/data/html_dir/2014/10/21/2014102101730.html?news_Head1

2) 세월 호가 기울어지면서 침몰이 진행되기 시작하였을 때 선내 방송을 통해 '움직이지 말고 선내에 조용히 대기하고 있을 것'을 요구하는 안내방송을 했다. 사실 이 방송 때문에 많은 선내 승객들이 보다 구조가 용이

후 2차 조치(퇴선 유도)가 없었던 게 상당히 후회스럽다."고 했다 한다. 하지만 "선장이 아닌 선원으로서 할 수 있는 게 없었다."[3]고 밝혔다고 하는데 이러한 상황은 앞서 언급한 '한 전직 조종사에 따르면 상당수 조종실의 분위기가 '기장이 책임지고 자신이 원하는 방향으로, 자신이 생각하는 대로 비행기를 조종하고 다른 사람은 조용히 앉아서 아무것도 하지 않는 것'이었다.'는 진술과 전혀 다를 바가 없다.

세월 호 침몰 사고 때도 분명히 괌 여객기 추락사고 시와 동일하게 전문적 대응조치를 하는데 저해가 되는 유교문화 적 장애요인인 조직침묵이 존재했던 것을 알 수 있다.

또한 위기 시 자신의 실수를 감지하지 못하는 기장에게 부기장이 상황의 심각성을 가감 없이 진솔하게 직언을 하여 이를 깨우치게 하지 못하거나, 자신의 잘못을 지적받았을 경우 아랫사람의 진언을 감사하게 수용하지 않고 자신의 권위와 체면을 생각해 이를 일축해버린다거나 하는 유교문화적인 영향이 이번 세월 호 침몰 사고에서도 똑 같이 재현되었음을 나름대로 헤아려 볼 수도 있는 것이다.

또한 가장 먼저 사고해역으로 출동을 한 목포해경 123경비정이 세월 호 탑승객들의 구조를 위해 침몰하는 세월 호에 접근을 하였지만 이미 세월호가 반쯤 기울어져 있음을 알고[4] 곧 바로 침몰할

한 선상으로 이동하지 않고 선내의 자기 자리를 고수함으로써 구조에 어려움이 더 커졌고 더 많은 무고한 희생자를 발생하게 만든 원인이 되었다. 실제로 선내가 아니라 선상에 나가있던 사람들은 인근의 어선이나 구조선 등에 의해 구조가 되었다.

3) 『조선일보』, 2014년 10월 21일. ; http://news.chosun.com/site/data/html_dir/2014/10/21/2014102101730.html?news_Head1

4) 사고 당시 세월 호에서 19.3㎞ 떨어진 해역에 있던 123정은 오전 9시 30

것으로 판단한 123경비정장의 독자적인 판단에 의해 적극적인 구조 활동은 이루어지지 않고 소극적으로 보다 손쉽게 구조를 할 수 있는 위치에 있던 승객들과 조타실에 모여 있던 선원들만을 구조한 후, 침몰이 임박한 것으로 판단하여 일정한 거리를 이격하여 구조를 하지 않고 침몰하는 것을 바라만 보았다는 것이 조사를 통해 드러나고 있다. 그리고 이러한 정장의 판단과 지시에 경비정 내의 어떤 구조대원들도 이의를 제기하지 않았다는 점이다.

이는 앞서 살펴보았듯이 일종의 조직침묵 현상으로 권위적인 위계질서에 압도되어 또는 체면 그리고 좋은 게 좋다는 식의 애매모호한 의사소통의 체질화로 인해 위기 시 전문적 능력을 떨어뜨리게 만들고 이로 인해 올바른 결단을 내리지 못하게 만들어 버린 면이 있지 않은가 추정을 해 볼 수도 있는 것이다.

덧붙여 조직침묵이 강하게 나타났던 이유로는 특히 공공기관 중에서도 관료제적 성향이 강하게 나타나는 해양경찰조직이기에 이러한 면이 더욱 강하게 나타났는지도 모를 일이다.[5] 해양경찰조직은 계급의식도 강하고 군대처럼 지휘통솔이 이루어지는 조직의 특성 상 다른 어떤 공공기관보다 상명하복의 위계질서가 더욱 강하다고 볼 수 있기 때문이다.

또한 구조 책임자인 해양경찰은 해양 침몰 사고 대비 훈련을 해

분쯤 사고 해역에 해경 구조선 중 최초로 도착했다. 당시 세월 호는 50도 가량 기운 상황이었다. 대원 13명이 승선한 123정은 이동하면서 세월 호 승객이 450명 이상이라는 내용을 전달 받았으나 갑판과 해상에 승객이 보이지 않자 배 밖으로 빠져나온 승객들만 구조하고 객실 내 승객들의 탈출을 적극 유도하지 않았다는 지적을 받았다.『조선일보』, 2014년 7월 30일. ; http://news.chosun.com/site/data/html_dir/2014/07/30/2014073000269.html

5) 강제상 · 고대유, “공공조직의 문화가 조직침묵에 미치는 영향 : 해양경찰조직을 중심으로”,『한국행정학보』, 제48권 제2호 (2014 여름), 6쪽.

본 일이 없다는 사실도 뒤늦게 밝혀졌다.6) 이 모든 것은 현재 진행 중인 검찰 수사와 법원 재판 과정에서 구체적인 증거와 관련 증언을 통해 드러난 사실들이다.

이러한 점을 고려해 볼 때 해양경찰은 해난 구조에 대한 전문성, 즉 관료의 전문적 문제해결 능력과 직무상의 책임성을 의미하는데 이는 전문가로서의 전문성과 직업윤리에 근거한 책임성 부족7)을 그대로 드러냈다.

또한 해양경찰과 해양수산부 고위 행정 관료들은 예측하기 힘든 불확실한 상황과 급변하는 환경에서 발생되는 위급한 문제에 대한 전문적 해결능력이 부족하였다고 볼 수 있다.

이렇게 보는 이유로는 세월 호 구조를 책임지고 있는 고위 행정 관료 대부분이 행정고시 출신으로 해당 분야의 전문행정가라기보다는 일반 행정가의 특성만을 가지고 있다고 볼 수 있고, 해양경찰 역시 구성원 대부분이 경찰공무원 출신으로 해양구조에 대한 전문지식이 부족할 수밖에 없었다.

또한, 해양경찰은 대규모의 해난구조 훈련 경험의 부족으로 실제 위기상황에서 효과적인 구조업무를 수행할 수 없었다. 따라서

---

6) 세월 호 승객을 구조해야 하는 해경은 이러한 대형사고 처리 경험 부족으로 사고처리를 어떻게 해야 하는지 제대로 알지 못했다. 뿐만 아니라, 평소 해경의 해난구조 교육훈련도 제대로 이루어지지 못했음이 조사결과 드러남으로써 해경의 구조 전문성 결여는 전문가적 책임성 부재로 이어졌다. 해경뿐만 아니라 이들에게 사고처리 지시를 해야 하는 고위관료들 역시 세월호 사고 처리방안에 대한 전문지식이 결여되어 있었다. 김병섭·김정인, "관료 (무)책임성의 재해석 : 세월호 사고를 중심으로", 『한국행정학보』, 제48권 제3호 (2014 가을), 113-114쪽. ; 『조선일보』, 2014년 10월 3일. ; http://news.chosun.com/site/data/html_dir/2014/10/02/2014100205202.html

7) 김병섭 · 김정인, "앞의 논문", 113쪽.

전문적 책임성을 발휘하기 위해서는 현장 중심의 재난구조가 이루어져야 하고 또 현장에는 지속적인 교육과 훈련이 필요함을 알 수 있는 것이다.[8)]

이러한 점은 사고선박회사인 청해진해운의 경우에도 거의 일치한다. 금융감독원에 제출된 청해진해운의 외부 감사보고서 내용에 따르자면 지난해 선장과 선원 등 직원 130명의 안전교육비로 54만원을 썼다 한다.[9)] 이는 선장을 비롯한 승무원들에 대한 안전 교육과 훈련이 전혀 없었다는 말이나 다름없다. 선박 관련법은 여객선의 경우 10일에 한 번 소방 및 구조 훈련을 하게 되어있고, 구명정 대피훈련을 두 달에 한 번 하게 되어 있으며, 6개월에 한 번은 충돌·좌초 대비 훈련을 하게 돼 있다.[10)]

세월 호 선장을 위시한 승무원들의 교육과 훈련이 형편없었던 것과 신속하고 민첩한 탑승객 구조는커녕 자신의 안위만을 먼저 생각하고 탑승객보다 먼저 침몰하는 배에서 탈출을 한 선장이하 선원들과 달리 아시아나 항공의 승무원들이 행한 기적적인 필사의 노력은 극단적으로 대비가 되는 사례이다.

2013년 7월 6일에 발생한 아시아나 항공 214편 샌프란시스코 공항착륙사고 시의 승무원 행동에서 나타나는 신속성과 민첩성은 세월 호 침몰 시 보여 준 선장이하 선원들의 상식 이하의 행동과는 너무나 대조가 된다고 말 할 수 있다.

당시 사고 여객기에는 총 12명의 승무원이 탑승하고 있었는데

---

8) 김병섭 · 김정인, "앞의 논문", 114쪽.
9) 『조선일보』 사설, 2014년 4월 21일. ; http://news.chosun.com/site/data/html_dir/2014/04/20/2014042002107.html
10) 『조선일보』 사설, 2014년 4월 21일. ; http://news.chosun.com/site/data/html_dir/2014/04/20/2014042002107.html

사고가 나자, 불길이 번지고 자칫하면 폭발로 이어질 급박한 위기적 상황 속에서 승무원들은 자신의 안위보다는 승객을 먼저 생각하고 그들을 자신들보다 먼저 신속하게 사고기에서 밖으로 대피를 시킨 후, 맨 나중에 탈출을 하였던 것이다.

신속한 탈출이 모두 이루어진 후 얼마 안 되어 대규모 추가폭발이 일어났다. 만약 승무원들의 승객우선의 희생정신과 이를 통한 승객들의 신속한 탈출이 이루어지지 않았다면 생각하기도 싫은 끔찍한 결과를 가져왔을 것이다. 이와 같은 제2의 참사를 막은 것은 바로 이러한 충실한 직업윤리의식을 가지고 승객을 먼저 생각한 승무원들의 헌신적인 희생정신과 평소 대피 및 탈출과 관련된 교육과 훈련이 몸에 배어있었기 때문으로 평가할 수 있다.

第6장 기관 및 행정 관료들의 도덕성과 관련된 사례
- 세월 호 침몰 사고 -

2014년 4월 16일 발생한 세월 호 침몰 사고[1]는 여러 가지 문제점을 가지고 있었다. 그 중에서 관련 기관과 이에 종사하는 행정 관료들의 도덕적 해이와 부패 그리고 부조리 문제는 침몰 사고의 원인과도 직접적으로나 간접적으로 연관이 되었던 관계로 많은 국민들의 관심 대상이 되었고 국민적 공분을 자아내게 하는 주요 원인을 제공하였다.

사고 수역 관할인 진도 해상교통관제센터(VTS)는 배가 침몰하기 직전 이상 징후[2]를 전혀 감지하지 못했다. 이뿐만 아니라 안산 단원 고 학생들에게서 걸려 온 구조요청 전화에 대해서도 효과적

1) 2014년 4월 15일 인천 연안여객터미널을 출발하여 제주로 향하던 여객선 세월호가 4월 16일 전남 진도군 병풍도 앞 인근 해상에서 침몰하여 탑승객 476명 가운데 295명이 사망하고 9명의 실종자가 발생했으며, 제주도로 수학여행을 떠난 안산 단원고 2학년 학생들의 희생이 많아 전 국민에게 충격을 던져 준 해상 사고였다. http://terms.naver.com/entry.nhn?docId=2119309&cid=43667&categoryId=43667

2) 세월호는 사고 당일인 4월 16일 오전 8시48분쯤 갑자기 오른쪽으로 방향을 틀면서 지그재그로 운항하는 이상 징후를 보였다. 『조선일보』, 2014년 7월 5일. ; http://news.chosun.com/site/data/html_dir/2014/07/04/2014070403855.html

으로 대응을 하지 못하였다. 심지어 절박하게 구조를 요청하는 학생에게 전화를 거는 위치를 경도와 위도로 가르쳐 달라는 상식 이하의 질문을 하는 등 신속하고 효과적인 구조를 위한 초기대응에 실패를 하였다.

또한 뒤에 이루어진 조사결과에 따르자면 교통관제센터에 근무하는 근무자들이 사고가 발생한 시점은 물론이고 평시에도 제대로 된 근무를 서지 않았다는 점이 드러났다.[3] 초기대응 실패의 원인 중 하나로 근무자들의 근무태만과 도덕적 해이가 비판의 도마위에 오른 이유이기도 하다.

더욱 심각한 것은 이러한 근무태도와 도덕적 해이가 하나의 부정적인 관료문화로 자리를 잡고 있다는 것이다. 더욱이 이러한 근무태만과 무책임 그리고 도덕적 해이로 인한 결과를 회피하기 위해 관제센터 직원들은 세월 호 사고 사흘 뒤엔 관제 실 내부 CCTV 촬영 기록을 삭제하기 까지 했다고 한다.[4] 그리고 실제로는 한 사람

---

3) 해경 관할인 진도 관제센터엔 관제 요원이 12명 근무하고 있다. 이들은 2명이 한 조를 이뤄 해상 선박 운항 상황이 표시된 컴퓨터 화면을 보면서 1명은 연안을 오가는 선박을, 다른 1명은 먼 바다를 운항하는 배들을 관제하게 돼 있다. 그러나 실제로는 1명이 연안과 먼 바다를 동시에 관제했고 다른 1명은 자리를 지키지 않았다고 한다. 직원 1명이 연안과 먼 바다를 모두 관제하는 바람에 침몰 당시 세월호의 움직임을 정확히 파악할 수 없었다. 『조선일보』, 2014년 7월 5일. ; http://news.chosun.com/site/data/html_dir/2014/07/04/2014070403855.html

4) 감사원(2014)에 의하면, 진도 VTS는 사고 당시 관제해역에 있는 82대의 선박 중 특별관제대상 선박은 세월호를 포함, 18척에 불과하여 세월호가 급변침(08:48경) 후 표류하는 것을 08:50경부터 관제 모니터 상에서 포착할 수 있었는데도 모니터링을 소홀히 하는 근무기강 해이를 보였을 뿐만 아니라 내부의 CCTV를 철거하는 등 은폐를 시도하였다. 김병섭·김정인, "관료 (무)책임성의 재해석 : 세월호 사고를 중심으로", 『한국행정학보』, 제48권 제3호 (2014 가을), 109쪽.

이 연안과 먼 바다를 동시에 관제했으면서도 규정대로 두 명이 근무한 것처럼 일지를 조작하기도 했다고 한다.[5)]

또한 초기 대응 시 침몰 선박에 접근하여 선박 내 승객들에게 선상 밖으로 나와 침몰 선박으로부터 즉시 탈출할 것을 목포해경 123경비정의 방송시스템을 통해 방송하였다고 진술하였지만 사후의 조사과정에서는 이를 번복하였다.[6)] 즉 선박에서의 퇴선 방송과 탈출 유도명령을 방송하지 않았다는 것이다.[7)]

이점은 초기대응 시 무고한 희생을 최소화하는데 매우 중요했던 것으로 이러한 조치가 이루어지지 않음으로써 구조할 수 있었음에도 불구하고 이를 구조하지 못해 보다 더 많은 무고한 희생을 가져왔다는 비판을 모면하기 어려운 결과를 초래하고 말았다고 판단되는 것이다.

이렇게 보는 이유는 목포해경 123경비정이 도착할 때만 해도 적절한 퇴선방송과 탈출방송 등의 조치만 있었더라면 선내에 머물고 있던 상당수의 탑승객 들이 충분히 선내에서 나와 탈출을 할 수 있는 시간적 여유가 있었음에도 불구하고, 선내에 침착히 대기

---

5) 『조선일보』, 2014년 7월 5일. ; http://news.chosun.com/site/data/html_dir/2014/07/04/2014070403855.html

6) 123경비정 정장과 직원들이 참석한 기자회견을 열었는데, 그 자리에서 경비정장은 "'승객 여러분 총원 바다에 뛰어내리십시오, 퇴선하십시오.'라는 탈출 안내 방송을 5분간 했다"고 말했다. 당시 경비정장은 '방송 듣고 나온 승객이 있었나요'라는 물음에 "방송 듣고 3, 4분 후 좌현 함미 쪽에 사람이 보여 저희 단정이 최초로 먼저 가서 구한 겁니다."라고도 했다. 검찰은 당시 기자회견이 위조된 함정 일지에 꿰맞춘 회견으로 보고 해경 지휘부의 개입 여부를 조사하고 있다. 『조선일보』, 2014년 7월 30일. ; http://news.chosun.com/site/data/html_dir/2014/07/30/2014073000269.html

7) 『조선일보』, 2014년 7월 30일. ; http://news.chosun.com/site/data/html_dir/2014/07/30/2014073000269.html

하고 있으라는 선내방송만을 믿고 그렇게 하고 있는 승객들을 일깨워 탈출을 할 수 있게 하는 절대 절명의 기회를 저버린 결과가 되었기 때문이다.

> 선원들은 승객들에게 배를 탈출하라고 재촉하기는커녕 여러 차례 선내 방송을 통해 '절대 움직이지 말고 그 자리에서 대기하라'고 안내했다. 그 말을 믿고 단원고 학생들과 승객들은 기울어져 가는 배 안에서 웅크린 채 "아 나 진짜 죽는 거 아냐?" "살아서 보자"는 카카오톡 메시지를 주고받았다.[8]

만약 신속하고 적극적으로 이러한 탈출권유방송을 하였다면 보다 많은 희생자들을 줄일 수 있었을 것이다. 실제로 선내가 아닌 선상에 있던 많은 승객들은 인근의 어선 등이 위험을 무릅쓰고 침몰하는 배에 접근하여 신속하게 구조를 하여 많은 고귀한 생명들을 구하였던 것이다.

123경비정장도 이러한 점을 잘 알고 있었는지 이러한 사실을 은닉하기 위해 퇴선 및 탈출 안내 방송을 한 번도 하지 않았음에도 불구하고 퇴선 및 탈출 안내 방송을 한 것처럼 뒤늦게 근무일지 등 공문서의 관련 부분을 위조하고 123경비정 승무원들에게 허위진술을 하도록 종용하는 범죄적 행위를 서슴지 않았다는 것이 조사결과 드러나고 있다.[9] 이러한 행위는 공직자로써 마땅히 가져

---

8) 『조선일보』 사설, 2014년 11월 12일. ; http://news.chosun.com/site/data/html_dir/2014/11/11/2014111105022.html

9) 광주지검은 123경비정의 정장을 공용서류 손상과 허위 공문서 작성 혐의로 긴급 체포하고 윗선 개입 여부 등을 수사하였다. 『조선일보』, 2014년 7월 30일 ; http://news.chosun.com/site/data/html_dir/2014/07/30/201407300026

야 하는 도덕성과 책임성을 방기한 것이었다.

이러한 점을 고려 해 볼 때 진도 해상교통관제센터나 123경비정은 전문성과 도덕성에서 많은 문제를 가지고 있었고 이것이 초기 구조 대응에 실패한 원인이 되었다고 볼 수 있다.

지금까지의 조사결과에 따르자면 관련 기관과 이에 종사하는 행정 관료들의 도덕적 해이와 부패 그리고 부조리 문제는 세월 호 침몰 사고의 원인과도 직접적으로나 간접적으로 연관이 되었던 것으로 추정해 볼 수 있다.

이것을 보다 명료하게 설명하기 위해서 세월 호 침몰 사고의 원인과 관련 기관 그리고 이에 종사하는 행정 관료 및 관련 민간인들의 도덕적 해이와 부패 그리고 부조리와의 관련성을 살펴보면 다음과 같다.

첫째, 보다 많은 승객들을 태우기 위해 선박의 안전은 도외시 한 체 선박의 구조변경이 이루어졌다는 것이다.[10] 이러한 구조변경으로 인해 선박의 복원성 등이 현격히 저하되는 결과를 초래하였고 이것이 이번 침몰 사고의 한 원인이 되었다는 것이다. 이런 원인을 제공한 선박 구조 변경에 대해서도 문제점이 제기되고 있다. 즉 선박의 구조변경과 관련하여 이를 허가해준 해당 관련기관과의 검은 유착이 의심스럽게 제기되고 있는 것이다.

선박의 구조변경을 요청한 청해진해운과 이를 허가하여 준 기관 그리고 이를 제대로 감시하고 감독하지 못한 기관 간에 석연치 않은 검은 유착의 고리가 있지 않는가 하는 점이다. 앞으로의 사

9.html

10) 세월호의 운영사인 청해진해운은 2012년 일본에서 노후선박을 사들여 선박 후미 윗부분을 증축하는 등 개조 작업을 했다 한다. http://terms.naver.com/entry.nhn?docId=2119309&cid=43667&categoryId=43667

건 수사나 재판과정을 통해 확연히 드러나게 되겠지만 만약 이러한 의혹이 사실로 드러난다면 이것 역시 관련 인들과 관련 기관들의 도덕적 해이나 부패 그리고 부조리 문제와 직결이 되는 것이다.

둘째, 선박의 복원성을 해치는 과적을 일상적으로 저질렀다는 점이다.[11] '세월호가 출항 당시 해운조합에 낸 보고서엔 차량 150대, 화물 657t을 실었다고 돼 있다. 그러나 청해진해운은 사고 직후 차량 180대와 컨테이너 105개(1157t)를 싣고 있었다고 발표했다. 출항 보고 때보다 차량 30대, 화물 500t이 더 늘어났다. 실제 화물 무게는 훨씬 더 무거웠을 가능성이 있다. 트럭에 얼마 정도 화물이 실렸는지 체크가 되지 않기 때문이다.'[12]

이 분야의 전문가들에 따르면 이와 같은 과적은 배의 하중을 증대시켜 선박의 부력을 결과적으로 감소시키게 되고 이에 따라 복원력이 저하된 선박은 침몰될 가능성이 높다고 한다. 한 마디로 과적이 선박을 침몰시키는 원인을 제공할 수 있다는 것이다. 따라서 세월호의 과적이 이번 침몰의 한 원인을 제공했다는 것이다.

이러함에도 불구하고 승무원들은 안전 불감증과 도덕적 해이에 빠져 마치 관행처럼 과적을 하면서도 그 사실을 허위로 보고하였다.

> 검경 합동수사본부는 "세월호는 선박 상태, 화물량과 적재 상태, 구명설비 등 점검 항목이 모두 양호(良好)하다는 안전

11) 사고 당일도 세월 호는 안전점검표에 차량 150대와 화물 657톤을 실었다고 기재했지만, 실제로 실린 화물은 차량 180대와 화물 1157톤으로 무리한 화물을 적재했던 것으로 드러났다. http://terms.naver.com/entry.nhn?docId=2119309&cid=43667&categoryId=43667

12) 『조선일보』 사설, 2014년 4월 21일. ; http://news.chosun.com/site/data/html_dir/2014/04/20/2014042002107.html

> 점검 보고서를 작성해 인천항 운항관리실에 제출했다"고 말했다. 이 보고서는 원래 선장이 작성하게 돼 있으나 세월호의 경우 3등 항해사 박모씨가 선장 대신 작성해 선장 명의로 제출했다. 박씨는 수사본부 조사에서 "제대로 둘러보지도 않고 내용을 기입했다"며 "일을 배울 때 그냥 양호함이라고 쓰면 된다고 배웠다. 늘 이렇게 해왔다"고 진술했다. 1등 항해사 강모씨도 "안전 점검하기 전에 서류부터 냈다. 관행적으로 했다"고 진술했다.13)

그리고 이에 그치지 않고 청해진해운 직원들이 자신들에게도 사고 책임의 불똥이 떨어질 것을 우려하여 세월호가 침몰하던 순간에 화물 적재량을 줄이려고 전산 기록을 조작했던 것으로 드러났다. 이것이 사실이라면 이들의 도덕적 해이는 목불인견의 경지에 도달했다고 말할 수 있다.

> 청해진해운 제주 지사와 인천 본사 물류 담당 직원은 지난달 16일 오전 9시에서 9시 30분 사이 세월호로부터 '배가 전복돼 침몰 중'이라는 연락을 받았다. 이들은 30분 넘게 세월호와 통화하면서 화물 과적(過積)이 침몰 원인으로 지목될 것으로 예상되자 화물 적재량을 180t 줄여 운항 기록 컴퓨터에 재입력했다는 것이다.14)

---

13) 『조선일보』 사설, 2014년 5월 6일. ; http://news.chosun.com/site/data/html_dir/2014/05/05/2014050501668.html
14) 『조선일보』 사설, 2014년 5월 3일. ; http://news.chosun.com/site/data/html_dir/2014/05/02/2014050202977.html

이러한 허위보고나 기록이나 자료의 조작은 세월 호 사고 이후에도 개선이 되는 조짐이 별로 보이지 않았다는데 문제의 심각성이 있다.

러시아 베링 해에서 한국 시각으로 2014년 12월 1일 오후 2시경에 사조산업 501 오룡 호가 좌초 및 침몰되는 사고가 발생하였다. 세월 호 사고가 발생한 지 7개 월 여밖에 지나지 않은 시점에서 또 다른 해난 사고가 발생을 한 것이다. 이 사고로 인해 탑승자 60명 중 생존자 7명을 뺀 나머지 인원이 사망하거나 실종되었다.

그런데 이러한 사고의 이면에는 세월 호 사고를 통한 교훈은 잊어버리고 허위 보고 등 잘못된 관행들이 근절되지 않고 상존하고 있었다는 점이다.

부산해양안전경비서에 따르면 사조산업은 오룡 호 출항 하루 전인 지난 3월 7일 부산해양항만청에 서류를 내면서 오룡 호 규모의 선장은 2급 항해사 이상만 맡을 수 있는데도 3급인 김 모 씨를 선장으로 기재하여 제출을 하였다. 부산해양항만청이 자격 기준을 맞추라고 지적하자 사조산업은 선장 자격이 있는 다른 김 모 씨가 승선한다고 서류를 꾸며 놓았다가, 막상 오룡 호가 부산항을 출발할 때는 애초 선장으로 신고했던 3급 항해사 김 씨에게 오룡 호를 맡겼다.[15)]

사조산업은 오룡 호가 침몰되는 사고를 당하자, 사고 다음 날 부산항만청에 "선장 자격이 있는 김 씨가 승선하려 했는데 개인 사정이 있어 타지 못했다."고 수정 신고를 하였다. 사고가 터지자

15) 『조선일보』, 사설, "자격 미달 船長에게 배 맡겼다 53명 인명 피해 부른 사조산업", 2014년 12월 12일. ; http://news.chosun.com/site/data/html_dir/2014/12/11/2014121104395.html

뒤늦게 자격 미달 선장을 태웠다고 실토를 한 것이다. 잘못은 여기에 그치지 않았다. 2급 기관사만 맡을 수 있는 기관장도 3급 면허자에게 맡겼고, 필수 선원인 2등, 3등 기관사도 태우지 않았다.[16]

더욱 한심한 것은 부산항만청이 오룡 호에 자격을 갖춘 선원이 실제로 승선하는지, 그리고 필수 승선 인원이 모두 타고 있는지를 점검도 하지 않고, 사조산업이 엉터리로 허위 신고한 서류만 보고 탑승 신고를 받아줬던 것이다. 항만청의 행정 관료들은 세월 호 사고 때의 교훈을 완전히 잊어버렸던 것이다.[17]

사실 이러한 허위신고 또는 보고 그리고 이를 정당화하려는 자료나 기록의 조작은 이 부문에서는 관행처럼 이루어져 왔다 한다. 또한 이를 감시하고 감독해야 할 기관에서는 이를 알면서도 묵인을 하는지 또는 아예 관심조차 가지고 있지 않은지 모르겠지만 관행이라는 이름하에 거의 공공연하게 이루어지고 있었다는 점이다.

세월 호 침몰 사고에서나 최근의 오룡 호 침몰 사고에서나 모두 이러한 잘못된 관행들을 목격할 수 있는 것이다. 이들의 이러한 잘못 된 관행은 도덕적 해이를 넘어 거의 범죄 적 수준으로 까지 치닫고 있으며, 이러한 관행이 탑승객의 안전과 연관되어 심각한 문제를 던져주고 있는 것이다.

셋째, 선박 내의 적치물의 결박 불이행을 들 수 있다.[18] 배는 파도나 조류의 흐름에 따라 움직이게 되어있는 만치 선박 내의 적치물을 잘 결박하여 어느 한쪽으로 쏠려 무게 중심을 변화시키는 위

16) 『조선일보』, 앞의 사설.
17) 『조선일보』, 앞의 사설.
18) http://terms.naver.com/entry.nhn?docId=2119309&cid=43667&categoryId=43667

험을 최소화시켜야한다. 그러나 이번 세월호의 경우에는 컨테이너와 화물트럭을 제대로 결박하지 않아 급 변침에 따른 배의 쏠림현상으로 인해 적치물이 한쪽으로 몰리면서 선박의 균형을 잃게 만들었다는 것이다. 이것이 침몰의 또 다른 원인이라는 것이다.

이런 사실을 보여주기라도 하듯이 사고 직후 배에서 떨어진 컨테이너가 바다에 둥둥 떠다니기도 했다. 이러한 모습은 선박의 안전성만 제대로 감시 감독이 되었다면 나타날 수 없는 것이었다.

그러나 현실은 이러한 기대와는 너무나도 동떨어져 있었다. 검찰 조사결과에 의하면 선박안전성을 책임지고 감시 감독하는 한국해운조합은 출항 전 제출된 보고서를 꼼꼼히 확인하고 감독을 해야 됨에도 불구하고 주요 사항이 빈칸으로 되어 있는 보고서를 제출받아 출항 한 뒤 선장이 무전기로 불러주는 대로 빈칸을 채우기도 했다는 것이다.

> 인천지검은 2013년부터 지난 4월까지 150차례 넘게 여객선 안전 점검을 하지 않고도 한 것처럼 보고서를 꾸민 혐의로 해운조합 인천지부 운항관리자 4명을 기소했다. 해운조합 운항관리자는 선장으로부터 출항 전 선박의 안전 상태를 점검해 만든 보고서를 제출받아 보고서 내용이 실제와 일치하는지 확인하도록 돼 있다. 그러나 기소된 운항관리자들은 탑승 인원, 화물 선적량과 적재 상태 등 주요 사항이 빈칸으로 된 보고서를 제출받아 배가 출항한 뒤 선장이 무전으로 불러주는 대로 빈칸을 채워 넣었다. 서울에 있으면서 인천항 현장에서 점검한 것처럼 보고서를 꾸미기도 했다.[19)]

---

19) 『조선일보』 사설, 2014년 5월 30일. ; http://news.chosun.com/site/data/html_

상식적으로 받아들여지기 어려운 이러한 일들이 일상적으로 이루어졌던 데에는 나름대로의 이유가 있었던 듯싶다. 선박 안전성은 한국해운조합이라는 단체가 점검과 단속을 하는데 이 조합은 해운 사들이 내는 회비로 운영되는 조직이다.

배가 출항 전 승선 정원을 초과하진 않았는지, 화물을 꽉 묶어 제대로 맸는지, 구명정은 정상인지 점검하는 것은 해운조합 소속 운항관리자다. 이 사람이 자기에게 월급을 주는 거나 진배없는 해운 사 소속 배를 사실대로 꼼꼼하게 예리한 눈으로 감시하고 나아가 잘못되었을 때 이를 시정하리라고는 기대하기 힘들었을 것이다.[20] 이와 같이 제도적인 맹점이 존재하고 있었던 것이다.

넷째, 보다 많은 적치물을 적재하기 위해 배의 균형을 잡아주고 배의 복원력을 살려주는 평형 수(ballast water)를 빼내지는 않았나 의심받고 있다.[21] 배는 균형을 잡아주고 부력을 증대시키기 위해 평형 수를 넣는데 규정대로 넣게 되면 그만치 무게가 더 나가, 더 나가는 만치 적치물을 더 많이 실을 수가 없게 된다는 것이다. 그래서 평형 수를 빼내 그만치 더 적치물을 실어 이득을 보려하였다는 것이다.

이러한 평형 수의 부족은 배의 복원력을 떨어뜨려 배가 한쪽으로 기울어질 경우 다시 일으켜 세우는 힘의 부족으로 인해 배가 전복되어 침몰하는 원인을 제공하게 된다는 것이다. 평형 수가 규정대로 유지되고 있는가를 감시 감독하는 기관의 도덕적 해이가 사고를 유발하는 하나의 원인을 제공한 것은 아닌지 의심받고 있다.

---

dir/2014/05/29/2014052904609.html

20) 『조선일보』 사설, 2014년 4월 21일. ; http://news.chosun.com/site/data/html_dir/2014/04/20/2014042002107.html

21) http://terms.naver.com/entry.nhn?docId=2119309&cid=43667&categoryId=43667

다섯째, 대체 투입된 선장의 지휘통솔 상의 문제점과 승무원들에 대한 안전 교육과 훈련의 미흡을 들 수 있다. 우선 선장의 지휘통솔 상의 문제점을 집어 보면 다음과 같다.

첫째, 사고 선박의 선장은 이순신 장군의 명량대첩으로 유명한 울돌목, 일명 명량 다음으로 조류가 세기로 유명한 '맹골수도'(孟骨水道) 해역을 통과할 때 경험이나 기량이 떨어지는 입사 4개월째인 3등 항해사로 하여금 조타를 하도록 맡겨 급 변침을 하는 등 선박 전복에 영향을 끼칠 수 있는 금기 행위를 하도록 하였다는 것이다.

둘째, 조류가 센 지역을 통과할 때 그리고 사고가 발생할 당시 조타실에도 부재함으로써 선박운행의 부실을 만들어내었다는 점이다. 그는 선상에서 탈출 시 거의 속옷 차림이었다. 그리고 허둥지둥 경비정에 올라타 탈출하는 모습이 자다가 나온 사람 같다는 이야기도 세간에 나돌았다. 사고 선박의 선장은 세월 호가 침몰할 때 조타실에 있지 않고 자신의 침실에서 휴식을 취하고 있었던 것으로 언론에 보도가 되기도 하였다. 이러한 것을 종합해 볼 때 그는 사고 발생 시 조타실에 있지 않은 것으로 추정을 해 볼 수 있는 것이다. 정확한 불편한 진실은 앞으로의 재판 과정에서 그리고 재판 결과에 의해 보다 확연히 드러나지 않을까 싶다.

셋째, 제대로 된 선장이라면 도저히 있을 수 없는 일이기도 하지만, 침몰 사고 발생 시 신속하고 적절한 결정을 내려 우왕좌왕하는 승무원들을 다잡아 일사분란하게 승객 탈출이나 퇴선 조치 등에 필요한 적절한 조치를 취할 수 있도록 지휘명령을 내리고 이의 실행여부를 감시 감독하기는커녕, 구조 경비정이 왔을 때 승객의 안전은 나 몰라라 뒤로 하고 자신부터 먼저 탈출함으로써 보다 많은 승객의 희생을 가져 오게 만들었다는 것이다.[22] 이러한 책임을 물어 검찰은 선장에 대해 살인죄를 구형하였다.[23]

다음 승무원들에 대한 안전 교육과 훈련의 미흡과 연관된 문제점을 집어 보면 다음과 같다. 금융감독원에 제출된 청해진해운의 외부 감사보고서 내용에 따르자면 지난해 선장과 선원 등 직원 130명의 안전교육비로 54만원을 썼다 한다.[24]

이미 앞에서 언급을 하였지만 이는 선장을 비롯한 승무원들에 대한 안전 교육과 훈련이 전혀 없었다는 말이나 다름없다. 선박관련법은 여객선의 경우 10일에 한 번 소방과 구조 훈련을 하게 되어있고, 구명정 대피훈련을 두 달에 한 번 하게 되어 있으며, 6개월에 한 번은 충돌과 좌초 대비 훈련을 하게 돼 있다.[25]

바로 이러한 선장과 승무원들에 대한 안전 교육과 훈련의 미흡이 어떻게 보면 세월 호 침몰 시 승무원들의 무능과 무책을 낳게 만들고 이러한 결과에 의해 무고한 많은 희생을 그 대가로 치르게 만든 게 아닌가 하는 생각도 들게 만든다. 만약 선장과 승무원들이 안전 교육과 훈련을 법에 규정한 대로 제대로 강도 높게 받았다면 이들은 몸에 배고 숙달된 교육 훈련 내용에 따라 반사적으로

---

22) http://terms.naver.com/entry.nhn?docId=2119309&cid=43667&categoryId=43667

23) 그러나 법원은 선장에 대한 살인죄를 인정하지 않았다. "광주지방법원 형사11부는 세월호 침몰 때 승객을 구출하지 않은 책임을 물어 선장 이씨에게 징역 36년을 선고했다 …. 재판부는 선장 이씨에 대해 승객들이 사망해도 좋다는 생각에서 자기만 탈출했다고 볼 증거가 부족하다며 살인죄(罪)를 인정하지 않았다." 『조선일보』, 2014년 11월 11일. ; http://news.chosun.com/site/data/html_dir/2014/11/11/2014111105022.html

24) 『조선일보』 사설, 2014년 4월 21일. ; http://news.chosun.com/site/data/html_dir/2014/04/20/2014042002107.html

25) 『조선일보』 앞의 사설.

움직여 무고한 희생을 많이 줄였을 것이다.

군대에서 군 훈련병들을 규정에 따라 강도 높게 훈련을 시키는 것은 인간의 한계를 뛰어 넘는 전투에서 어떠한 극한 환경변화가 강요된다하더라도 훈련내용에 따라 움직일 수 있도록 만들기 위함이다. 강도 높고 반복적인 교육과 훈련을 통해 자기도 모르게 무의식적으로 자동으로 전투상황에 적절하게 반응 할 수 있도록 만드는 것이다. 이와 같이 교육과 훈련은 어떠한 극한 상황에서도 더욱 빛을 발할 수 있도록 만드는 것이다.

이러한 사실을 나름대로 입증한 것이 최근에 발생한 다른 사고에서 이다. 이 사고 사례 시 보여준 승무원들의 세월 호 승무원들과 다른 대응자세와 실천은 사고로 인한 결과를 완전히 다르게 만들었다. 이를 서로 대비해 가면서 살펴보기로 하자.

세월 호 선장을 위시한 승무원들이 저지른 승객을 뒤로하고 자신부터 탈출한 도덕적 해이는 아시아나 항공 214편 샌프란시스코 공항착륙사고 시의 승무원 행동과는 너무나 대조가 된다.

당시 사고 여객기에는 총 12명의 승무원이 탑승하고 있었는데 사고가 나자 불길이 번지고 자칫하면 폭발로 이어질 급박한 위기적 상황 속에서 승무원들은 자신의 안위보다는 승객을 먼저 생각하고 그들을 자신들보다 먼저 신속하게 사고기에서 밖으로 대피를 시키고 맨 나중에 탈출을 하였다. 심지어 어떤 승무원은 자신의 부상은 안중에 없이 기동력을 상실한 승객을 들추어 매고 기내탈출을 시도하였다. 물론 기장은 맨 마지막으로 기내에서 탈출을 하였다.

신속한 탈출이 모두 이루어진 후 얼마 안 되어 대규모 추가폭발이 일어났다. 만약 승무원들의 승객우선의 희생정신과 이러한 정신이 바탕이 된 신속한 탈출이 이루어지지 않았다면 끔찍한 결과를 가져왔을 것이다. 이와 같은 제2의 비극적 참사를 막은 것은 바로 이러한 충실한 직업윤리의식을 가지고 승객을 먼저 생각한 승무원들의 헌신적인 희생정신과 평소 대피 및 탈출과 관련된 교육과 훈련이 몸에 배어있었기 때문으로 평가할 수 있다.

당시 샌프란시스코 소방당국과 주요 외신들은 아시아나 항공의 승무원들을 '영웅'으로 칭하며 "이들의 침착한 대처가 최악의 참사를 막았다"고 평가했다.

여섯째, 주기적이면서 실효성이 높은 안전검사 등이 이루어지지 않았고 심지어 형식적인 봐주기 식 안전검사 등이 이루어진 점을 침몰의 원인으로 들 수 있다. 선박 설비에 대한 안전 검사는 '한국선급'이라는 기관에서 한다. 한국선급은 지난 2월 열흘 동안 세월호에 대해 200개 항목의 안전 검사를 한 후 구명정에 대해 정상 판정을 내렸다.[26)]

그러나 세월호가 보유하고 있던 구명정 46개 가운데 펼쳐진 건 오직 한 개뿐이다. 실제 상황이 벌어졌을 때 선장이나 승무원들이 구명정을 펼치려는 노력도 하지 않은 점은 이를 잘 입증하고 있다. 조사결과에 의하면 선장을 비롯한 승무원들은 이러한 사실을 사전에 알고 있었으며 검사도 형식적으로 받았다고 한다.

이상 여섯 가지로 나름대로 정리하여 제시한 이러한 침몰원인은 정부 차원의 관계기관이나 관련 행정 관료들 그리고 한국해운조합이나 한국선급 등 관련 조직이 법규와 원칙에 따라 제대로 집행을 하였다면 사전에 배제되거나 예방할 수 있었던 것이다. 그러나 문제는 현실이 그렇지 않았다는 것이다.

---

26) 『조선일보』 앞의 사설.

앞서 언급한 선박의 구조변경 등은 배의 균형을 잡는 것과 직결되는 문제로 배의 안전에 심대한 영향을 끼칠 수 있음에도 불구하고 선박안전을 담당한 주무기관에 의해 허가가 떨어져 이루어짐으로써 이번 침몰에 한 원인을 제공한 것이다. 그리고 과적 역시 이를 감시하는 기관의 묵인 하에 암암리에 이루어진 것으로 드러났으며, 선내 적치물의 결박 불이행에 대한 단속도 제대로 이루어지지 않았다.

또한 보다 많은 화물을 적치하기 위해 평형수를 빼낸 것이 아닌가하고 의심을 받고 있는 부분도 역시 감시를 통해 단속을 했어야 함에도 불구하고 이것이 제대로 이루어지지 않아 이번 침몰 사고의 한 원인을 제공한 것이 아닌가하고 추정을 하고 있다. 그리고 선장과 승무원들에 대한 제대로 된 교육과 훈련도 실행이 되지 않았고, 주기적인 안전점검 등도 제대로 이루어지지 않았고 형식적인 봐주기 식 안전점검이 이루어졌던 것이다.[27)]

이러한 것들이 가능할 수 있었던 것은 청해진해운이 해양수산부, 해양경찰, 선박감독회사 등 관계기관과의 검은 유착이 있었기 때문으로 수사기관에서는 추정을 하고 있다. 만약 이러한 점이 사실로 밝혀진다면 이번 세월 호 사고는 공직의 도덕성을 훼손하고 행정 관료의 무책임성과 부패 그리고 부조리의 단면을 여과 없이 보여준 대표적인 사례가 될 것이다.

이렇게 수사기관에서 검은 유착이 있었던 것으로 추정을 할 수

---

27) 작년 7월 해양경찰청·해양수산부의 전국 여객선 점검도 주먹구구식이었다. 한 시민단체가 당시 점검 서류를 살펴보니 목포 해경은 2시간 40분 동안 12척의 여객선을 점검했다고 적어 놨다. 1척당 13분이다. 올라가 배가 어떻게 생겼는지 보기만 하고 내려와 점검했다고 보고한 것이다. 『조선일보』 앞의 사설.

있는 하나의 근거는 일명 '해피아'라고 불리는 퇴직 관료들과 현직 관료들과의 연결고리의 존재이다. 선박 안전에 관한 감독과 성능검사 등을 담당하는 한국해운조합이나 한국선급을 비롯한 해양수산부 산하 민간단체들에 해양수산부 퇴직 행정 관료들이 상당수 자리 잡고 있다고 한다.

정부로부터 선박 검사 업무를 위탁받은 한국선급은 1960년 출범 뒤 회장 11명 가운데 8명이 해양수산부 출신이다. 여객 선사들에 대한 감독 권한을 가진 한국해운조합 역시 역대 이사장 12명 가운데 10명이 해양수산부 퇴직 관료들이다. 기관장만 따져 보더라도 해양수산부 산하 14개 기관 · 단체 가운데 11곳을 해양수산부 출신 고위 관료들이 장악하고 있다.[28]

이와 같이 해양수산부 전관(前官)들이 단체의 회장이나 이사장과 같은 요직을 맡고 있으니 그들의 후배인 해양수산부 행정 관료들이 제대로 감독권을 행사하기도 어려웠을 것이고 또한 행사했을 리도 없을 것으로 추정해 볼 수 있다는 것이다.

해양수산부는 전관들을 산하단체에 낙하산으로 내려 보내고, 단체들은 이 전관들을 해양수산부 감독을 무력화 하는 방패막이로 활용해온 것이 아닌가 하는 의구심을 갖게 되는 것이다.[29]

> 한국선급은 이번 침몰 사고에서 46개 가운데 1개밖에 펼쳐지지 않은 구명벌을 검사하면서 '양호' 판정을 내렸다. 해운조합 소속의 안전 검사 담당자는 세월호에 한도 이상 화물이 실

---

28) 『조선일보』 사설, 2014년 4월 23일. ; http://news.chosun.com/site/data/html_dir/2014/04/22/2014042203060.html
29) 『조선일보』 앞의 사설.

리지 않았는지, 화물들이 제대로 묶여 있는지를 따져보지도 않고 출항을 승인했다. 한국선급과 해운조합이 이렇게 형식적인 검사와 감독을 한 것은 '해수부 마피아'들이 장악한 해운업계의 '서로 봐주기' 분위기 탓이 컸을 것이다. 해수부 전·현직과 해운 분야 종사자들이 선후배와 학연 등으로 얽힌 해수부 마피아로 인해 한국 해운업계 안전 관리가 엉망이 돼버렸다는 말이 나올 수밖에 없다.[30]

이러한 우려가 이번 세월 호 침몰 사고에서도 나타난 것으로 볼 수 있다. 해운 비리를 수사 중인 부산지방검찰청 특별수사팀에 의하면 해양경찰청 직원에게 한국선급 압수수색 정보를 흘려준 특별수사팀 소속 검찰 수사관과 수사관에게서 받은 정보를 한국선급 법무팀장한테 알려준 해양경찰청 이모 경사를 구속[31]했다고 한다.

물론 한국선급은 압수수색 전 주요 자료를 삭제하거나 치운 것으로 조사됐다.[32] 일명 '해피아'로 불리어지는 검은 유착을 밝혀내는 수사 와중에 수사기관 공무원들이 피의자들과 유착하는 일이 벌어졌던 것이다.

이로 인해 이번 세월 호 사건에도 '관피아' 또는 '해피아'라는 말이 시중에 회자되는 웃지 못 할 일들이 일어났던 것이며 이로 인한 국민들의 정부에 대한 신뢰는 밑바닥을 모를 정도로 추락을

30) 『조선일보』 앞의 사설.
31) 검찰은 두 사람 모두에게 구속영장을 청구했으나 법원은 이 경사 영장만 발부했다.
32) 『조선일보』 사설, 2014년 5월 12일. ; http://news.chosun.com/site/data/html_dir/2014/05/11/2014051102279.html

하였다.

그리고 이와 같이 '해피아' 그리고 '관피아' 등이 창궐하고 이것과 연루된 근무태만이나 도덕적 해이로 인한 대형 사고들이 많이 발생하게 되는 것은 여러 이유가 있겠지만 이들에 대한 솜방망이 처벌도 한 몫 한 것은 아닌지 우려가 된다. 최근 전국 법원의 형사재판 담당 법관 50명이 자체 토론회에서 그동안 법원이 대형 참사 관련자들에게 지나치게 가벼운 형을 선고해왔다고 반성을 했다[33] 하는데 이와 연관 지어 눈여겨 볼 대목이 아닌가 싶다.

그리고 김병섭과 김정인은 행정 관료 못지않게 이 점에 있어서는 정치인들도 책임이 있다고 지적하고 있다. 특히 이러한 관련 공공기관에 낙하산 인사를 통해 기관의 장이나 감사 등 정치적 임용을 한 것도 문제이지만, 이들이 제대로 된 기관관리를 하지 못함으로써 이러한 사고를 유발시켰다면 행정 관료 못지않게 정치인인 이들의 책임도 크다는 것이다.

---

33) 판사들은 "공무원들이 안전 관리와 점검 의무를 다하지 않았는데도 법원은 '사고 발생에 간접적 영향을 주는 데 그쳤다'는 이유로 집행유예를 선고하는 경향이 있었다."고 고백했다. 292명이 숨진 1993년 서해 훼리호 침몰 사고는 정원의 두 배 넘게 승객과 화물을 싣고 태운 게 결정적 원인이었다. 그러나 이를 눈감아주고 안전 점검 일지를 가짜로 작성하거나 사고 뒤 과적(過積) 증거 서류를 없앤 군산항만청 공무원 4명은 전원 집행유예 선고를 받았다. 32명이 사망한 1994년 성수대교 붕괴 사고 때는 붕괴 위험 가능성을 경고하는 내용이 담긴 보고서를 조작한 서울시동부건설사업소장 1명만 1년 6개월의 실형을 받았고 다른 공무원 8명은 모두 집행유예 판결을 받았다. 사망자 502명을 포함해 사상자 1445명이 발생한 1995년 삼풍백화점 붕괴 때도 공무원 12명이 기소됐지만 뇌물을 받은 두 명에게만 실형이 선고됐다.『조선일보』사설, 2014년 7월 22일. ; http://news.chosun.com/site/data/html_dir/2014/07/21/2014072103833.html

> 공공기관에 낙하산으로 인사를 내려 보내는 것이 바람직하지 않다면, 공무원 보다 정치인이 더욱 더 바람직하지 않을 것이다. 그렇다면, 대통령을 포함한 정치권이 이를 자제해야한다. 그렇지 않고 지금처럼 대놓고 낙하산을 내려 보내면서, 공무원들에게는 관피아 운운한다면, 이것은 정말 영이 서지 않는 일이다.[34)]

공약을 실천하기 위한 정치적 임용은 필요하지만, 정실인사는 해서는 안 된다는 것이 우리 국민들의 일반적인 생각이라고 보고 있는 것이다.[35)] 만약 이러한 국민들의 생각과 기대가 제대로 정치인들에 의해 수용이 되지 못하고 실천되지 못할 경우 정부에 대한 신뢰는 더욱 추락할 수밖에 없을 것이다.

---

34) 김병섭 · 김정인, "앞의 논문", 110쪽.
35) 김병섭 · 김정인, "앞의 논문", 116쪽.

제7장 위기발생 시 관련부처 간 그리고 기업과 해당관련 기관 간의 협력과 공조체제의 미비와 관련된 사례

- 괌 여객기 추락사고와 세월 호 침몰 사고 -

세월 호 침몰 사고의 수습과정에서도 위기관리통제시스템이 제대로 작동되지 않아 사고수습의 컨트롤 타워 즉, 지휘통제기관이 어디냐에 대한 혼선이 빚어졌고 괌 여객기 추락사고 당시와 유사하게 관련 부처들 간에 유기적인 협조가 제대로 이루어지지 않아 이를 지켜보는 국민들로부터 정부에 대한 실망감을 쏟아내게 만들었다.

괌 여객기 추락 사고나 세월 호 침몰 사고를 통해 불거져 나온 문제이지만 항공기나 대형선박 사고와 같이 대형 사고이면서 국가의 이익과 직결되는 사고에 범정부적으로 대처할 수 있는 위기관리시스템 하나 제대로 작동하지 못했다는 사실 역시 행정의 또 하나의 실종을 지켜보는 것 같아 국민의 입장에서는 안타까울 뿐이다.

위기발생 시 관련부처 간 그리고 기업과 해당관련기관 간의 협력과 공조체제의 미비가 발생하는 것은 정부의 위기관리시스템과 재난대비 매뉴얼의 취약성이 노정되기 때문으로 이해할 수 있을 것이다. 이미 위기관리시스템이 확고하게 짜여 져 있고 재난대비 매뉴얼이 확보되어 있으며 이에 따라 교육되고 훈련이 제대로 이루어졌다면, 아무리 어렵고 곤란한 실제 상황에 부닥치더라도 갈팡질팡하거나 지휘체계나 통제시스템의 혼선과 혼란이 일어날 가능성은 그만큼 희박하다고 볼 수 있을 것이다.

실제로 괌에서 발생한 여객기 추락사고 당시 생존자와 사망자에 대한 소식조차 혼선을 빚어 제대로 파악하지 못하고 갈팡질팡하는 모습과 한술 더 떠 사고기에 탑승한 승객 자 명단조차 제대로 완벽하게 되어있지 않아 사후수습에 어려움을 더해 주었음은 항공관련부서들의 위기관리 적 능력의 일면을 보는 것 같아 실망과 불안이 앞서며 또한 이에 대한 제도적 보완이 시급히 요구됨을 절감치 않을 수 없었다.

물론 지리적으로나 공간적으로 상당히 이격되어 있고 우리의 주권이 미치지 못하는 미국령인 괌에서 일어난 사건이라고 하더라도 관련부처 간에 그리고 민간기업과 해당관련기관 간의 협력과 공조체제의 미흡은 특히 이 사건에서 뼈아픈 각성을 요구하는 부분이기도 한 것이다.

세월 호 침몰 사고 때도 이러한 위기관리 통합체계가 제대로 작동하지 않았다는 것이 일반적인 평가인 듯 싶다. 이렇게 평가할 수 있는 대표적인 사례로 들 수 있는 것이 사고 초기 승객 전원 구조라는 오보가 뜬 사실을 들 수 있다. 사고가 발생한 초기에 언론보도를 통해 세월 호 승객 전원이 구조되었다는 보도가 전해졌었다.

이러한 언론보도에 근거하여 관련 교육청은 가장 많은 피해가 우려되는 학교에 학생 전원구조라는 연락을 주었고, 자녀들을 수학여행을 보낸 뒤 사고 소식을 접하고 속수무책으로 발만 동동 구르고 있던 학부모들에게 학교 측은 학생전원이 무사히 구조되었다는 SNS 연락을 주는 해프닝까지 발생하게 만들었다.

이외에도 안전행정부는 재난대응을 총괄 조정하는 본연의 임무[1])는 소홀히 한 채 언론 브리핑에 집중[2]) 하였고, 이 과정에서 사실 확인 없이 구조 자 숫자를 집계하여 사고 발생 당일 14:00경에는 368명으로 발표하였다가 16:30경에는 164명으로 정정하여 발표함으로써 정부불신을 스스로 자초하였다. 결국, 공을 세우려다 망신을 당한 꼴이 되었던 것이다.[3])

김병섭과 김정인은 이러한 점을 비판하면서 이들 기관의 행정관료들이 국민이나 언론, 외부기관에 대해 자신들의 성과와 실적이 명확하게 드러난 영역에 있어서는 이를 적극적으로 홍보하고 책임을 지는듯한 행태를 나타내지만, 국민 등으로부터의 비난이 우려되거나 부정적인 결과가 예측되는 부분에 있어서는 책임을 감추거나 회피하려는 행태를 나타내고 있다는데도 문제가 심각하다는 점을 지적하고 있다.

한마디로 자신들의 공을 내세우고 자신들의 실책을 숨기기 위한 노력을 아끼지 않는 마인드로는 기관 간의 유기적 협조나 의견조율은 고사하고 컨트롤 타워로서의 역할까지도 저해하는 결과를 야기하게 된다는 것이다.

어쨌든 위기관리 통합체계가 제대로 작동을 하지 못한 대표적 사례로 꼽힐 세월 호 침몰 사고와 달리, 성공적으로 사고기의 승

---

1) 안전행정부는 안전사고와 관련하여 사고 상황과 구조자원 파악 그리고 행정적 지원 등을 본연의 임무로 하고 있다. 김병섭 · 김정인, "관료 (무)책임성의 재해석 : 세월호 사고를 중심으로", 『한국행정학보』, 제48권 제3호 (2014 가을), 112쪽.

2) 1시간 간격으로 총 6회 언론 브리핑을 하였다. 김병섭 · 김정인, "앞의 논문", 112쪽.

3) 김병섭 · 김정인, "앞의 논문", 112쪽.

무원과 승객들을 단 한 명도 희생시킴이 없이 전원 구출한 미국 항공기 사고 사례는 이와 좋은 대조가 되고 있다.

2009년 1월 15일 유에스 에어웨이즈(US Airways) 소속 AWE 1549 (US Airways Flight 1549) 편이 이륙을 한 후 3분이 지난 후 새떼와 충돌(bird strike)하는 사고가 발생을 하였다. 이 사고로 인하여 사고기는 두 개의 엔진에 불이 붙으면서 동력을 상실하고 추락을 하기 시작하였다. 조종사의 필사적인 노력으로 사고기는 뉴욕 허드슨 강에 불시착을 하였다.

155명의 승객과 승무원을 태우고 허드슨 강에 반쯤 잠긴 상태의 기체에서 승무원들의 위기관리 매뉴얼에 담긴 내용에 따른 탈출안내에 따라 일 분 안에 신속하게 승객들이 기체 밖으로 탈출을 시도하였다. 그리고 탈출과 거의 동시에 사고기의 주변에 있던 통근용 페리[4]와 사고접수 후 수 분 안에 현장에 도착한 구조선 등이 인명을 구조하여 155명 전원을 구출한 '허드슨 강의 기적'(Miracle on the Hudson)이라 회자 되는 놀라운 일을 일구어 낸 사고였다.

이 사고에서 골든타임을 놓치지 않고 성공적으로 승무원과 승객 전원을 무사히 구조할 수 있었던 것은 상부보고, 승인, 허락 같은 정상적인 절차를 모두 무시하고 '뉴욕항만청'(Port Authority of New York & New Jersey)이 선 조치 후 보고 방식을 통해 구조선을 바로 투입하였고 이후 항만청 중심으로 현장상황에 맞게 재난구조를 총지휘할 수 있었기 때문인 것으로 드러났다.

4) 뉴욕 수로국(NY Waterway)의 페리인 '토머스 제퍼슨'(Thomas Jefferson)호가 수 분 이내에 사고현장에 제일 먼저 도착하였고 이어 '주지사 토머스 킨'(Governor Thomas H. Kean)호가 도착을 하여 구조 활동을 신속하게 펼쳤다. http://en.wikipedia.org/wiki/US_Airways_Flight_1549

이것이 현장중심재난대처를 근간으로 하는 미국식 재난대응시스템이다. 골든타임을 놓치지 않기 위해 현장을 가장 잘 알고 현장에서 가장 가까운 사람이나 기관이 첫 대응과 현장 지휘를 하고 정부는 이들을 지원하고 필연적으로 발생하게 되는 관련 부처별 혼선을 조율하는 역할을 맡게 되는 것이다.

이러한 정부의 위기관리시스템과 재난대비 매뉴얼이 사전에 존재하고 이를 강도 높은 교육과 훈련을 통해 체질화하기 위한 반복적인 노력 등이 있었기 때문에 이러한 성공적 결과를 가져올 수 있었던 것으로 사료가 된다.

그러나 우리의 경우에는 괌 여객기 추락사고 때도 그리고 최근에 발생한 세월 호 침몰사고 때도 이러한 위기관리시스템과 재난대비 매뉴얼은 제대로 작동하지 않았고 그로 인해 관련 부처 간 그리고 관련 부처와 해당 기업 간의 유기적인 연계체계가 이루어지지 못해 커다란 혼선과 혼란을 자처하여 국민으로부터의 정부 신뢰를 저버렸던 것이 아닌가 싶다.

안전행정부 안전관리본부는 우리 정부 내 안전의 위상을 대변하는 곳으로 안전 분야를 총괄하는 컨트롤 타워 조직이었다. 하지만 겉으로 보이는 위상에 비해 실제는 너무나 초라하다. 안전관리본부 직원은 130여명으로 안전행정부 본부 전체 직원 1200여명의 10%밖에 되지 않으며, 그나마 간부들의 경력은 안전과는 거리가 멀다.5)

재난 등 위기적 상황이 발생하면 그때야 관련 부처에서 1~2명 정도 인력 파견을 받는 데 그치는 수준에 머물고 있는 것이다. 안

---

5) 『조선일보』, 2014년 10월 25일. ; http://news.chosun.com/site/data/html_dir/2014/10/25/2014102500348.html

전관리본부의 한 해 예산은 안전행정부 전체 예산 중 채 4%가 안 된다. 한 마디로 사람도 돈도 없는 조직인 것이다.[6] 겉은 그럴 듯하게 보일지 모르지만 속빈 강정이라고 말하는 것이 보다 솔직한 표현일지 모르겠다.

청와대 역시 세월 호 침몰 사고 수습의 중심적 역할을 제대로 하지 못했다는 평가가 일반적이다. 다른 일선 정부 부처 못지않게 우왕좌왕했고 아랫사람들에게 책임 떠넘기기에 급급하다는 인상을 국민들에게 주지 않았나 싶다. 국가 위기관리를 책임지고 있는 안보실장은 언론이 청와대의 부실 대응을 지적하자 "안보실은 재난 컨트롤 타워가 아니다."고 대답을 했다 한다.[7]

지난해 4월 국회에서 "(안보실이) 안보·재난 위기 징후에 대해 24시간 모니터링 체제를 구축했다."며 "국가 비상사태에 대비하는 컨트롤 타워 역할을 수행할 것"이라고 말했던 것을 까먹은 모양이라는 것이 언론의 생각이다.[8]

세월 호 침몰 사고 이후 사고 수습과정에서도 이러한 불협화음과 조율 부재가 나타났다. 제대로 된 지시도 협조도 못하면서 구조본부는 너무 많이 만들어졌다.

이재은에 의하면, "세월 호 침몰 사고의 경우, '범부처사고대책본부', '중앙재난안전대책본부'(안전행정부), '중앙사고수습본부'(해양수산부), '중앙긴급구조본부'(해양경찰청), '중앙긴급구조통제단'(소방방재청), '중앙사고수습본부'(교육부), '현장구조지원본부'(국방부, 진도), '지방사고수습본부'(해양경찰청, 인천), '경기도 재난안전대책

6) 『조선일보』, 앞의 기사.

7) 『조선일보』 사설, 2014년 5월 2일. ; http://news.chosun.com/site/data/html_dir/2014/05/01/2014050102898.html

8) 『조선일보』, 앞의 사설.

본부', '안산시 재난안전대책본부', '지방사고수습본부'(목포), '전남긴급구조통제단', '진도군 재난안전대책본부', '사고현장 구조지원본부'(해군) 등의 대책본부가 설립 가동되었다" 한다.9)

이러한 여러 구조본부에 보고하고 지시를 받느라 현장에서는 제대로 된 구조 업무를 할 수 없을 지경이었다 한다. 이것이 문제가 되는 것은 우리나라 행정 관료는 계층제적 책임성, 특히 상관의 지시에 순응하고 상관을 모시는 의전에 대단히 충실하기 때문이다.10) 상명하복과 의전에 대해선 둘째가라면 서러워할 존재가 바로 우리 행정 관료들이라는 이야기이다.

이러한 성향을 지닌 행정 관료들이 자신의 성향에 맞게 일을 추진시켜 나가다 보면 마치 주객이 전도가 되듯이 구조본부에 보고를 하고 지시를 받는 등의 일을 하는 것에 충실하게 매달리게 되고 정작 현장에서의 사고 처리나 수습은 경시될 수밖에 없다는 것이다. 한 몸으로 두 가지 일을 하기는 어려운 일이기 때문이다.

그리고 여기에서 정치권도 예외는 아닌듯 싶다. 세월 호 침몰사고 이후 시행이 하루가 급한 안전 법안들이 거의 통과되지 않고 잠자고 있는 것이다. 세월 호 특별법 제정을 둘러싼 여야의 정쟁 때문에 지난 4월부터 9월 말까지 국회가 마비됐고, 10월 들어서는 국정감사가 시작되면서 안전 관련 법안에 대한 심사는 거의 이뤄지지 않았기 때문이다. 언론에서 안전이 정쟁의 희생양으로 전락한 처지라고 비판하는 것도 이러한 이유 때문이다.11)

9) 김병섭 · 김정인, "앞의 논문", 111쪽.
10) 김병섭 · 김정인, "앞의 논문", 111쪽.
11) 『조선일보』, 2014년 10월 25일. ; http://news.chosun.com/site/data/html_dir/2014/10/25/2014102500348.html

> 국회 의안정보시스템에 따르면 지난 4월 세월 호 참사 이후 23일까지 국회에서 발의된 법안 중 법안 명에 '안전'을 명시한 법안은 총 128건이다. 안전이란 이름이 직접 명시되지 않더라도 각종 건설 현장의 안전장치를 강화한 건축법 개정안 등까지 포함하면 실제 안전 관련 법안의 숫자는 훨씬 늘어난다. 그러나 128개 법안 중 본회의를 통과한 것은 원자력안전법 개정안 등 3건에 그쳤다. 그나마 3건 모두 상임위에서 세월 호 사고 이전에 논의해오던 것을 하나로 묶어 본회의 통과 직전에 다시 발의한 대안이었다. 결국 세월 호 사고 이후 새롭게 발의된 법안은 사실상 하나도 통과되지 않은 것이다.[12]

한마디로 위기관리통합시스템은 간 곳이 없고 정치권은 정치권대로 행정기관들은 행정기관들대로 그리고 이에 종사하는 행정관료들은 행정 관료들대로 그리고 관련 민간 기업이나 이들의 종사자들은 종사자들대로 따로 국밥신세로 전락을 하고 만 것이다.

12) 『조선일보』, 앞의 기사.

제8장 관련사례분석을 통해 도출 된 정부불신을 낳은 문제점들

1. 전문성과 관련된 문제점

미국령 괌에서의 여객기 추락사고와 관련하여 미국연방교통안전위원회는 항공사측과 미국연방항공청 양자 모두의 잘못으로 판정을 내렸는데, 이 중 항공사측의 잘못으로는 사고기 조종사들의 판단착오를 가져온 여러 요인들을 근거로 하여 조종사 양성방식에 문제가 있었다는 점과 항공사측의 안전 분야에 대한 관심부족의 문제를 지적 하였다.

먼저 사고기의 조종사들의 판단착오를 가져온 조종사들 간의 의사소통상의 문제는 강한 유교문화 적 정서가 흐르고 있는 조종실 내의 위계질서로 인해 촉발이 되었다는 것이다. 그 다음 조종사들이 제대로 휴식을 취하지 못할 만큼 무리한 운항스케줄로 밀어 붙이는 바람에 조종사들의 피로가 누적이 되어 위기 시 정확한 판단을 내리는데 어려움을 갖게 하였다는 것이다.

이러한 문제점은 세월호의 경우에도 똑 같이 나타나고 있다. 세월 호 조타수 오 모 씨는 선장에게 배가 더 넘어간다고 소리를 질렀지만 아무런 조치를 취하지 않고 그저 물끄러미 쳐다보기만 했다고 진술하면서 선장이 아닌 선원으로서 할 수 있는 게 아무 것도 없었다고 밝혔다고 하는데 이것은 괌 여객기 추락사고 시와 동일하게 전문적 대응조치를 하는데 저해가 되는 유교문화 적 장애요인 즉 조직침묵을 강요한 권위적인 위계질서 등이 세월 호에서도 존재했던 것을 알 수 있게 한다.

또한 123경비정장은 침몰이 임박한 것으로 판단하여 침몰하는 세월 호와 경비정 간에 일정한 거리를 이격하여 구조를 하지 않고 침몰하는 것을 바라만 보았다는 것이 조사를 통해 드러나고 있을 뿐만 아니라 이러한 정장의 판단과 지시에 경비정 내의 어떤 구조대원들도 이의를 제기하지 않았다는 점이다.

이와 같은 권위적인 위계질서에 압도되어 또는 체면 그리고 좋은 게 좋다는 식의 애매모호한 의사소통의 체질화는 위기 시 위기상황을 주도면밀하게 분석하고 냉철하게 파악하는 전문적 능력을 떨어뜨리게 만들고 이로 인해 올바른 결단을 내리지 못하게 만들어 버리는 것이다. 결국 위기 시 이를 극복하기 위한 시의성과 적실성을 가진 전문적인 행정 조치나 결단을 내리는데 장애물 역할을 하게 되는 것이다.

또 다른 전문성의 문제로 구조 책임자인 해양경찰이 대규모의 해양 침몰 사고 대비 훈련을 해본 일이 없다는 사실을 들 수 있다. 이로 인해 실제 위기상황에서 효과적인 구조업무를 수행할 수 없었던 것이다. 또한 해양경찰은 해난 구조에 대한 전문성을 지닌 요원들이 부족했다는 점도 지적하지 않을 수 없다.

사실 해양수산부의 대부분의 고위 행정 관료들은 행정고시 출신으로 해당 분야의 전문 행정가라기보다는 일반 행정가의 특성만을 가지고 있다고 볼 수 있고, 해양경찰 역시 구성원 대부분이

경찰공무원 출신으로 해양구조에 대한 전문지식이 부족할 수밖에 없다. 해양구조나 해난사고대처와 관련된 전문적 지식과 경험이 결여되거나 부족한 일반 행정 관료들로는 세월 호 침몰 사고와 같은 대형 악재 사고에 있어서 구조나 구난 업무를 수행해야 한다는 것은 매우 지난한 일이었을 것으로 사료가 된다.

마치 의료적 지식이나 시술 그리고 수술 경험이 부족하거나 없는 사람들에게 고난이도의 수술을 하도록 등을 떠민 것이나 마찬가지라고 비유할 수 있을 것이다. 이러한 사람들이 성공적으로 수술을 마쳐 귀중한 생명을 구해낼거라고 생각하는 사람이 오히려 비정상적인 사람일 것이다.

따라서 전문적 책임성을 발휘하기 위해서는 전문적 지식과 경험으로 검증된 인사가 적재적소에 배치되어있어야 할 뿐만 아니라, 사무실의 책상이 아니라 현장 중심의 재난구조가 이루어져야 하고 또 현장에는 지속적이고 반복적인 교육과 훈련이 필요함에도 불구하고 우리의 현실은 이와 상당한 괴리를 가지고 있음을 알 수 있는 것이다.

이러한 점은 청해진해운의 경우에도 전혀 다를 바가 없었다. 지난해 선장을 비롯하여 선원 등 직원 130명의 안전교육비로 54만원을 썼다 하는데, 이는 선장을 비롯한 승무원들에 대한 안전 교육이나 관련 훈련이 전혀 없었다는 말이나 다름없다. 선박 관련법이 요구하는 최소수준의 교육과 훈련도 시키지 않은 것이다.

사고 해당 선박의 선장은 고사하고 승무원조차 선박 침몰시 어떻게 대응할 것인가에 대한 체계화된 전문적 교육과 훈련이 거의 전무했던 것이다. 이러한 점을 고려해 볼 때 세월 호 침몰과 이에 따른 많은 무고한 희생자가 발생한 사고는 전문성의 부족이나 부재로 인해 이미 예견된 것이나 다름이 없었던 것이다.

2. 도덕적 해이와 부패 그리고 부조리와 관련된 문제점

초기 대응에 실패한 교통관제센터에 근무하는 근무자들이 사고가 발생한 시점은 물론이고 평시에도 제대로 된 근무를 서지 않았을 뿐만 아니라 더욱 심각한 것은 근무태도와 관련된 도덕적 해이가 하나의 관료문화로 자리를 잡고 있었다는 것이다. 더욱이 이러한 근무태만과 무책임 그리고 도덕적 해이로 인한 결과를 회피하기 위해 세월 호 사고 사흘 뒤엔 관제 실 내부 CCTV 촬영 기록을 삭제하기까지 하는 범법 적 행위까지 서슴지 않았다.

그리고 가장 먼저 사고해역에 도착한 목포해경 123경비정은 자체의 방송시스템을 통해 승객들의 선외탈출을 유도하는 방송을 하였다고 진술하였지만 사후의 조사과정에서 거짓으로 판명이 되었다. 그리고 이러한 사실을 은닉하기 위해 탈출 유도 방송을 한 것처럼 뒤늦게 근무일지의 관련 부분을 위조하는 범죄적 행위를 서슴지 않았다. 이러한 행위는 공직자로써 마땅히 가져야 하는 도덕성과 책임성을 방기한 것이었다.

또한 선박의 구조변경과 관련하여 이를 허가하여준 해당 관련 기관과의 검은 유착이 의심스럽게 제기되고 있을 뿐만 아니라, 승무원들이 안전 불감증과 도덕적 해이에 빠져 마치 관행처럼 과적을 하였고 이를 허위로 보고하였다는 것이다. 그리고 이에 그치지 않고 청해진해운 직원들이 세월호가 침몰하던 순간에 화물 적재량을 줄이려고 전산 기록을 조작했던 것으로 드러났다.

선장과 승무원들은 그 시간에 책임을 져야 할 승객들을 나 몰라라 뒤로 하고 자신들의 안위만을 위해 침몰하는 배로부터 먼저 탈출을 시도하고 직원들은 과적으로 인한 자신들의 피해를 최소화하기 위해 전산기록을 조작했던 것이다. 직업윤리의 실종과 도덕적 해이의 극치를 보여주고 있는 것이다.

또한 선박안전성을 책임지고 감시 감독하는 한국해운조합 측 인사들은 주요 사항이 빈칸으로 되어 있는 보고서를 제출받아 출항 한 뒤 선장이 무전기로 불러주는 대로 빈칸을 채우기도 하였으며, 배가 출항하기 전 승선 정원을 체크하고, 화물결박 여부를 점검하고, 구명정은 정상인지 점검하는 것 조차 제대로 하지 않은 것이 밝혀지고 있다. 그리고 배의 균형을 잡는데 중요한 역할을 하는 평형 수가 규정대로 유지되고 있는가를 감시 감독하는 기관의 도덕적 해이가 사고를 유발한 하나의 원인을 제공한 것은 아닌지 의심받고 있다.

무엇보다 선장이나 승무원들의 직업윤리 그리고 직무책임성과 연결된 도덕적 해이는 침몰 사고 발생 시 승객탈출에 필요한 적절한 조치를 내리지 않고, 구조 경비정이 왔을 때 승객의 안전은 뒤로 하고 자신부터 탈출함으로써 보다 많은 승객의 희생을 가져 오게 하였다는 점이다.

그리고 주기적이면서 실효성이 높은 안전검사 등이 제대로 이루어지지 않았고 심지어 형식적인 봐주기 식 안전검사 등이 이루어진 점을 도덕적 해이의 하나로 손꼽을 수 있다.

이러한 불법과 근무태만 그리고 도덕적 해이와 관련된 업무태도 등이 가능할 수 있었던 것은 청해진해운이 해양수산부, 해양경찰, 선박감독회사 등 관계기관과의 검은 유착이 있었기 때문으로 수사기관은 추정을 하고 있다. 실제로 해양수산부 전 고위 행정 관료들이 선박 감독을 맡고 있는 회사나 기관의 회장이나 이사장과 같은 요직을 맡고 있으니 그들의 후배인 해양수산부 행정 관료들이 제대로 감독권을 행사하기는 어려웠을 것이다.

해양수산부는 전 행정 고위관료들을 산하단체에 낙하산으로 내려 보내고, 이러한 회사나 기관들은 이 전관들을 해양수산부 감독을 무력화 하는 방패막이로 활용해온 셈이 되어 이들 간의 검은 유착의 일면을 볼 수 있는 것이다.

그리고 이런 면에서 행정 관료 못지않게 정치인들도 책임이 있다고 볼 수 있다. 특히 이러한 관련 공공기관에 낙하산 인사를 통해 기관의 장이나 감사 등 정치적 임용을 한 것도 문제이지만, 이들이 제대로 된 기관관리를 하지 못함으로써 이러한 사고를 유발시켰다면 행정 관료 못지않게 이들의 책임도 크다는 것이다.

3. 관련부처 간 그리고 기업과 해당관련기관 간의 협력과 공조체제의 미비가 낳은 문제점

미국령인 괌에서 일어난 사건이라고 하더라도 관련부처 간에 그리고 민간기업과 해당관련기관 간의 협력과 공조체제의 미비는 특히 이 사건에서 뼈아픈 각성을 요구하는 부분이기도 한 것이다.

세월 호 침몰 사고 역시 이러한 위기관리 통합체계가 제대로 작동하지 않았다. 그래서 사고 초기에 혼선과 혼란이 극에 달하여 우왕좌왕하는 모습을 여과 없이 그대로 국민들에게 보여주었다. 세월 호 승객 전원이 구조되었다는 SNS 해프닝1) 뿐만 아니라 안

---

1) 언론 보도에 근거하여 관련 교육청은 학교에 전원구조라는 연락을 주었고 학교 측은 단원 고 학부모들에게 학생전원이 무사히 구조되었다는 연락을 주는 해프닝까지 발생하게 만들었다.

전행정부는 재난대응을 총괄 조정하는 본연의 임무는 소홀히 한 채 언론 브리핑에 집중한 면이 있고, 이 과정에서 사실 확인 없이 구조 자 숫자를 집계하다가 이를 정정하는 일[2])까지 벌어짐으로써 스스로 정부불신을 초래하기도 하였다.

이러한 문제는 안전행정부가 위기관리의 컨트롤 타워로서의 역할을 제대로 하지 못했기 때문에 발생한 일면이 없지 않은데, 그 나름대로의 이유가 없지 않다. 즉 안전행정부 안전관리본부는 우리 정부 내 안전의 위상을 대변하는 곳으로 안전 분야를 총괄하는 컨트롤 타워 조직이지만 사람도 없고 돈도 없는 조직이란 점에서 겉보기와는 달리 그 위상은 초라하기 그지없다.

그리고 사고 수습과정에서도 불협화음과 조율 부재가 나타났다. 제대로 된 지시도 협조도 못하면서 구조본부는 우후죽순 식으로 너무 많이 만들어졌다. 이러한 구조본부에 보고하고 지시를 받느라 현장에서는 제대로 된 구조 업무를 할 수 없을 지경이었다 한다.

정치권 역시 이러한 안전과 관련 된 위기관리시스템의 제도적 구축노력에 있어 낙제점을 받고 있다. 세월 호 침몰 사고 이후 시행이 하루가 급한 안전 법안들이 거의 통과되지 않고 잠자고 있는 것이다. 세월 호 특별법 제정을 둘러싼 여야의 정쟁으로 인해 몇 달 간 국회가 마비됐고, 10월 들어서는 국정감사가 시작되면서 안전 관련 법안에 대한 심사는 거의 이뤄지지 않았기 때문이다. 안전은 정쟁의 희생양으로 전락한 처지다.

괌 여객기 추락사고 때나 최근에 발생한 세월 호 침몰 사고 때

---

2) 사고 발생 당일 14:00경에는 368명으로 발표하였다가 16:30경에는 164명으로 정정하였다.

도 이러한 위기관리통합시스템과 재난 대비 매뉴얼은 제대로 작동하지 않았을 뿐만 아니라 이러한 시스템과 매뉴얼의 부실이나 미흡이 그대로 노정이 되었고, 그로 인해 관련 부처 간 그리고 관련 부처와 해당 기업 간의 유기적인 연계체계가 세월 호의 경우 사고 발생 시나 사고 수습 과정에서 제대로 이루어지지 못해 커다란 혼선과 혼란을 자처하여 국민으로부터의 정부 신뢰를 저버리고 있는 것이다.

제대로 된 위기관리시스템 그리고 통합관리시스템 나아가 체계화 된 재난 대비 매뉴얼이 미흡하거나 미비 되어 있다면 이것은 하나의 커다란 재앙이라고 말할 수 있다. 조직 메커니즘은 마치 사람의 몸과 흡사하다. 우리의 몸이 제대로 건강하게 유지되기 위해선 혈액이 온 몸으로 순탄하게 흘러야 될 것이다. 조금이라도 이 흐름에 막힘이 있거나 문제가 발생이 된다면 그것은 바로 건강을 위협하게 되고 심하면 우리의 소중한 생명까지도 위협하게 되는 것이다.

이와 마찬가지로 조직 메커니즘도 명령 등을 포함하는 지시 통제와 이의 실시와 처리에 대한 보고체계가 의사소통 채널이나 명령보고 통로를 통해 일사분란하게 소통되고 제대로 흘러주어야만 조직의 건강을 유지할 수 있게 되는 것이다. 만약 그렇지 않고 이러한 의사소통 통로나 명령 지시 통제 체계나 보고 체계 등이 일부 막혀버린다면 조직의 건강에 커다란 위협으로 다가서게 될 것이다.

세월 호 침몰 사고와 같이 어떠한 큰 사건이 터졌을 경우, 명령 등을 포함하는 지시 통제와 이의 실시와 처리에 대한 보고체계가 의사소통 채널이나 명령보고 통로로 제대로 구비되어 있지 못하거나 작동이 되지 않는다고 한다면, 마치 혈류의 흐름이 방해받는 우리 몸처럼 조직 메커니즘은 제대로 된 작동을 하기 어려워 질 것이다. 시간을 다투는 절박한 순간에 이러한 조직 메커니즘 내의 불협화음은 조직의 본래 목적을 달성하는데 커다란 어려움을 가져다 줄 수밖에 없게 될 것이다.

더욱이 이러한 소통의 채널이나 명령과 보고 채널이 옥상옥(屋上屋)으로 과도하게 다층화 되어 있다거나 또는 여러 조직으로 비체계적으로 분산이 되어 있다면 이러한 어려움을 더욱 가중시킬 것이다.

옥상옥일 경우 시간이 보다 지연이 됨으로써 신속한 조치를 요구하는 사안을 충족시키기 어려울 것이고 또한 다층화 된 조직을 통과하는 과정에서 정보나 의사결정 등이 왜곡되거나 희석 될 가능성이 없지 않다. 또한 여러 조직으로 비체계적으로 분산이 되어 있을 경우에는 명령통일의 원칙이 지켜지기 어려움으로써 조기에 내재적 에너지를 집중적으로 투사하는데 어려움이 따를 것이다.

이러한 결과로 인해 사고 수습이나 이에 따른 후속 조치에 문제가 발생하게 된다면 세월 호 침몰 사고에서 목격하였듯이 국민들에게 커다란 실망을 안겨주게 될 것이고 이는 필연코 정부 신뢰에 커다란 흠결을 가져다주게 될 것이다. 국민들의 기대에 호응을 하지 못할 경우 정부에 대한 믿음은 깨질 수밖에 없음을 우리는 역사의 교훈들을 통해 잘 알고 있는 바이다.

따라서 이러한 국가위기관리시스템이나 이에 대한 체계화 된 재난 대비 매뉴얼은 아무리 미리 준비를 해 놓는다고 해서 지나침은 없을 것으로 생각이 된다. 바로 이러한 노력을 사전에 경주하고 유비무환(有備無患)의 예방적 자세를 가질 수 있을 때 정부 신뢰에 대한 방어벽은 강고하게 존재할 수 있게 되는 것이다.

제9장 전문성 증진을 통한 정부 신뢰성의 제고

이 글에서는 앞서 사례분석에 입각하여 도출된 세 가지 문제점, 즉 안전사고를 관리하기 위한 전문성의 부족, 행정 관료들의 도덕적 결함 그리고 위기발생 시 관련 조직 간의 협력과 공조체제의 미비에 대해 초점을 맞추고 이를 해결하는 방향을 제시하여 정부에 대한 국민의 신뢰성을 높이기 위한 나름대로의 대안을 제시해 보고자 하는데 초점을 맞추고자 하였다.

이를 좀 더 풀어서 설명을 하자면 첫째, 안전사고를 관리하기 위한 전문성이 부족했다는 점과 둘째, 행정 관료들의 도덕적 결함이 문제가 되었다는 점 그리고 셋째, 위기발생 시 관련부처 간 그리고 기업과 해당관련기관 간의 협력과 공조체제의 미비라는 조직적 문제에 착안하여 이를 해결하는 방안을 강구하겠다는 것이다. 그리고 이러한 해결방안을 통해 정부의 신뢰성을 확보해 보겠다는 것이다.

그러면 이 장에서는 위기발생시 적실성과 시의성을 가진 대응조치를 진작시킬 수 있는 전문성의 진작 방안을 통한 정부 신뢰성 제고에 대해 논의를 해보기로 한다.

1. 전문성에 관한 기존 연구들의 고찰

1) 독립된 정체성을 지닌 행정학과 전문성

행정의 전문성에 대한 고민과 논의는 오랜 역사를 가지면서 많은 행정학자들에 의해 진행되어져 왔던 일이다. 이 중 특히 눈에 띄는 것은 드와이트 왈도(Dwight Waldo)의 시각이다. 그는 행정학 자체가 하나의 독립적이고 자기 정체성(self-identity)을 인정받는 독자적인 학문체계로 정립되어져야 한다고 생각하고, 이를 위해선 법학이나 의학과 같이 전문성을 지닌 학문으로 발 돋움을 해야 함을 이미 일찍이 강조한 바 있다.[1)]

사실 의학과 법학은 동양과 서양에서 오랜 역사를 가지면서 나름대로의 전문성을 입증해 왔다. 의학에서는 환자에게 생긴 질병을 정확하게 진단할 수 있게 하고 또 이에 입각하여 제대로 된 처방을 내릴 수 있게 함으로써 해당 환자의 질병을 퇴치 할 수 있었던 것이다. 그런데 정확한 진단과 제대로 된 처방을 내리기 위해서는 환자를 진료하는 의사가 전문성을 지닌 의학적 지식과 시술 그리고 처치능력에 기반을 두어야 했다.

만약 그렇지 못한 일명 돌팔이 의사라면 그가 치료하는 환자는 자신이 앓고 있는 질병으로부터 결코 자유스러워지지 못 할 것이다. 환자가 가지는 질병이라는 문제를 전문적인 진단과 처방 즉 치료를 통해 해결해 주었을 때 이의 기반이 되어 준 의학이라는 학문은 만인에 의해 인정을 받게 되는 독자적인 정체성을 확보하

---

1) 이병철, 『현대 한국행정학의 이해』(울산 : 울산대학교 출판부, 1998), 70-71쪽.

게 되는 것이다.

이러한 것은 법학에서도 마찬가지이다. 법학에서는 소송 의뢰인에게 생긴 법률적 문제를 정확하게 진단할 수 있게 하고 또 이에 입각하여 제대로 된 변론 등의 처방을 내릴 수 있게 함으로써 해당 소송 의뢰인의 법적 문제를 해결 할 수 있도록 해주는 것이다. 그런데 쟁점이 된 법률적 사안에 대해 정확한 법적 진단과 제대로 된 법적 처방을 내리기 위해서는 소송 의뢰인의 법적 문제를 변론하는 변호사가 전문성을 지닌 법률적 지식에 기반을 두어야 한다.

만약 그렇지 못한 함량 미달의 변호사라면 그의 법적 소송 의뢰인은 자신이 해결하고자 하는 법적 문제로부터 결코 자유스러워지지 못 할 것이다. 소송 의뢰인이 가지는 법적 문제를 전문적인 진단과 처방을 통해 해결해 주었을 때 이의 기반이 되어 준 법학이라는 학문은 앞서 언급한 의학과 마찬가지로 만인에 의해 인정을 받게 되는 독자적인 정체성을 확보하게 되는 것이다.

이와 같이 의학이든 법학이든 이 학문들은 자신이 가지고 있는 전문적 능력을 통해 문제를 해결해 줌으로써 학문으로서의 독립적인 자기 정체성과 나름대로의 존재의 기반을 인정받아 왔던 것이다.

드와이트 왈도는 의학이나 법학처럼 행정학도 행정 문제해결에 대한 능력을 보여줄 수 있는 학문으로 자리 매김을 할 수 있어야 전문성을 지닌 독자적인 자기 정체성을 확보하게 되는 학문이 될 수 있다는 것을 강조 한 것이다.

프레더릭 모셔(Frederick Mosher) 역시 드와이트 왈도의 생각과 뜻을 같이하면서 미래사회는 이러한 전문성에 기반을 둔 행정이 대세가 될 것으로 내다보고 있는 듯 하다. 즉 공공서비스가 점차적으로 전문화되어 가고 있다고 주장하면서 전문화에 기반을 둔 국가(professional state)의 도래를 예견하고 있는 것이다.[2)]

2) 문제해결의 학문으로서의 행정학과 전문성

문제해결을 위해 전문성이 필요로 됨은 불문가지인 사실이 되었다. 워낙 행정을 둘러싼 환경이 급격히 변화되고 있기 때문이다. 이제 행정도 국경이라는 한계를 띄어 넘고 있다. 세계화(globalization)라는 커다란 큰 그림이 행정이라고 해서 예외를 인정하지 않고 있다. 시시각각으로 급격하게 변하는 각국의 행정은 예외 없이 우리의 행정에도 긍정적이건 혹은 부정적이건 영향을 미치고 있기 때문이다.

이러한 영향으로는 긍정적이고 순기능적인 것도 많지만 우리로서는 달갑지 않은 부정적이고 역기능적인 것도 많은 것이 사실이다. 이러한 부정적이고 역기능적인 것이 우리가 가지고 있는 해결능력을 넘어설 때는 우리에겐 기회가 아니라 위기로서 다가 올 공산이 큰 것 역시 사실이다.

시시각각으로 급변하는 행정환경아래에서 제기되는 여러 위기적 국면을 지혜롭고 슬기롭게 해결해 나가기 위해서는, 바로 이러한 위기적 문제를 정확하고 올바르게 볼 수 있는 전문성, 그리고 그런 관찰과 진단에 입각하여 정확하고 올바른 처방을 내릴 수 있는 전문성, 그리고 그러한 처방을 한 치의 오차도 없이 정확하고

---

2) Frederick C. Mosher, *Democracy and the Public Service*, 2nd ed. (New York : Oxford University Press, 1982), Ch.5. ; 이병철,『현대 한국행정학의 이해』(울산 : 울산대학교 출판부, 1998), 71쪽.

올바르게 추진하고 집행할 수 있는 전문성 등이 필요로 되는 것은 지극히 당연한 일인 것이다.3)

그런데 이러한 전문성은 하늘로부터 그저 뚝 떨어지듯이 노력 없이 얻어 질 수 있는 것은 아니다. 부단한 연구와 교육 그리고 훈련 등을 통해서만 얻어질 수 있는 것이다. 우리 보다 앞선 서구문물을 분석 비판적으로 수용하고 이를 창조적으로 재창출해낼 때 그리고 그런 재창조된 기법과 사상과 문물을 문제의 핵심에 정확하고 올바르게 투영할 수 있을 때 바로 전문성에 입각한 문제해결이 가능한 것이다. 더욱이 후진적인 행정수준에 아직도 머무르고 있는 우리로서는 이러한 노력이 더욱 절실함은 두말 할 나위가 없다.4)

전종섭이 주장하듯 한국행정의 전문화가 60년대부터 이루어져 왔던 경제발전의 주 된 원동력이 되었음을 어느 누구도 부인하기는 어려울 것이다. 우리의 경제발전과 성장은 관(官)주도적으로 이루어져 왔기 때문이다. 사실 60년대나 70년대에 정부만큼 규모나 재정 그리고 인적 우수성에서 앞서 나가는 민간 조직은 전무하였다고 말해도 지나침이 없을 것이다. 70년대에 잘 나갔다고 평가되는 종합상사들도 이런 면에서는 정부와 비교가 되지 않았다.

가장 큰 규모에 가장 많은 돈을 가지고 가장 우수한 인재들을 가지고 있었던 조직이 다름 아닌 정부조직이었던 것이다. 그러기에 정부가 다른 어떤 조직보다 가장 큰 문제해결능력 즉 전문성을 가질 수 있었던 것이다.

이에 부가하여 이러한 전문성의 중요성을 인지하고 이를 육성

3) 이병철, 『앞의 책』, 71쪽.
4) 이병철, 『앞의 책』, 71쪽.

하는 한편, 올바르게 활용할 수 있는 이 시대의 강력한 정부의 리더십이 있었기에 관주도적인 경제발전과 성장이 가능했던 것이다. 그런 의미에서 전문성이 경제발전과 성장을 이끄는 원동력이 될 수 있었다고 평가할 수 있는 것이다.

물론 경제발전 초기에는 이런 전문화가 비록 미국을 위시한 서구의 재정적 후원 등으로 이루어지긴 했지만, 시간이 흐르면서 자연스럽게 전반적인 한국 국민의 교육수준의 향상과 공무원에 대한 연수 그리고 훈련체제의 확산 등을 통해 이루어진 면도 크다는 지적[5]은 우리 행정의 전문성의 향상과 증진의 살아있는 증거라고 말 할 수 있는 것이다.[6]

과거만이 아니라 현재의 정부조직 역시 민간 부문의 다른 어느 기관이나 조직보다 전문성에서 앞설 수 있는 조직이다. 규모나 예산, 그리고 인력의 방대성뿐만 아니라 정부가 가지는 사회적 위상으로 인해 우수한 전문 인력을 많이 확보할 수도 있고 실제로 가지고 있는 집단이다.

요즈음 공무원시험 합격을 통해 공무원이 되는 것이 취업시장에서 인기 상종가를 치고 있는 것을 보더라도 이 말이 틀림이 아님을 알 수 있다. 실제로 많은 우수 인력들이 이런 공무원시험에 몰리고 있는 것 역시 앞선 말을 입증하고 있는 것이다.

규모나 예산, 그리고 인력의 방대성뿐만 아니라 우수한 전문 인력까지 많이 확보하고 있는 행정은 시시각각으로 급변하는 현재

5) Jong S. Jun, "Enhancing Professional Roles and Ethical Responsibility : A Means for Creating Democratic Administration in Korea", in Ali Farazmand (ed.), *Handbook of Comparative and Development Public Administration* (New York : Marcel Dekker, Inc., 1991).
6) 이병철, 『앞의 책』, 71쪽.

의 국제 및 국내환경을 내다 보고 이를 통제할 수 있는 믿을만한 국민의 보루로써 여겨지고 있는 것이다. 그리고 이러한 국제 및 국내환경에서 파생되는 여러 복잡다기한 문제들을 해결해 나갈 수 있는 적임자로써 간주될 수 있는 것이다.

따라서 보루로써 또 적임자로써 제 역할과 기능을 다하기 위해서라도 행정의 전문화는 무엇보다 시급한 사안이며 또한 전문성에 따르는 책임 역시 막중하다는 점을 알 수 있는 것이다.[7)]

롬젝(B. S. Romzek)과 두브닉(M. J. Dubnick)이 제시하는 전문가적 책임성[8)]은 요즈음처럼 정부가 기술적이고 복잡한 문제를 해결해야 하는 상황이 급증하면서 더욱 강조되기 시작했다. 얽히고설켜 어렵고 복잡한 문제들을 해결해야 할 때 기관이나 조직의 장(長)들은 이러한 어려움을 하위 행정 관료들이 알아서 스스로 해결해 나가길 바라면서 많은 권한을 위임(empowerment)하고 있는 것이다.[9)]

이런 의미에서 볼 때 행정 관료들 스스로의 전문지식 또는 전문기술이 문제해결에 가장 중요한 요인이 되기 때문에 관료 전문성은 중요한 통제수단이 된다는 것이다. 이는 행정 관료들의 전문성이 책임성의 핵심이 됨을 의미한다는 것이다.[10)]

---

7) 이병철, 『앞의 책』, 71-72쪽.

8) B. S. Romzek, & M. J. Dubnick, "Accountability in the Public Sector : Lessons from the Challenger Tragedy", *Public Administration Review*, Vol.47, No.3. (1987), pp.227-238.

9) 김병섭·김정인, "관료 (무)책임성의 재해석 : 세월호 사고를 중심으로", 『한국행정학보』, 제48권 제3호 (2014 가을), 106쪽.

10) "앞의 논문", 106쪽.

3) 과도한 관료제화의 대안으로서의 전문성과 그 역기능

전문성을 행정에서 강조하는 이유로 전종섭은 전문화가 과도한 관료제화의 대체적 대안으로 사용될 수 있기 때문이라고 주장을 한다.[11] 그는 전문가들이 문제해결능력을 갖추고 있고 필요로 되는 업무를 적절히 수행할 준비가 되어 있을 뿐만 아니라 조직목적이 신축성과 타협을 허락할 수 있을 때 전문화는 과도하게 경직화되어 화석화된 관료제화(ossified bureaucratization)의 대안이 될 수 있다고 주장한다.

사실 과도한 관료제화의 대안으로서 전문화가 가지는 의미는 크다고 할 수 있으며 그러한 맥락에서 많은 학자들이 과도한 관료제화의 대안으로 전문화에 대한 연구들을 하고 있다.[12]

그런데 문제는 이러한 전문화가 시간이 지남에 따라 부정적이며 역기능적인 면을 드러내게 되었다는 데 있다. 과거의 권위정권하의 전문가들이 정권의 시녀로 전락하였고 그들의 행태는 정권의 강력한 리더십의 이익과는 일치했으나 실질적인 공익의 증진과는 거리가 있었다는 점이다.[13]

또한 그들의 사고행태 역시 권위적 리더십에 의해 형성되었지 시민을 향한 윤리적 책임감이나 전문교육에 의하지 않았다는 것이다. 이러한 올바르지 못하고 그릇된 관료전문집단의 파행 화는 한국 행정을 과도한 관료제화에서 구해 낼 수 없었다는데 문제의 심각성이 존재하는 것이다.[14]

---

11) Jong S. Jun, *op. cit.*, pp.200-201.
12) 이병철, 『앞의 책』, 72쪽.
13) Jong S. Jun, *op. cit.*, 1991., p.202.
14) 이병철, 『앞의 책』, 72-73쪽.

그들이 마땅히 해야 할 국민들을 위한 행정서비스의 품질을 관리하고 통제하는 규칙과 규제의 개발에서도 공익을 제대로 대변하지 못했다. 이렇게 규제가 제대로 이루어지기 어려웠던 이유가 여러 가지가 있는데 첫째, 규제를 집행하는 행정 관료들이 특별고객에 대해서는 규제집행을 느슨하게 하라는 정치권의 압력을 받았으며 둘째, 규제를 집행해야 할 기관들이 잘 훈련된 행정 관료들의 결여로 인해 전문화되지 못하였을 뿐만 아니라 셋째, 모든 규제집행과정에 내재한 부패와 부조리가 이러한 관리와 통제를 더욱 어렵게 만들었기 때문이다.[15]

4) 벤베니스트(G. Benveniste)의 전문주의를 정의하는 여섯 가지 기본적인 요소

이러한 이유로 하여 한국에서의 전문주의의 정착과 성숙이 아직은 어렵다는 시각도 만만치를 않다. 벤베니스트에 따르면 전문주의를 정의하는 여섯 가지 기본적인 요소가 있다고 한다.[16]

첫째, 기술적용은 기술적 지식에 기반을 두어야 하며 둘째, 진보된 교육과 훈련이 요구되고 셋째, 능력에 대한 검증을 위해 공식적인 시험을 치르게 하고 이러한 능력검증에 따라 전문직에 진입을 엄격히 규제하고 통제하며 넷째, 전문가들의 모임이 존재하고 다섯째, 전문가들이 공유하고 지켜야할 행동 혹은 윤리강령이 존재하며 여섯째, 시민들에 봉사를 하는데 있어 전문가로서의 책임

15) *Ibid.*, p.203. ; 이병철, 『앞의 책』, 73쪽.

16) G. Benveniste, *Professionalizing the Organization : Reducing Bureaucracy to Enhance Effectiveness* (San Francisco, CA : Jossey-Bass, 1987), p.33. ; 이병철, 『앞의 책』, 73쪽.

감을 가지며 필요할 경우 전문가로서의 사회참여와 시민이 요구할 때는 소환에 응하여야 하는 책무까지 수용할 수 있어야 한다는 것이다.17)

이러한 기본적인 요소들을 잣대로 하여 현재 한국 행정 관료들의 전문주의의 성숙도를 가늠해 보면 여러 면에서 미흡할 뿐만 아니라 부족함을 느낄 수 있다. 이런 맥락에서 볼 때에도 한국행정에 있어서 전문주의의 미성숙을 목격하게 되는 것이다.18)

5) 숀(Schon)의 '주 전문주의'(major profession)와 '부 전문주의'(minor profession)

이러한 이유에 부가해서 숀의 견해 역시 이와 같은 결론에 도달하고 있다. 숀에 따르면 전문주의를 주 전문주의와 부 전문주의로 구별하고 있다. 그에 따르면 주 전문주의는 잘 훈련되고 잘 다듬어져서 애매모호하지 않은 목적, 예를 들자면 건강의 회복이나 증진, 법률 소송에 있어서의 승소, 기업의 이윤보장 등과 같이 명료한 목적을 갖는 전문주의를 의미하기 때문에 과학적이고 체계적인 지식개발이 가능하다는 것이다. 그러나 부 전문주의는 변화적이고 애매모호한 목적을 갖기 때문에 체계적이고 과학적이고 전문직업적인 지식을 개발해 내기 어렵다고 한다.19)

주로 전자에 속하는 전문가들은 의사나 변호사, 그리고 엔지니어들이며, 후자에 속하는 전문가들은 교사, 사회사업가, 도서관사

17) *Ibid.*, p.33. ; 이병철, 『앞의 책』, 73쪽.
18) 이병철, 『앞의 책』, 73쪽.
19) Jong S. Jun, *op. cit.*, 1991., p.200. ; 이병철, 『앞의 책』, 73-74쪽.

서 그리고 행정 관료들이라고 한다. 따라서 의사나 변호사, 그리고 엔지니어들이 문제해결에 있어 보다 가시적이고 성공적이며 자신들의 전문적 활동을 통해 보다 눈에 돋보이는 결과들을 생산해 내는데 반해, 부 전문주의 범주에 속하는 행정 관료는 전문주의의 성격상 복잡다단한 사회문제나 복잡다기한 행정문제에 짓눌려 자신에게 던져진 문제의 해결에 있어 산뜻하고 가시적인 성과를 거두지 못하고 있다는 것이다.[20]

이런 시각에서 볼 때 행정이 전문성을 갖도록 하는 것은 성격상 어려움이 있다는 것을 인정하지 않을 수 없다. 그러나 이러한 어려움에도 불구하고 행정이 문제해결지향 적 체계로 사회로부터 독자적인 자기 정체성을 인정받고 존재하기 위해선 어렵지만 전문성을 가져야만 한다.[21]

2. 유교문화 적 조직문화의 개혁 필요

괌(Guam)에서의 여객기 추락사고와 관련하여 미국연방교통안전위원회는 항공사측의 잘못으로 조종사 양성방식에 문제가 있었다는 점과 항공사측의 안전 분야에 대한 관심부족의 문제를 지적 하였다.

먼저 조종사 양성방식의 문제란 사고기의 조종사들이 판단착오를 가져오도록 만든 조종사들 간의 의사소통상의 문제는 강한 유교문화 적 정서가 흐르고 있는 조종실 내의 권위적인 위계질서로 인해 촉발이 되었다는 점을 지적한 것이다. 그 다음 안전 분야에

20) *Ibid.*, p.200. ; 이병철, 『앞의 책』, 74쪽.
21) 이병철, 『앞의 책』, 74쪽.

대한 관심부족의 문제란 조종사들이 제대로 휴식을 취하지 못할 만큼 무리한 운항스케줄로 밀어 붙이는 바람에 조종사들의 피로가 누적이 되어 위기 시 정확한 판단을 내리는데 어려움을 갖게 만들었다는 점을 지적한 것이다.

이러한 문제점 중 전문적 대응조치를 하는데 저해가 되는 강한 유교문화 적 정서가 흐르고 있는 조종실 내의 권위적인 위계질서 문제는 세월 호 사고의 경우에도 똑 같이 나타나고 있는데 세월 호 조타수 오 씨가 선장에게 배가 더 넘어간다고 소리를 질렀지만 선장은 어떤 조치도 취하지 않았고, 자기 자신 역시 선장이 아닌 선원으로서 할 수 있는 일이 아무 것도 없었다고 밝히고 있는 점이다.

다음, 123경비정장은 세월 호 침몰 시 세월 호와 경비정 간에 일정한 거리를 이격하여 구조를 하지 않고 침몰하는 것을 바라만 보았다고 이러한 정장의 판단과 지시에 경비정 내의 어떤 구조대원들도 이의를 제기하지 않았다는 점이다.

이것은 앞에서 논의된 조직침묵과도 매우 깊은 관련성을 가지고 있다. 공공조직 내의 침묵으로 묵인된 일상적 관행의 부정적 결과로 인해 귀중한 국민의 생명이 무고하게 희생이 된 것이다.

괌 공항 여객기 추락사고 시, 만약 부기장이 기장에게 상황의 심각성을 솔직히 이야기하고 위기를 벗어날 수 있는 나름대로의 전문적 조언을 하였다면, 이억 만 리 먼 곳에서 발생한 추락 사고를 피해 갈 수 있었을지도 모르는 일이다.

그리고 세월 호 침몰 사고 시, 조타수가 선장에게 배가 기울어짐이 점점 더 심해지는 상황을 보고하는데 그칠 것이 아니라 조타수로서의 오랜 경력과 경험에서 배어나오는 전문성에 입각하여 선장을 설득하여 탑승객들의 선외 탈출을 가능토록 하는 조치를 취하게 하였다면, 그리고 더 나아가 가장 먼저 사고 현장에 도착한 123경비정의 정장이 시의성과 적실성을 가진 의사결정을 제대로 내리지 못할 때 그를 일깨워 전문성에 입각한 올바른 의사결정을 내려 탑승객들의 선내 탈출 및 선외탈출을 가능케 하는 용기 있는 행동을 경비정 구조요원들이 하였다면 많은 무고한 생명이 아깝게 희생이 되는 것을 그저 속수무책으로 물끄러미 바라보는 이런 참담한 사고는 일어나지 않았을지도 모르는 일이다.

그러나 기장, 선장, 경비정장이라는 직위가 나타내는 권위적인 위계질서에 압도되어 또는 체면 그리고 좋은 게 좋다는 식의 애매모호한 의사소통의 체질화는 위기 시 위기상황을 주도면밀하게 분석하고 냉철하게 파악하는 전문적 능력을 떨어뜨리게 만들어 올바른 결단을 내리지 못하게 만들어 버리게 되는 것이다.

이러한 문화적 장애와 연계된 문제를 해소하기 위해서는 시의성과 적실성을 가진 제대로 된 전문성의 확보가 무엇보다 필요로 된다고 이미 앞에서 언급을 하였다.

이러한 처방 적 접근은 위계질서 등으로 표현되는 형식주의나 언어적 유희를 통한 애매모호한 수사를 통해 문제에 접근하려는 잘못된 조직 문화에서 벗어나 전문주의를 통해 문제를 해결 해 나가는 것이 가장 바람직하지 않을까 하는 생각에 입각한 것이다.

우리나라에 전래되는 속담 중에 "무얼 알아야 면장을 하지!"라는 말이 있다. 글을 알지 못하고 행정에 대해 알지 못하면 면장을 시켜주어도 할 수가 없다는 것을 이 말은 함축하고 있다. 이 글과 연관 지어 해석을 해 보면 글과 행정을 제대로 알고 있어야 면장이 가지는 직책에 상응한 문제들을 해결할 수 있을 것이라는 뜻을 담고 있다.

이와 같이 국민들이 가지는 고충이나 문제들을 해결할 수 있는 전문적 능력을 갖춘 행정을 펼쳐 나가야 국민들로부터 문제해결에 대한 능력을 인정받게 되고 이를 통해 행정과 정부에 대한 신뢰를 얻을 수 있게 되는 것이다.

3. 체계화된 전문적 교육과 훈련 그리고 올바른 공직 충원의 필요

또 다른 전문성의 문제로 구조 책임자인 해양경찰이 대규모의 해양 침몰 사고 대비 훈련을 해본 일이 없을 뿐만 아니라, 설상가상으로 해난 구조에 대한 전문성을 지닌 요원들이 부족하여 실제 위기상황에서 효과적인 구조업무를 수행할 수 없었다는 점이다.

해양수산부의 대부분의 고위 행정 관료들이 행정고시 출신으로 해당 분야의 전문 행정가라기보다는 일반 행정가의 특성만을 가지고 있고, 해양경찰 역시 구성원 대부분이 경찰공무원 출신으로 해양구조에 대한 전문지식이 부족하다는 점이다.

청해진해운 역시 지난해 선장을 비롯하여 승무원 등 직원 130명의 안전교육비로 54만원을 썼다 하는데 이는 선장을 비롯한 승무원들에 대한 안전 교육이나 관련 훈련이 전혀 없었다는 말이나 다름없는 것으로 선박 관련법이 요구하는 최소수준의 교육과 훈련도 시키지 않음을 의미하는 것이다.

사고 해당 선박의 선장은 물론이고 승무원조차 선박 침몰시 어떻게 대응할 것인가에 대한 체계화된 전문적 교육과 훈련이 거의 전무했던 것이며 이로 인해 많은 무고한 희생자가 발생한 것으로 볼 수 있는 것이다.

또한 전문적 책임성을 발휘하기 위해서는 전문적 지식과 경험으로 검증된 인사가 적재적소에 배치되어있어야 할 뿐만 아니라, 사무실의 책상이 아니라 현장 중심의 재난구조가 이루어져야 하는 것은 삼척동자라도 다 아는 사실이다. 그러나 이러한 상식적인 생각조차 이번 사고에는 적용이 되지 못한 것이다.

또 현장에는 지속적이고 반복적인 교육과 훈련이 필요함에도 불구하고 우리의 현실은 이와 상당한 괴리를 가지고 있음을 알 수 있게 하는 계기가 되었던 것이다.

이러한 문제들을 해결하기 위해서는 우선 안전관련 분야의 공직 충원 방식과 교육 훈련 방식에 전문성을 확보하는 방향으로의 개혁이 있어야 할 것으로 사료가 된다.

우선 행정 관료의 충원방식도 일반교양지식이나 법학 등의 지식을 가지면 되는 식을 지양하고 충원되는 직책의 직무성격이나 내용에 따라 그에 상응된 전문지식이나 기술을 지닌 자들을 충원할 수 있도록 하는 시험제도의 개선도 이루어져야 할 것이다. 해양에 관련된 일이기에 일반인이 아닌 이 분야와 연관된 전문인을 충원해야 한다는 이야기이다.

이외에 직무성격상 고도로 특화된 전문기술을 요구하는 분야는 그 조건을 충족시킬 수 있는 전문 자격 인을 충원하도록 하는 제도적 개선이 이루어져야 할 것이다. 특히 행정조직 내에서 전문기술인들이 제대로 인정받고 대접받지 못하는 잘못된 조직적 문화 풍토가 없지 않음을 유의할 필요가 있을 것이다.22)

사농공상(士農工商)의 오래된 적폐로 인하여 기술직을 행정직보다 천시하는 풍조가 없지 않다. 그러나 이러한 적폐는 빨리 청산

22) 이병철, 『앞의 책』, 74-75쪽.

하는 것이 올바른 일일 것이다. 전문기술직을 제대로 인정하고 대접받을 수 있게 하는 조직 문화토양을 일구어 낼 필요가 있는 것이다.[23)]

다음으로 능력에 대한 전문적이고 체계적인 검증을 위해 공식적인 시험을 치르게 하고 이러한 능력검증에 따라 전문직에 진입 여부를 엄격히 규제하고 통제하여야 할 것이다.

이렇게 하여야만 되는 이유는 일반직과 달리 전문직이 문제를 해결하는데 필요한 고도의 전문지식과 기술을 요구하고 있기 때문이다. 따라서 이러한 요구조건을 충족시킬 수 있도록 엄격하고 정확하며 객관적인 능력검증의 척도 또는 기준 그리고 도구를 가지고 있는지를 검증할 수 있는 공식적인 시험제도를 마련해 나가야 할 것이며 이러한 공정하면서도 객관적인 시험제도를 통해 전문 행정 관료들을 충원해 나가야 할 것이다.[24)]

보다 중요한 것은 실전적이며 진보된 전문교육과 훈련이 요구된다는 점인데 이것은 행정 관료의 교육과 훈련이 형식적이거나 요식적인 행위만으로 끝나지 말고 보다 실제적이고 현실적인 문제들의 해결능력을 크게 제고시켜 줄 수 있는 방향으로 일관성 있게 지속적으로 그리고 반복적으로 이루어져야 한다는 점을 강조하는 것이다.

형식적이고 요식적인 훈련은 실제 상황이 발생하였을 때 이에 대한 실제의 효과를 얻어 내기가 어렵기 때문이다. 마치 군대에서 실제 전투를 그대로 상정하여 실전과 같은 강도 높은 교육과 훈련을 반복시키는 것도 교육과 훈련이 실제 상황에서 제대로 된 실제

---

23) 이병철, 『앞의 책』, 74-75쪽.
24) 이병철, 『앞의 책』, 75쪽.

의 효과를 확보하기 위함이다.

또한 시간적으로 장기와 단기를 명확히 구분시키고 특히 장기일 경우에는 보다 복합적이고 고난이도의 교육과 훈련이 요구되는 분야에 대한 배려가 있어야 할 것이며, 교육과 훈련 그 자체에 대한 평가도 타당성과 신뢰성을 확보해야 할 뿐만 아니라 객관성과 공정성을 갖추어 교육과 훈련의 내실화와 적실성을 가질 수 있도록 하여야 할 것이다.[25)]

4. 전문가 집단의 모임 필요

이와 더불어 전문기술을 개발하고 전파하고 이를 평가할 수 있는 전문가들의 모임이 필요로 된다. 이 전문가집단을 통해 보다 복잡한 행정문제를 해결하게 하고 전문가들 간의 상호경쟁과 견제를 통해 보다 나은 전문기술력을 확보해 내는 것도 이러한 모임이 가지는 순기능 중 하나이다.[26)]

5. 전문가들이 공유하고 지켜야할 행동 혹은 윤리강령의 필요

또한 전문가들이 공유하고 지켜야할 행동 혹은 윤리강령이 존재해야 하며 이는 전문가집단의 각 구성원들의 가치관 및 행동의 준거가 될 수 있어야 한다.[27)] 이러한 전문가집단의 행동 혹은 윤리강령이 존재함으로서 전문가 집단은 행동의 준거 틀(reference framework)을 가질 수 있을 뿐만 아니라 이러한 준거 틀 밖으로 나

---

25) 이병철, 『앞의 책』, 75쪽.
26) 이병철, 『앞의 책』, 75쪽.
27) 이병철, 『앞의 책』, 75쪽.

갔을 때 스스로 자기 자신의 일탈을 통제할 수 있는 능력을 가지게 되며 이를 통해 스스로의 자기 정체성을 확인하고 이를 확보하는데도 많은 도움을 줄 수 있을 것이다.

예를 들어 의사들이 가지고 있는 '히포크라테스의 선서'(Hippocratic Oath) 같은 의사로서의 행동 윤리 강령은 의사들의 행동과 혹은 윤리적 기준을 일관되게 제시해 줌으로써 의사들이 스스로 자신의 행동 준거로 삼을 뿐만 아니라 타인이 보았을 때 마땅히 의사들이 직업적으로 또 윤리적으로 가져야 할 최소한의 의무규정으로 이해를 할 수 있게 만들기 때문에 타율적인 규제와 견제의 수단이 될 수도 있는 것이다.

6. 전문가로서의 사회참여와 시민소환에 대한 책무의 필요

이것 못지않게 중요한 것은 시민들에 봉사를 하는데 있어 전문가로서의 책임감을 가지며 필요할 경우 전문가로서의 사회참여와 시민이 요구할 때는 소환에 응하여야 하는 책무까지 수용할 수 있어야 한다는 것이다.[28]

이 말이 의미하는 바는 전문가는 자기 자신의 전문성에 자족을 하고 그것에 만족을 하는 선에서 끝나서는 안 된다는 것이다. 전문성은 자기 자신만의 배타적인 독점물이 결코 아니기 때문이다.

전문성은 문제해결의 능력이며 이러한 능력은 자기 자신 뿐만 아니라 자신이 몸담고 있는 사회를 위해 그리고 국가를 위해 활용이 되어져야 하는 것이다. 바로 그것이 전문성이 가지는 사회적 책임 또는 책무라 말 할 수 있는 것이다.

---

28) 이병철, 『앞의 책』, 75쪽.

따라서 자기가 가지고 있는 전문성은 시민들에 봉사를 하는데 사용이 되어 질 때 진정한 의미를 가지는 것이다. 그리고 전문가로서의 책임을 다했다고 말 할 수 있는 것이다. 세월 호 침몰 사고 시 배와 함께 침몰한 탑승자의 구조를 위해 이름 없는 많은 잠수사들이 말로 형용하기 어려운 사투를 벌렸다. 그들의 투혼과 열성, 헌신 그리고 희생정신은 이루 말로 형용하기 어려울 지경이다.

매우 빠른 조류와 지척도 구분하기 어려운 불투명한 시계 그리고 이외의 열악한 잠수 환경이 바로 세월 호 침몰지역의 수중 환경이었다. 이들은 이러한 열악한 잠수 환경과 잠수 사 부족으로 인한 잠수빈도의 잦음과 잠수시간의 연장이라는 최악의 구조작업 여건 등을 극복하고 물속에 잠긴 한명의 생존자라도 더 구해내고 한구의 시신이라도 더 찾아내기 위해 말로 형용하기 어려운 사투를 벌인 것이다. 이들의 헌신적이고 희생적인 봉사적 마인드 그리고 전문가로서의 책임감이 없었다면 이러한 일들은 가능하지 않았을 것이다.

실제로 이러한 사투 끝에 안타깝게도 소중한 생명을 잃어버린 잠수 사들도 없지 않았다. 이들이 초인간적으로 보여준 살신성인의 투철한 봉사정신과 전문가로서의 책임감이 있었기에 그나마 싸늘한 주검으로 되돌아오긴 했지만 사고를 당한 원혼들을 그 거칠고 차가운 바다 속에서 건져 내 올 수 있었던 것이다. 잠수 사들이 가지고 있던 잠수에 관한 전문성은 이러한 봉사 마인드와 책임의식을 통해 더욱 빛을 발했던 것이다.

앞에서 제시한 이러한 여러 대안들을 충족시킬 수 있다면 우리의 행정도 전문주의에 있어 한 단계 격상될 수 있을 뿐만 아니라 행정의 전문화에 따른 문제해결능력의 제고로 인해 정부 및 행정의 생산성제고를 꾀 할 수 있으며 이로 인한 행정서비스의 질적 개선을 가져 올 수 있을 것이다.[29] 그리고 궁극적으로 우리가 모색하려고 하는 정부나 행정에 대한 신뢰성을 높여 나가는데 커다란 긍정적 영향을 끼칠 것으로 사료가 되는 것이다.

29) 이병철, 『앞의 책』, 75쪽.

제10장 도덕성 증진을 통한 정부 신뢰성의 제고

정부 신뢰성을 높이기 위해서는 무엇보다 공직의 위계질서 문화의 이면에 숨어있는 부패문화 적 장애요소를 해소하지 않으면 안 된다. 앞에서 이미 한국 항공사 승무원들 사이에는 선배가 은퇴할 때 후배가 식사를 대접한다거나 선물을 제공하는 풍습이 있다는 내용을 언급한바 있다. 물론 이러한 관행은 민간 기업에서 이루어지는 일이라 공직과는 아무런 관련이 없는 것처럼 보이지만 그렇지는 않은 것 같다.

민간 기업 부문에서 일하고 있는 항공기 기장이나 부기장 중 상당수가 군 출신이라는 점과 아직도 군대문화가 알게 모르게 우리의 민간 조직에도 영향을 끼치고 있다는 점을 인지하고 이를 이해한다면 결코 이러한 위계질서를 중시하는 관행이 공직문화와 무관하다고 이야기하기는 어려울 것이다.

또한 세월 호 침몰 사고에서도 나타났지만 많은 선박침몰의 원인이 선박안전과 관련된 민간 및 준(準) 공공기관의 감리·감독과 관리기관의 부패와 연관된다는 점도 결코 간과할 수 없는 점이다.

따라서 이러한 안전 관련 사고를 발본색원하기 위해서는 민간 기업이나 준 공공기관 또는 행정관리기관을 따질 필요는 없으며, 민관 구별 없이 검은 유착, 뇌물 또는 금품수수나 향응 또는 상납 그리고 퇴직 공직자에 대한 전관예우나 낙하산 인사 등과 연계된 관피아 등 관련 부패문화를 청산하는 것이 안전사고와 연계된 문제들을 해결하는데 있어 매우 중요하다는 점을 이해하여야 할 것이다.

1. 공직 부패에 있어 관피아와 정피아의 문제

대통령도 세월 호 침몰 사고에 대한 대국민 담화에서 '관피아'[1]를 문제의 핵심으로 비판하였다. 그리고 이러한 관피아 문제의 해결을 위해서는 퇴직공직자의 취업제한 기관 및 재취업제한 기간 확대, 인·허가 규제 업무 및 조달 관련 공직유관단체 임원에 공무원 임명 배제, 민간 경력자 채용 비율 50%까지 확대, 그리고 고시제도 폐지 등의 대책을 제시하였는데 이것도 앞의 언급된 내용과 맥을 같이하는 것이다.[2]

여기에서 하나 집고 넘어가야 할 것은 퇴직공직자의 취업제한 기관 및 재취업제한 기간 확대 등에 대한 문제이다.

퇴직을 한 행정 관료가 일정 기간 동안 자신이 몸 담아 왔던 조직의 일정 분야의 직업을 가지지 못하게 하는 제한의 목적은 퇴직자로 하여금 그가 정부에서 일할 때 지득한 정보나 지식 또는 노하우 등을 통해 금전적인 이익을 얻는 것을 제한하거나 금지하려는 것이 주된 목적은 아니라는 점이다.[3]

---

1) 관료와 마피아의 합성어이다.
2) 김병섭 · 김정인, "관료 (무)책임성의 재해석 : 세월호 사고를 중심으로", 『한국행정학보』, 제48권 제3호 (2014 가을), 100쪽.
3) H. George Frederickson (ed.), *Ethics and Public Administration* (Armonk, New York : M. E. Sharpe, Inc., 1993), Foreword, p.xiii.

보다 큰 주된 목적은 이러한 사람들에 의해 행사되는 부적절한 영향으로부터 해당 기관을 위시한 정부기관의 의사결정과정을 보호하려는데 있다는 점이다.4) 이 점을 보다 명료하게 이해할 필요가 있는 것이다.

그리고 관피아 척결도 중요하지만 이에 못지않게 정피아 문제도 해결해야 한다는 의견이 적지 않은 듯 싶다. 정부가 5월에 퇴직 행정 관료들의 산하 기관 낙하산 투하를 막아 관피아를 뿌리 뽑겠다고 발표한 이후 지금까지 새로 임명된 공공기관 감사 6명이 모두 정치권 인사들이라고 한다.

한국관광공사와 한국남부발전 감사는 지난 대선 때 여당 캠프 출신이고 한전원자력연료와 한국거래소, 중소기업진흥공단과 중소기업유통센터 감사는 각각 전 여당 국회의원이나 시도당 간부들로 채워졌다 한다. 이래서 관피아 대신 낙하산을 탄 정피아5) 세상이 됐다는 말이 나올 수밖에 없다.6) 이에 대한 국민들의 시선이 따갑기 그지없다.

세월 호 침몰 사고 등이 사회적으로 주된 관심과 쟁점으로 부각이 되었을 때 한국행정의 또 하나의 고질적인 문제로 부패와 부조리의 문제와 연계된 제 식구 감싸기 식의 일그러진 형태가 자연스럽게 부상이 되어 거론되었던 것도 이와 무관치 않아 보인다.7)

산업통상자원부가 작년 6월 6일 원자력발전소 제어 케이블 시

---

4) *Ibid.,* Foreword, p.xiii.

5) 정치인과 마피아의 합성어이다.

6) 『조선일보』, 사설, "'관피아' 막았더니 '정치마피아' 판치는 세상 오나", 2014년 8월 15일. ; http://news.chosun.com/site/data/html_dir/2014/08/14/2014081404008.html

7) 정정길은 한국행정의 저해요인으로 행정부패와 부조리를 들고 있다. 정정길, 『행정학의 새로운 이해』 (서울 : 대명출판사, 2006), 126-127쪽.

험 성적서 위조와 관련된 한국수력원자력과 한국전력기술의 임직원들을 엄중 문책하겠다고 발표한 뒤 1주일 후 한전기술의 1급 이상 직원 69명이 사표를 냈다. 그런데 올 1월 69명 가운데 사표가 수리된 사람이 한 명도 없다는 보도가 나오자 한전기술은 경영관리본부장, 원자력본부장, 플랜트본부장 등 본부장 세 명을 면직(免職) 조치했다. 그런데 면직 된 본부장 세 명 모두가 상근 위촉 직으로 올 3월과 10월 한전기술에 재취업했다는 사실이 국회 국정감사에서 확인됐다.[8)]

국민에게 10조원의 손해를 입힌 비리에 관리 책임이 있는 사람들을 수개월 만에 복직시켰다는 것은 그런 사람들을 소속 조직에서 챙기는 것이고 이는 다른 직원들에게 '걱정 말고 비리를 저지르거나 비리에 눈을 감고 있으라.'고 권장하는 것과 다를 게 없다.[9)]

눈 감고 아옹 하는 식으로 이렇게 국민을 우습게 알고 제 식구 감싸기 식의 그릇 되고 뻔뻔스런 행태를 보여 온 것이 어제 오늘 일어난 일도 아니고 몇 몇 힘 있는 기관에서만 일어나는 특이한 일도 아닌 듯 싶다. 어떻게 보면 공직 사회와 이와 연관된 준 공공기관 또는 민간 기업들에서 조차 만연하고 있는 일그러진 부패와 부조리의 자화상인지도 모를 일이다.

---

8) 『조선일보』 사설, "'原電 비리'로 물러난 한전기술 간부들 다 복직됐다니", 2014년 10월 21일. ; http://news.chosun.com/site/data/html_dir/2014/10/21/2014102104373.html

9) 『조선일보』 앞의 사설.

2. 공직 부패를 보는 국민의 시각과 행정 관료의 시각

행정이 원죄처럼 안고 있는 이러한 부패와 부조리 역시 정부를 불신하게 만드는 원인 중의 하나라 볼 수 있다. 공직사회를 부패와 부조리의 온상으로 보려는 국민의 시각, 그리고 공직사회내의 계층과 공직 밖의 계층 간의 서로 다른 입장 차이에서 비롯되는 계층 간의 갈등과 이들의 서로 경계하고 반목하는 불신의 시각, 더 나아가 공직자의 시민이나 기업에 대한 불신감 등이 바로 공직사회의 부패와 부조리를 더욱 심화시키고 있는 것은 아닌가 하는 우려의 마음을 떨구어 내기 어려운 것이다.10)

사실 이러한 시각의 차이에 기인된 상호 불신과 갈등이라는 현상은 매우 복잡하고 미묘하게 얽혀있는 관계로 이를 명료하게 이해하기는 쉽지 않을 듯 싶다. 그래서 이를 좀 더 이해하기 쉽게 예를 들어 설명을 하자면 다음과 같다.

우선 공직부패의 원인에 대해 관료제 내에 있는 행정 관료들과 관료제 밖에서 이를 지켜보는 국민들 간에 커다란 인식의 괴리 즉 차이가 존재 한다는 것이다.

행정 관료들이 이 사회가 부패하고 부조리하기 때문에 자신들이 오염이 된다고 생각을 함으로써 공직 부패의 원인을 사회 쪽으로 넘기고 있다는 시각이다.

즉 사회의 부패와 부조리가 심하고 일반화 되어 있어 이러한 정서가 행정 관료들에게 영향을 줄 뿐만 아니라 이러한 정서 하에서

---

10) 이병철, 『현대 한국행정학의 이해』 (울산 : 울산대학교 출판부, 1998), 76쪽.

민원인들이 자신의 이익을 극대화하기 위해 행정 관료들을 부패의 늪으로 유혹을 하기 때문에 이러한 유혹에 넘어 갈 수밖에 없어 결과적으로 자신들이 부패하게 된다는 논리이다.

한마디로 사회라는 진흙탕에 들어가면 아무리 깨끗 하려고 몸부림을 쳐도 진흙을 묻히지 않을 수 없다는 것이다.

그러나 국민들의 시각과 생각은 이와 다르다. 크건 혹은 작건 간에 소관업무에 대한 권력을 쥐고 있는 행정 관료들이 탐욕스럽기 때문에 흔히 요즈음말로 갑(甲)질을 한다고 생각하는 것이다. 민원인의 약점을 교묘히 파악하고 암묵적으로나 또는 노골적으로 뇌물과 같은 금품 수수나 향응 등의 그릇된 행위를 요구하기 때문에 을(乙)의 입장에 설 수 밖에 없는 민원인들이 어쩔 수 없이 행정 관료들의 부패놀음에 장단을 맞춰 편승을 하는 것으로 생각을 하고 있는 것이다.

같은 현상을 인식하고 이해하는데도 이와 같이 행정 관료와 민원인 간에는 커다란 차이를 가지고 있는 것이다. 상호간에 동일한 현상을 보는데도 주관적 편견(subjective bias)의 작용에 의해 이러한 차이가 나타나는 것이라고 볼 수 도 있는 것이다. 한마디로 주는 사람이 있기 때문에 받는 사람이 있다는 것이 행정 관료들의 시각이고 받는 사람이 있기 때문에 주는 사람이 있다는 것이 민원인들의 생각인 듯 싶다.

3. 공직부패에 관대하고 무딘 행정문화

정정길은 통시대적이고 고질적인 병리현상으로 행정의 횡포와 부패를 들고 있다. 국민에 대한 군림과 불친절, 부조리와 부패, 무

사안일, 번문욕례, 파벌과 지방색, 권력남용, 탈법과 불법행정 등을 그 예로 들고 있다.[11]

통시대적이고 고질적이기 때문에 더욱 근절하기가 어려우며 나아가 국민들이 피부로 체감할 수 있도록 쉽게 느껴지고 드러나는 것이기에 더욱 정부나 행정의 불신을 쉽게 유발하고 이를 더욱 더 증폭시킬 수 있는 주된 요인이 되기도 한다. 이러한 병리현상이 나타나면 정부나 행정은 신뢰를 얻을 수 없게 된다.

정부나 행정 관료들이 시민이나 국민의 기대와 신뢰를 배반했을 때 시민이나 국민들은 행정 관료뿐만 아니라 정부에 대해서도 존경심을 거두게 된다. 행정 관료들을 대상으로 하여 부패와 부조리의 문제를 일반화해서 거론하는 것은 매우 조심스러운 일이긴 하나, 이 문제는 몇몇 그릇된 행정 관료들에 의해 본의 아니게 선의의 피해를 입고 있는 다수의 선량한 행정 관료들을 위해서나 행정의 효율성 증대나 도덕성 제고를 위해서라도 꼭 집고 넘어가야 할 문제일 뿐만 아니라 정부 신뢰의 문제 그리고 사회비용의 감소를 위해서라도 반드시 해결해야 될 문제라고 본다.[12]

신문지상이나 방송 등 언론매체에 오르내리고 있는 일그러진 행정 관료들의 일탈된 모습들을 고려 해 볼 때 우리의 행정문화가 너무나 지나치게 부패와 부조리에 익숙해져 있다 못해 형편없이 무디어지지 않았나 하는 생각이 드는 것은 어떻게 보면 자연스런 일인지도 모르겠다.

---

11) 정정길은 한국의 원시적 행정병리와 관료제의 병폐로 국민에게 군림하고 수탈하는 행정행태, 권력적·탈법적·불법적 행정, 행정부패와 부조리, 무사안일·절차제일주의·법규만능주의 등을 꼽고 있다. 정정길, 『앞의 책』, 121쪽과 133-143 그리고 259쪽.

12) 이병철, 『앞의 책』, 76쪽.

이러한 느낌은 외부의 시각을 통해서 보아도 별반 차이가 나지 않는다는데 문제의 심각성이 있다 할 수 있다.

'국제투명성기구'(TI)가 2013년 각 나라 공무원·정치인의 청렴도를 조사해 발표한 국가별 부패 인식 지수를 보면 우리나라는 조사대상 177개국 가운데 46위다. 46위는 아프리카의 후진국 르완다(49위)와 비슷한 수준이다. '세계경제포럼'(WEF)의 국가경쟁력 조사에서 우리나라는 종합 점수에서는 148개국 가운데 25위다. 그러나 공공 자금의 전용에서는 62위, 비정상적 금품 지급과 뇌물에서는 57위로 나타났다.13)

이러한 공직의 첨렴성과 연관된 어두운 그림자가 '떡값'이라는 기상천외한 말을 만들어내지 않았나 싶다. 그리고 이러한 말이 생겨나게 만든 행정문화, 그리고 그런 부패와 부조리를 대하는 국민의 눈이 관용의 단계를 넘어 체념적인 단계에 도달한 것도 부족하여 외면의 단계로 까지 비하된 그릇된 행정문화를 해결하지 않고는 행정이 보다 한 차원 높은 선진화된 행정으로 거듭 나기는 사실 역부족이라고 볼 수 있다.

그러한 상태에서 정부의 신뢰성을 높이자는 것은 마치 나무위에 올라가 생선을 찾는 것과 같은 연목구어(緣木求魚)적인 어리석고 짧은 생각이 될 것이다.14)

정부도 이러한 사실을 인지하고 있고 문제의 심각성을 알고 있기 때문에 나름대로의 자구적 노력을 기울이고 있는 것도 사실이다. 예를 든다면 2010년부터 공무원이 금품이나 향응을 받거나 공

---

13) 『조선일보』, 2014년 7월 28일. ; http://news.chosun.com/site/data/html_dir/2014/07/27/2014072702402.html

14) 이병철, 『앞의 책』, 76쪽.

금을 횡령 또는 유용하면 그 액수의 최대 5배까지 물어내게 하고 있으며, 지방자치단체들은 2008년부터 공직 비리 신고에 보상금을 주는 제도를 실시하고 있고, 안전행정부는 익명(匿名) 신고제까지 도입을 했다.[15)]

그러나 이러한 온갖 제도 도입에도 불구하고 공직자의 뇌물 수수나 공금 횡령 범죄는 좀처럼 줄지 않고 있다는데 정책 당국의 깊은 고민이 존재하게 되는 것이다.[16)]

4. 공직부패해결을 위한 법 만능주의에 대한 경종

부패와 연관 된 대형 사고가 발생하면 들끓는 여론의 압박에 떠밀려 실현 가능성도 가늠하기 어려운 고강도의 대책을 내놓게 되는 경우가 비일비재하다. 이렇게 되다보니 부패근절을 위한 법이나 관련 정책들은 쌓여만 가지만 실제적인 효험을 거두지 못하는 아이러니한 딜레마 상황을 맞이하게 되는 것이다.

세월 호 침몰 사고 때도 예외는 아니었다. 이와 같이 부패와 관련 된 사건이 터질 때 마다 이를 근절해야 한다는 여론이 강하게 형성이 되었고 이것이 입법 활동을 자극하여 많은 부패근절 법안이 쏟아져 나와 법률로 자리매김을 하고 있지만 그렇다고 부패가 근절이 되었다고 느끼는 국민은 없는 듯하다. 오히려 지나친 법 만능주의가 내미는 유혹의 손길에 쉽게 넘어간 것은 아닌지 하는 자괴감도 없지 않은 것이 솔직한 국민들의 심정이다.

---

15) 『조선일보』, 2014년 7월 28일. ; http://news.chosun.com/site/data/html_dir/2014/07/27/2014072702402.html

16) 『조선일보』, 2014년 7월 28일. ; http://news.chosun.com/site/data/html_dir/2014/07/27/2014072702402.html

고대 로마의 정치가였던 타키투스(Tacitus)가 자신이 살고 있는 시대의 정부가 저지르는 위선과 부패를 억누르기 위해 마냥 수없이 만들어지는 관련법에 대해 일침을 가한 말인 "국가가 부패할수록 법은 더 많아진다."[17]는 일성은 오늘도 예외일 수는 없는 모양이다.

어떻게 보면 법이 없어서 또는 법이 부족해서 이런 일들이 벌어지는 것은 아닐 것이다. 기존에 이미 존재하고 있는 법이라도 잘 적용을 하고 집행을 한다면 이러한 참담한 결과들을 국민이 목격하지 않아도 될는지 모른다.

세월 호 침몰 사고 이후 이를 수습하는 과정 중 하나로, 그리고 앞으로 이러한 대형 안전사고가 발생하지 않게 하기 위해 대형 재난에 종합 대처가 가능한 '국민안전처'[18]를 2014년 11월 19일 국무총리 소속으로 신설하는 조치가 이루어졌다.

그러나 이것 역시 행정 관료들의 안전과 부패 그리고 부패한 민간세력과의 유착에 대한 공직 관과 관련된 마인드가 근본적으로 바뀌지 않고, 이를 제대로 실천하겠다는 확고한 공직 의지가 미흡하거나 결여가 되어있다면 즉 안전 시스템을 운영하는 눈에 보이

---

17) Carol W. Lewis and Bayard L. Catron, "Professional Standards and Ethics", in James L. Perry (ed.), *Handbook of Public Administration*, 2nd ed. (San Francisco, CA : Jossey-Bass Publishers, 1996), p.703.

18) "국민안전처(國民安全處, Ministry of Public Safety and Security)는 안전 및 재난에 관한 정책의 수립·운영 및 총괄·조정, 비상대비, 민방위, 방재, 소방, 해양에서의 경비·안전·오염방제 및 해상에서 발생한 사건의 수사에 관한 사무를 관장하는 중앙행정기관이다. 2014년 11월 19일 발족하였으며, 기관장은 장관급 정무직 공무원으로 보하도록 하였다." http://ko.wikipedia.org/wiki/%EB%8C%80%ED%95%9C%EB%AF%BC%EA%B5%AD_%EA%B5%AD%EB%AF%BC%EC%95%88%EC%A0%84%EC%B2%98

지 않는 소프트웨어가 본질적으로 바뀌지 않는다면 옥상옥(屋上屋)으로 변질된 가능성도 없지 않은 것이다.[19]

중요한 것은 국민의 안전의식이 좀 더 높아지고 국가 안전 시스템을 움직이는 소프트웨어가 근본적으로 바뀌어져야 한다는 것이다. 법만 만든다고 만사가 해결되는 것은 아니라는 것이다.

5. 공직 부패를 근절하기 어려운 이유

정정길은 행정부조리와 부패를 근절하기 어려운 이유를 역사적인 이유와 민주성의 행정이념과 부패의 연계에서 찾고 있는 듯 싶다.[20] 즉 과거부터의 수탈국가 적 유산과 적극국가 적 유산의 결합이 행정부조리와 부패를 근절시키기 어렵게 만들었으며, 집권세력에 의해 야기되는 부조리와 부패라 근절하기가 더욱 어렵다는 것이다.

이를 보다 이해하기 쉽게 풀어서 설명을 하자면 수탈국가의 유산이 강하게 남아있는 상태에서 정부주도의 경제발전을 추진함으로써 정부와 행정이 국민 위에 군림하는 관행을 만들었고, 정부주도의 경제발전을 하면서 정부지원을 받아 성장하는 수혜기업들에게 그 대가를 받음으로써 정경유착 또는 관경유착의 고리를 만든 관계로 어지간한 외부적 충격으로는 이를 단절시키기 어렵기 때문이라는 것이다.[21]

---

19) 『조선일보』, 사설, 2014년 4월 30일. ; http://news.chosun.com/site/data/html_dir/2014/04/29/2014042903691.html
20) 정정길, 『앞의 책』, 127-130쪽.
21) 정정길, 『앞의 책』, 128-129쪽.

또한 이러한 부조리와 부패가 칼자루를 쥐고 있는 집권세력들과 연결되어있기 때문에 근절이 어렵다는 것이다. 예를 들어 이익집단들이 엘리트 관료들을 포획하여 부패관료로 전락시키거나 집권적 정치세력과 결탁하여 특혜를 받고 뇌물을 바치면서 부패세력과의 연결고리 역할을 하게 되면 이 연결고리를 끊는 것이 그리 쉽지만은 않을 것이라는 시각이다.[22]

민주성의 행정이념에 따른다면 정책에 의해 영향을 받을 수 있는 이익집단이 정책과정에 참여하는 것을 배제할 수는 없는 것이다.[23] 이런 관점에서 볼 때 하나의 딜레마 상황이라고 이해 할 수도 있다. 이철규가 '정책결정에 있어 이익단체의 참여는 필요악'이라고 규정을 하고 있는 것도[24] 이와 맥을 같이 하는 것이다. 그는 이러한 딜레마상황에서 올바른 선택을 하기 위해선 정부의 자세가 중요하고 법과 원칙으로 표현되는 공정한 룰(rule)이 확립되어야 한다고 주장을 한다.

---

22) "이익단체의 정책참여는 역기능의 위험성을 동시에 안고 있다. 첫째, 정책의 공정성을 해칠 가능성이 매우 크다. 이익단체의 압력으로 정책이 균형을 잃는 것이다. 표면적으로는 공익 운운하지만 내면적으로는 이해당사자들의 사익에 영향을 받게 된다.......... 둘째, 포획의 가능성이 커진다. 일부 이익단체는 막강한 인적 네트워크, 자금력, 정보력, 조직력을 가지고 있다. 그들은 정치인들을 당선 또는 낙선시킬 수도 있고, 공무원들을 영전 또는 좌천시킬 수도 있다. 그들의 영향력을 알고 있는 정책결정자들은 그들과의 충돌이나 갈등을 회피하려 한다. 이익단체-관료-국회는 누구도 범접할 수 없는 철의 삼각지대(iron triangle)를 형성한다.......... 셋째, 이익단체들은 자신의 요구가 받아들여지지 않을 때에는 불법적인 집단행동을 예서로 벌인다. 그들은 국민들의 불편과 불만을 볼모로 집단행동을 통하여 자신들의 이익을 쟁취한다." 이철규, 『앞의 책』, 97-98쪽.

23) 정정길, 『앞의 책』, 129쪽.

24) 이철규, 『한국행정의 이론과 실제』(서울 : 법문사, 2007), 97쪽.

그러나 이러한 상황을 더욱 어렵게 하는 것은 집권적 부패집단의 존재이다. 이들은 정권담당자나 집권세력을 등에 업고 특수 이익에게 포획된 관료집단과 개인적 부패 관료 등을 모두 장악하고 통제를 하면서 부패의 범위와 강도를 크게 펼쳐나가 나름대로의 지대추구(rent seeking) 행위를 하기 때문에 근절이 더욱 어려운 것이다. 현실적으로 집권세력을 등에 업고 있기 때문에 제거가 사실상 쉽지 않다는 것이다.[25)]

관료제가 더 이상 지배엘리트의 정통성을 유지하고 확보하기 위한 정치적 도구로 간주되어서는 안 된다[26)]고 주장하는 케네스 마이어(Kenneth J. Meier)는 이미 관료제가 정치적 도구로 변질되었다고 비판을 하였다.[27)]

그리고 이로 인해 행정 관료들이 정책결정권을 의회와 나누어 가지게 되고 정책집행을 재량으로 할 수 있는 권한을 갖게 되었다고 주장하면서 관료제가 현실적으로 정부의 제4부가 된 이상 그들이 갖게 된 엄청난 양의 권력을 견제시키기 위해서라도 다른 3부(입법, 행정수반, 사법)와 똑같이 통제가 이루어져야 한다고 강하게 주장하는 것[28)]도 이와 맥을 같이 하는 것이다.

이러한 시각은 부패와 부조리를 대하는 국민의 눈이 관용의 단계를 넘어 체념적인 외면의 단계로 까지 비하된 우리의 행정문화를 이해하는데 많은 도움을 준다. 정정길이 앞서 지적한 이러한

---

25) 정정길, 『앞의 책』, 130쪽.

26) Bun Woong Kim, "Public Bureaucracy in Korea", in Ali Farazmand (ed.), *Handbook of Bureaucracy* (New York : Marcel Dekker, Inc., 1994), p.601.

27) Kenneth J. Meier, *Politics and the Bureaucracy : Policymaking in the Fourth Branch of Government*, 2nd ed. (Monterey, CA : Brooks/Cole, 1987), p.134 & Ch.3.

28) *Ibid.,* p.134 & Ch.3.

관행이나 딜레마적 상황 그리고 연결고리의 단절 나아가 집권세력의 등에 업힌 부패집단의 척결이 없이는 부패와 부조리에 절어버린 우리의 행정문화를 근원적으로 해결하긴 어려운 것이다.

6. 공직부패를 해결하기 위한 방안과 이를 통한 정부신뢰성 제고

행정 관료들의 부조리나 부패를 보고 듣고 느낄 때 마다 마음의 상처를 입고 혹시 했는데 역시 모든 공직자들이 너나 할 것 없이 모두 그러하구나 하는 식의 자조적인 체념의 변만 쏟아 내어서는 그리고 그에 대한 해결책을 모색하고 이를 실천하려는 의지가 없는 행정문화구조 하에선 행정의 내일은 암울하다고 말 할 수밖에 없다.[29]

칼(B. D. Karl)은 보다 능률적이고 생산적인 정부가 되기 위해선 정직하지 못함이 행해지는 기회가 배제된 정부가 전제되어야 한다고 주장한 바 있다.[30] 이를 쉽게 말하자면 능률적이고 생산적인 정부가 되기 위해선 정직한 정부가 되어야 한다는 뜻이다. 물론 여기에서 말하는 정직하지 못함에는 행정부패와 부조리가 포함됨은 당연한 일이다.[31]

이러한 행정부패와 부조리를 일소하기 위한 노력이 외부의 충격에 의해 타의적으로 일어나는 것이 아니라 공직사회 자체 내에서 스스로 일어나야 하며 이러한 신선한 충격이 부패와 부조리로 찌들고 절은 우리 사회에 새로운 청정제로 기능하여야만 한다. 그

29) 이병철, 『앞의 책』, 76쪽.

30) B. D. Karl, *Executive Reorganization and Reform in the New Deal* (Cambridge, MA : Harvard University Press, 1963), Ch.1.

31) 이병철, 『앞의 책』, 76-77쪽.

러기 위해선 많은 부가적인 노력들이 제도적인 차원에서 이루어져야 하는 것은 물론이다.[32)]

1) 중견 및 고급 행정 관료 공직의식의 대전환의 요구

그중에서도 우선적으로 고려되어야 할 것들로는 솔선수범 적 입장에 있는 그리고 상대적으로 관료제에 커다란 영향력을 행사할 수 있는 중견 및 고급 행정 관료들의 공직의식의 대전환이 요구된다는 점이다. 여기에서 고위 공직의 의식변화가 의미하는 뜻은 공직이 축재를 위한 수단이 결코 될 수 없으며 입신영달을 위한 자리가 아니라 국민을 섬기는 낮은 자세로 봉사하는 자리라는 사실을 뼈저리게 느껴야만 한다는 사실이다.[33)]

국민의 혈세를 받는 대신 그에 대한 반대급부로 국민 생활의 질을 향상시키기 위해 고급스럽고 세련되며 풍요롭고 만족스러운 행정서비스를 제공해야 되는 것이 바로 공직자들의 임무이며 바로 공복으로써 마땅히 해야 할 일이기 때문이다.[34)]

더 이상 국민을 다스림의 대상으로 보고 군림하려고 하는 구태와 시대착오적 망상에서 벗어나 국민을 주권의 본질로 보고, 보다 만족스럽고 감동을 자아내며 풍요로운 행정서비스를 제공해야 하는 소중한 행정고객으로 받들어나가는 마음가짐을 가져야 한다. 이렇게 국민을 행정 관료의 고용주로 여기고 섬겨야 한다는 의식으로의 대전환이 특히 고급 행정 관료들에게 요구되는 것이다.[35)]

---

32) 이병철, 『앞의 책』, 77쪽.
33) 이병철, 『앞의 책』, 77쪽.
34) 이병철, 『앞의 책』, 77쪽.
35) 이병철, 『앞의 책』, 77쪽.

행정 관료와 행정고객간의 관계가 보다 상호학습 적이고 민주적인 교호가 이루어질 수 있도록 고급 행정 관료들이 귀감이 되어 노력하여야 할 것이다.[36)]

종전까지는 한국 행정에 있어서 전통적인 행정 관료와 행정고객간의 관계는 계층 제 그리고 수직적 의사소통, 문제규명에 있어서의 기술적 합리성에 근거하고 있었지만 둘의 역학관계는 앞에서 언급한 상호학습 적이고 민주교호적인 새로운 방향으로 바뀔 수 있도록 고급 행정 관료들이 앞장을 서서 노력을 해 나가야 한다는 것을 의미하는 것이다.[37)]

또한 행정 관료는 모든 행정고객에게 자비롭고 비차별적인 행정서비스를 제공하여야 한다. 이를 위해 행정 관료들은 스스로 자신의 편견을 인정하고 이를 자제할 수 있는 능력을 키워야 하며 윤리강령이나 조직절차는 행정 관료들이 지역적 배경이나 사회경제적 지위에 관계없이 모든 시민들을 평등하게 대할 수 있도록 개정되어야 한다.

---

36) 행정 관료들은 행정고객의 요구에 민감하게 반응하고 고객과 정보를 공유하며 고객과 대화 또는 상호학습 하는 등 고객의 편익을 위하여 봉사하는 지향성을 지니고 능동적 역할을 수행해야 한다는 주장이 많이 제기되고 있다. Terry L. Cooper, *The Responsible Administrator : An Approach to Ethics for the Administrative Role* (San Francisco, CA : Jossey-Bass Publishers, 1990), pp.1-82. ; John A. Rohr, *Ethics for Bureaucrats : An Essay on Law and Values* (New York : Marcel Dekker, 1989), pp.1-22, 281-293. ; Gerald E. Caiden and Naomi J. Caiden, "Administrative Corruption", in W. L. Richter et al., *Combating Corruption : Encouraging Ethics* (Washington, D. C. : American Society for Public Administration, 1990), pp.61-69. ; 김번웅, "한국공무원의 부조리행태", 『한국행정개혁론』 (서울 : 법문사, 1997), 256-257쪽.

37) 이병철, 『앞의 책』, 68-69쪽.

김번웅도 민주적 행정환경의 구상주체로서 행정 관료는 행정의 공정성과 사회적 형평성을 제고시키고 고객들에게 평등한 서비스를 제공해야 한다고 주장함으로써 이에 동조하고 있다.[38] 차별 없는 평등한 서비스를 제공하는 일에 고급 행정 관료들이 선도적인 역할을 수행해야 할 것이다.

2) 책임행정과 실명행정의 구현

그리고 이에 덧붙여 자신의 결정으로 인한 실수에 대해선 엄격히 책임을 지는 책임행정과 실명행정구현에 앞장선다는 자세가 무엇보다 절실 하다는 점이다.[39] 특히 보다 많은 책임을 가지고 있는 고위직에서 이러한 자세가 실종이 되었기 때문에 언론에 오르내리는 대형 공직관련 사고에서 몸통은 어디가고 깃털만 난무하는 웃지 못 할 일들이 발생하게 되는 것이다. 공은 부하에게 과는 상관에게가 정상인데 그 반대로 공은 상관이 그리고 과는 부하에게로 귀속이 된다면 과연 그러한 조직이 제대로 굴러갈 수 있겠는지 자문해 보아야 할 것이다.

행정에서 책임을 진다는 것은 정말 중요한 일이다. 익명이 아닌 책임행정이 실현이 된다면 보다 더 부패로부터 자유로워 질 수 있을 것이다. 일부 여론은 공직자의 비리 기록을 영구히 남겨 무한 책임을 지도록 하여야 한다는 요구도 없지 않다. 오죽하면 이러한 지경에 까지 이르게 되었는가 하는 자책과 자조의 마음을 가지게

---

38) 김번웅, “한국 공무원의 부조리 행태”, 『앞의 책』, 256쪽. ; 이병철, 『앞의 책』, 69-70쪽.

39) 이병철, 『앞의 책』, 77쪽.

되지만 공직 비리의 뿌리가 워낙 깊어 지금의 대책만으론 막기가 불가능한 지경에 이르렀기에 나온 극약처방이라는 생각도 하게 된다.

> 공직자가 부정부패로 유죄판결을 받거나 내부 징계가 확정되면 이름과 비리 내용을 관보(官報)에 싣고 해당 부처 인터넷 홈페이지에 공개하도록 해야 한다. 정부와 국회는 이런 내용을 지금 국회에 계류 중인 공직부패방지법(김영란법)에 담아 하루빨리 실행에 들어가야 한다.[40]

3) 깨어있는 국민과 신상필벌 제도의 정착

그리고 이러한 행정 관료들의 부패와 부조리가 더 이상 이 나라에 만연되지 못하도록 하는 외부적 통제수단으로 국민들이 항상 깨어있는 상태로 공직자들을 주시하고 공적 사안에 참여 할 수 있게 하는 제도적 장치가 마련되어야 할 것이며 또한 국민들도 이러한 의식전환에 앞장서야 할 것이다.[41]

그리고 정말 국민을 위해 선행을 베푼 공직자에 대해서는 그에 상응한 보답을 가슴에 안겨줄 수 있는 신상필벌의 제도적 장치와 의식적 전환이 절실히 요구되는 것이다.[42]

궁극적으로 이러한 부패와 부조리 근절을 위한 노력이 이루어지고 이에 대한 노력의 결과가 국민들에게 가시적으로 다가 설 수

---

40) 『조선일보』, 2014년 7월 27일 : http://news.chosun.com/site/data/html_dir/2014/07/27/2014072702402.html
41) 이병철, 『앞의 책』, 77쪽.
42) 이병철, 『앞의 책』, 77쪽.

있다면, 그리고 정직과 믿음이 국정과 국민의 일상을 지배하는 행정문화로 자리매김을 할 수 있다면, 우리가 모색하려고 하는 정부나 행정에 대한 신뢰성은 절대로 외풍에 흔들리지 않고 탄탄하게 정립되어질 것으로 사료가 되는 것이다.

제11장 위기관리통제체제 확립을 통한 정부신뢰성의 제고

시시각각으로 변동하는 조직 환경 속에서 조직의 목적을 이루기 위한 활동에 공동으로 참여하는 자들 간의 상호 협력적 행동을 이끌어 내기 위해선 정보, 목표, 활동, 자원, 권력, 혹은 권위들을 서로 공유할 필요가 있다. 그러나 이러한 공유에는 여러 가지 기술적인 어려움이 수반되며 설상가상으로 자원의 희소성과 법적, 윤리적 문제 등이 가미될 경우 더욱 어려움을 극대화시키게 된다.[1]

따라서 이러한 다양하고 얽히고 꼬인 어려움들을 제대로 극복하지 못하면 심각한 복잡성, 불확실성, 그리고 위험부담 등을 떠안게 되어 조직 자체의 생존에 위협을 받게 된다. 바로 괌 공항에서의 여객기 추락 사고나 특히 세월 호 침몰 사고 시 우리 관련부처들 간의 업무협조 상에서 나타났던 문제점들이 이와 그 맥을 같이하는 것으로 이해 할 수 있다.[2]

변상호와 김태윤은 "재난대응은 긴박한 상황에서 수행이 되므로 이러한 상황에 맞는 최선의 방법을 강구해야 함에도 불구하고 그 동안 정부의 재난관리정책은 정책의 효과보다는 관련된 이해

1) 이병철, 『현대 한국행정학의 이해』 (울산 : 울산대학교 출판부, 1998), 55쪽.
2) 이병철, 『앞의 책』, 55쪽.

관계에 응답하여 왔다는 비판에 시달려 왔다."[3]고 주장하고 있다.

이 말이 사실이라면 그만큼 지금까지 시행되어 온 재난관리의 정책적 실효성은 낮을 수밖에 없었던 것이다. 아마 이러한 이유로 해서 세월 호 침몰 사고와 같은 국가적인 초 대형사고가 발생을 할 수밖에 없었던 것이 아닌가 싶다. 사실 세월 호 침몰 사고 이전에도 이와 유사한 사고들이 없지 않았다.

1. 망각되어진 서해 페리 호 사고에서의 교훈과 무기력했던 안전행정부에 대한 반성 필요

세월 호 침몰 사고 이전의 유사한 사고 중에서 선박사고라는 점에서 그리고 사고의 내용에 있어서 가장 유사했다는 점에서 그리고 시간적으로도 그리 멀지 않으며 세월 호 침몰 사고와 가까운 지역에서 발생했다는 점에서 '서해 페리 호' 사고를 들 수 있겠다.

잘 알려진 바와 같이 서해 페리 호 사고는 1993년 10월 10일 362명의 승객과 화물 16톤을 적재하고 위도 파장금항을 떠나 부안 격포항으로 향하던 중 10시 10분경에 임수도 부근 해상에서 예기치 않은 돌풍을 만나 회항하려고 뱃머리를 돌리던 도중에 파도를 맞아 심하게 흔들리면서 곧바로 전복하여 침몰된 사고이었다.[4]

9개의 구명정이 있었으나 그 중 2개만이 작동되었으며, 사고 초기에는 사망자와 실종자를 140명으로 추정하였으나, 시신의 인양

---

3) 변상호 · 김태윤, "재난과 재난관리정책의 재해석에 기반한 '재난대응 수행원칙'의 도출과 검증 : 재난대응 사례에 대한 분석을 중심으로", 『한국행정학보』, 제48권 제2호 (2014 여름), 109쪽.

4) http://ko.wikipedia.org/wiki/%EC%84%9C%ED%95%B4%ED%9B%BC%EB%A6%AC%ED%98%B8_%EC%B9%A8%EB%AA%B0_%EC%82%AC%EA%B3%A0

이 진행되면서 사망자수가 크게 늘어났다. 10월 15일에는 선장과 기관장, 갑판장의 시신이 침몰한 선박의 통신실에서 발견되었고, 11월 3일에는 신고 된 마지막 실종자를 끝으로 모두 292구의 시신이 인양되었다.5)

선장과 기관장, 그리고 갑판장이 시신으로 발견되었다는 점을 제외하고는 거의 세월 호 침몰 사고와 비슷한 양상을 보인 해난사고였던 것이다. 이렇게 유사성이 높은 대형사고임에도 불구하고 제대로 된 교훈을 얻지 못해 20여 년이 지나 또 다른 대형 사고를 속절없이 맞이했던 것이다. 앞서 언급한 그 동안 정부의 재난관리 정책은 정책의 효과보다는 관련된 이해관계에 응답하여 왔다는 비판에 대해 고개를 떨어뜨릴 수밖에 없게 되었다.

만약 서해 페리 호 사고에서 교훈을 얻고 이를 통해 해난 안전 사고에 대해 좀 더 효과 있는 정책을 세우고 이를 실행해 나갔다면 세월 호 침몰 사고와 같은 또 다른 대형 사고를 사전에 막을 수 있었을 뿐만 아니라, 설혹 사고가 났다고 하더라도 신속하고 정확한 재난 구조가 이루어져서 사고의 정도를 더욱 낮출 수 있었을 것이다.

그러나 결과는 모두 잘 알고 있듯이 그러하지 못했다는 것이다. 이러한 사고가 일어난 것도 그리고 이러한 사고에 효율적으로 신속하게 대응할 수 없었던 것도 결국 재난 관리에 대한 제대로 된 준비가 되어있지 않아서 그랬던 것으로 이해할 수 있는 것이다.

여기에서 우리가 좀 더 깊이 그리고 면밀히 살펴보고자 하는 것

---

5) http://ko.wikipedia.org/wiki/%EC%84%9C%ED%95%B4%ED%9B%BC%EB%A6%AC%ED%98%B8_%EC%B9%A8%EB%AA%B0_%EC%82%AC%EA%B3%A0

은 대형사고가 발생하였을 때 정부차원에서 재난관리를 얼마나 잘 하고 있는가 하는 점이었다. 그러나 세월 호 침몰 사고에서 보듯이 신속하지도 않았고 혼란과 혼선 속에서 귀중하고 무고한 생명들에 대한 구조는 골든타임을 놓치고 표류했던 것이 아닌가 하는 생각이 앞선다. 그만큼 우리 정부의 위기관리통제체제는 완전하지 못했고 또한 제대로 작동하지도 못했던 것이다.

국가를 흔들 만큼 큰 사건이라고 하더라도 관련부처 간에 그리고 민간 기업이 연관되어있다면 민간 기업과 해당관련기관 간의 협력과 공조체제가 제대로 이루어져야만 한다. 그러나 많은 유사 관련 사례들을 볼 때, 위기 시 이러한 조직 간의 협력과 공조체제는 제대로 작동하지 않는 경우가 많았다. 앞에서 살펴보았듯이 괌에서의 여객기 추락 사고나 세월 호 침몰 사고의 경우 불행하게도 모두 이 경우에 해당이 되었다.

세월 호 침몰 사고 시 안전행정부는 재난대응을 총괄 조정하는 본연의 임무는 소홀히 한 채 언론 브리핑에 집중한 면이 없지 않았다. 그리고 사고 초기에 혼선과 혼란이 극에 달하여 우왕좌왕하는 모습을 여과 없이 그대로 국민들에게 보여주었다. 한마디로 위기관리 통합체계가 제대로 작동하지 않은 것이다.

변상호와 김태윤에 따르자면 "안전 분야는 상황변화에 적응하는 유연한 리더십, 즉, 지원, 참여, 권한의 위임 등 구성원들이 가진 다양한 전문적인 능력을 최대한으로 이끌어내어 상황을 극복하여 안전의 목적을 달성하는 합리적이고 협력적인 관리체계가 우선시 된다."고 하였다.[6]

그러나 이러한 것과는 다른 모습을 보인 것이 세월 호 침몰 사

6) 변상호 · 김태윤, "앞의 논문", 113쪽.

고 시 국민의 안전을 책임지고 있는 안전행정부의 재난 대응 모습이었다. 또한 상황변화에 유연하게 적응하는 리더십도 제대로 보여주지 못했다. 그리고 구성원들이 가진 다양한 전문적인 능력을 최대한으로 이끌어 내지도 못했다. 그래서 상황을 극복하여 안전의 목적을 달성하는 합리적이고 협력적인 관리체계의 모습도 보여주지 못했던 것이다. 한마디로 안전에 대한 조직 본연의 목적을 국민에게 보여주지 못했던 것으로 이해 할 수 있는 것이다.

이러한 문제의 주 된 원인으로는 우리 정부 내 안전의 위상을 대변하는 곳으로 또한 안전 분야를 총괄하는 컨트롤 타워 조직인 안전행정부 안전관리본부가 위기관리의 컨트롤 타워로서의 역할을 제대로 수행하기 위해서는 사람과 돈이 뒷받침이 되어져야 하는데 실상은 그러하지 못했다는 점을 꼽을 수 있을 것이다.

2. 국민안전처를 명실상부한 컨트롤 타워로서의 위기관리통제기구화를 할 필요

이러한 지적에서 벗어나기 위해서는 이제 무늬만 안전행정부가 되어서는 안 된다는 것이다. 위기관리 시 컨트롤 타워로서의 역할을 제대로 명실상부하게 할 수 있도록 제도적인 보장이 이루어져야 한다는 것이다.

물론 국민안전처라는 새로운 신설 조직을 통해 컨트롤 타워의 새로운 위상과 역할을 정립하려고 하고 있기는 하지만, 이것 역시 새롭게 신설하여 소기의 목적을 달성하려면 명실상부한 위기관리통제기구로서의 면모를 갖출 수 있도록 해주어야 한다는 것이다.

이를 위해서는 컨트롤 타워로서의 제대로 된 지휘 명령권을 가질 수 있게 하여야 한다는 것이다. 그리고 이를 뒷받침 할 수 있는 법적 권한이나 인력이 없어서 그리고 돈이 없어서 자신이 해야 할 일을 하지 못한다면 이것은 국민의 생명과 재산을 책임지고 있는 정부가 할 도리가 아닌 것이다.

따라서 법을 바꾸어서라도 국민의 생명과 재산 그리고 안전과 관련된 사안에 대해서는 우선적으로 인력과 재원을 충당할 수 있게 해주어야 하며 위기관리를 위한 지휘 통제의 전권을 일사불란 하면서 체계적으로 행사할 수 있는 법적 권한이 부여되어져야 할 것이다. 그것이 세월 호 침몰 사고처럼 국가적 대형사고가 발생하였을 때 신속하고 효율적으로 위기관리를 해나갈 수 있는 기본적인 재난 구조 인프라가 되는 것이다.

이번 세월 호 침몰 사고 시 안전행정부 안전관리본부의 인적 자원과 물적 자원의 부족을 목격하면서 반드시 이 문제는 선결적으로 해결되어져야 할 사안이라는 점을 분명히 인식할 수 있었던 것이다.

3. 국무총리 소속으로 되어있는 국민안전처의 조직편제에 대한 우려 불식

앞서 언급한 이러한 문제를 해결하기 위해 새로이 신설 된 국민안전처에 대해 벌써 우려의 목소리가 나오고 있음에 유념할 필요가 있다. 소방방재청과 해양경찰청을 해체한 뒤 새로 생기는 국민안전처 산하 '중앙소방본부'와 '해양경비안전본부'로 편입시키는 데 따른 우려[7] 등 여러 우려가 있긴 하지만, 여기에서는 국민안전

7) "이미 야당은 다음 대선 때 정권을 잡으면 해경과 소방청을 모두 원상회복시키겠다는 말을 하기 시작했다. 여당의 후보도 같은 공약을 내걸 가능성이 있다. 불과 3년 후에 뒤집어질 수도 있다는 얘기다. 이로 인한 낭

처가 국무총리 소속으로 되어있는 조직편제에 대해 걱정을 하는 목소리에 주목을 하고자 한다.

잘 알다시피 우리나라는 대통령 중심제 또는 대통령 책임제 국가라는 것이다. 따라서 모든 국정운영의 책임은 대통령에게 있고 또한 그에 상응하는 권력이 대통령에게 집중이 되어져 있다는 것이다. 이러한 정부 조직 시스템 아래에서 국무총리의 권한은 상대적으로 제한이 될 수밖에 없다는 것이다.

만약 국가적 재난이 발생하여 국민들의 재산과 생명 등이 안전하지 못할 상황에 직면하게 되었을 경우 국무총리와 국민안전처장에게 이러한 재난에 대한 대응책임을 모두 일임하는 것은 어떻게 보면 대통령 책임제라는 조직 시스템 하에서는 무책임하기까지 하다는 주장이 나오고 있는 것이다.[8] 이러한 우려를 불식시킬 수 있는 좋은 대안이 나올 수 있도록 관계 당국의 깊은 고민과 노력이 있어야 할 것으로 사료가 된다.

4. 언론과 위기관리 조직체계와의 새로운 관계 정립 필요

이번 세월 호 사고 시 위기관리와 관련된 조직의 행정 관료들이 지나치게 언론을 의식했다는 점도 개선을 해야 할 점이라고 볼 수 있다. 언론을 통해 자신이 몸담고 있는 조직의 이미지 실추를 최소화하고자 하는 노력이나, 이와 반대로 이런 계기를 통해 언론을

비는 또 누가 책임질 것인가." ; 『조선일보』 사설, "애당초 海警·소방청 해체 발표가 성급했다." 2014년 11월 1일. ; http://news.chosun.com/site/data/html_dir/2014/10/31/2014103104413.html

8) http://ko.wikipedia.org/wiki/%EB%8C%80%ED%95%9C%EB%AF%BC%EA%B5%AD_%EA%B5%AD%EB%AF%BC%EC%95%88%EC%A0%84%EC%B2%98

통한 홍보 등으로 조직의 이미지를 업그레이드 시키려는 노력들이 이곳저곳에서 나타났다.

그러나 이러한 노력이 지나침이 심해 국민들의 눈살을 찌푸리게 만들은 면이 없지 않았다. 이러한 부수적인 일들에 치우치다 보니 정작 자신들이 해야 할 위기관리와 사고자의 구조라는 본업을 제대로 수행하지 못했다는 비판이 없지 않았던 것이 사실이다.

물론 국민의 알권리를 충족시켜주기 위해 사고와 관련 된 사항들이나 시간대별로 달라지는 상황과 관련된 정보 그리고 구조 자와 관련된 정보 등을 언론에 가능한 실시간으로 공개해야 하지만, 이것이 본연의 임무인 사고자의 신속한 구조 그리고 사고조사, 사고의 사후 수습, 차후의 제도 개선 등을 등한시해도 된다는 말은 아니다. 모든 일의 처리에는 경중완급(輕重緩急)이 있다. 우선은 자신이 몸담고 있는 조직이 가지는 본연의 임무에 충실할 필요가 있는 것이다.

이러한 언론과의 관계에 대해서도 앞으로 발생할지도 모를 대형사고의 효율적인 처리와 관리를 위해서라도 매뉴얼 화 시키거나 법령으로 제도화하여 이를 지킬 수 있도록 하여야 할 것이다. 또한 이러한 사고를 언론을 이용하여 정치인들이 정치적 목적을 위해 자기 자신을 선전하거나 홍보하는 장으로 전락시키는 것 역시 근절할 수 있도록 조치가 이루어져야 할 것이다.

5. 구조에 있어 명령과 지휘통솔체계의 일원화 필요

또 하나 집어 보아야 할 문제는 사고가 난 후의 수습과정에서, 제대로 된 지시나 협조도 못하면서 구조본부들이 우후죽순 식으로 너무 많이 만들어졌다는 점이다. 이로 인해 보고하고 지시를 받느라 현장에서는 제대로 된 구조 업무를 할 수 없을 지경이었다 한다. 이것 역시 앞에서 언급한 컨트롤 타워의 문제와 연관되는 문제이기도 하다.

사실 구조본부 들 간에는 사고에서 발생한 사고자들을 구조해야 한다는 목적을 서로 공유하고 있을 뿐만 아니라 구조 장비나 인력, 구조 계획 등 구조와 관련된 여러 관련 정보를 공유하여야 하기 때문에 상호 의존적인 관계가 형성될 수밖에 없다. 그렇기 때문에 구조의 효율성을 극대화하기 위해서는 의존적 조직구조 간에 협력과 상호조정이 매우 긴요한 것이다. 또한 필요에 따라서는 정보, 목표, 활동, 자원, 권력, 혹은 권위 등을 서로 공유하고 교환해야 되는 경우도 얼마든지 발생할 수 있는 것이다.[9)]

그러나 세월 호 침몰 사고의 경우 이러한 협력과 상호조정과 같은 상호의존적인 관계들이 원활히 효과적으로 이루어졌다고 볼 수 있을 만한 사실이나 정황이 나타나지 않고 있다는 점은 분명 문제라고 말 할 수 있는 것이다.

앞에서도 이미 언급을 하였듯이 모든 위기관리에 대한 전권을 틀어쥐고 휘하의 상호 의존적인 위기관리 하부 조직들을 지휘하고 통솔하고 경우에 따라서는 조정을 하고 조율을 하는 제도적 메커니즘이 존재했어야 했다는 점이다. 그러나 실제 상황에서는 이러한 컨트롤 타워의 부재로 인하여 그리고 협력과 상호 조정의 기능이 제대로 작동하지 못함으로써 우왕좌왕하고 갈피를 잡지 못하는 모습을 국민들에게 여과 없이 보여 주었던 것이다.

---

9) 이병철, 『앞의 책』, 55쪽.

이와 같이 너무나 많은 구조본부 들이 우후죽순 식으로 만들어짐으로써 이러한 지휘 통솔의 명령과 보고체계가 제대로 조정과 조율이 되지 않아 혼선과 혼란을 가져오게 만들었던 것이다. 힘은 배로 들면서 효과는 반도 안 나게 되는 그야말로 김빠지는 형국이 되어버린 것이다. 이에 대한 국민들의 시선도 곱지를 않았다.

이러한 모양새로는 앞으로의 위기관리에도 커다란 구멍이 뚫릴 수밖에 없을 것이다. 학문적인 관점에서 비판을 받고 있긴 하지만 루더 규릭(Luther Gulick)의 명령통일(unity of command)의 원칙이나 통솔범위(span of control)의 원칙들[10]은 아직도 행정실무에서는 유효하다고 볼 수 있다.

명령과 지휘통솔체계는 일원화되어져야 한다. 앞에서도 이미 언급이 되었지만 새로이 신설 된 국민안전처가 컨트롤 타워로서의 역할을 하고 이와 관련된 위기관리 하위조직들이 이를 중심으로 체계화되어진다고 하니 다행스럽다는 생각도 든다.

6. 거시관리와 미시관리를 효율적으로 수행하도록 국민안전처 운용의 필요

맥칼프(L. Metcalfe)는 조직 간의 네트워크를 방향 잡는데 유용하게 활용되는 거시관리(macro management)와 각개의 조직 하나 하나를 방향 잡는데 유용하게 활용되는 미시관리(micro management) 간에 문제가 발생될 때 조직 간의 협력능력(cooperation capacity)이 중요시된다고 하였다.[11]

---

10) Luther Gulick, "Notes on the Theory of Organization", in Luther Gulick and Lyndall Urwick, (eds.), *Papers on the Science of Administration* (New York : Institute of Public Administration, 1937).

특히 조직기능이 보다 상호의존적일 때 미시수준에서 집합적 행동(collective action)의 문제가 발생할 확률이 매우 높으며 이럴 경우 거시관리과정은 반드시 조정(coordination)을 필요로 한다고 주장을 하고 이때 동시에 모방(imitation)과 혁신을 수행하여야 한다고 한다.12)

관리개혁의 모방적 업무는 전통적으로 조직연구의 초점이 되었던 미시적 조직능력을 높이기 위해 다른 관리아이디어를 적용시키는 것이고 거시적 과정으로서 혁신적 업무는 조직간 수준에서 구조변화를 다루기 위해 새롭고 완전히 구별되는 거시조직능력을 개발해 나가는 것으로서 이러한 혁신능력을 증대시키기 위해선 의존적 조직구조간의 협력과 상호조정이 매우 긴요함을 역설하고 있는 것이다.13)

새로이 신설 된 국민안전처가 이러한 거시관리와 미시관리 양자를 효율적으로 수행하여 국민의 안전에 위해가 되는 여러 요인들을 사전에 예방하고, 이러한 예방노력에도 불구하고 상황이 벌어졌을 때는 보다 신속하고 효율적으로 작동이 되어 질 수 있도록 의존적 조직 구조간의 협력과 상호조정 기능을 잘 수행해 나가기를 기대해 보는 것이다.

7. 전략기획을 활용한 위기관리 능력의 제고

맥칼프도 지적했듯이 전략기획(strategic planning)과 정보기술

---

11) L. Metcalfe, "Public Management : From Imitation to Innovation", in J. Kooiman (ed.), *Modern Governance* (London : Sage, 1993), p.181.
12) 이병철, 『앞의 책』, 54-55쪽.
13) *Ibid.*, p.183. ; 이병철, 『앞의 책』, 55쪽.

(information technology)의 발전은 정책결정자나 관리자들로 하여금 이러한 어려움을 극복해 나갈 수 있게 해주고 있으며 과거보다 더 효과적으로 상호연계를 시켜 나갈 수 있게 해주고 있다. 여기에서 전략기획이란 조직은 무엇이며 왜 그것을 하여야만 하는가에 대해 지도를 하고 기본적인 의사결정을 형성하고 이에 따른 행동을 모색해 나가도록 하는 원칙적인 노력으로 볼 수 있다.14)

이 전략기획은 정보기술발전에 크게 의존하고 있다. 특히 집단 의사결정지원체계(Group Decision Support Systems : GDSSs) 등에 크게 의존하고 있다. 전략기획의 과정은 핵심적인 의사결정자와 여론지도자를 결합시키며 이들이 조직의 가장 중요한 일에 초점을 맞추도록 하고 그 일을 해나가도록 하는 일을 수행한다.15)

전략기획의 기능은 전략적으로 사고하고 그로인해 효과적인 전략을 개발해내도록 하며 미래방향을 분명히 하고 오늘의 결정이 내일의 결과를 낳는다는 생각에서 오늘의 결정을 신중히 내리게 하는데 많은 도움을 준다.16)

그리고 이에 덧붙여 의사결정을 위한 방어가능 한 기반을 제공해주며 조직통제 하에 있는 영역에 최대한의 재량권을 행사하게 하고 단위부서의 수준이나 기능을 넘나드는 의사결정과 경합되는 전략과 목표를 초월하는 희소자원의 배분도 이루어내며 주요한 조직문제의 해결과 조직성과의 개선, 신속히 변모되는 환경에 효

14) Geert Bouckaert and Arie Halachmi, "Creating the Future Together : Developing and Using Shared Strategy Maps", in Arie Halachmi, Geert Bouckaert (eds.), *The Enduring Challenges in Public Management : Surviving and Excelling in a Changing World* (San Francisco, CA : Jossey-Bass Publishers, 1995), p.248-249. ; 이병철, 『앞의 책』, 56쪽.

15) 이병철, 『앞의 책』, 56쪽.

16) 이병철, 『앞의 책』, 56쪽.

과적으로 대처하고 팀워크와 전문성을 육성시키는 일에도 기여한다.[17)]

그렇다고 전략기획이 항상 만능약인 것은 아니다. 이 전략기획은 권력과 권위를 지닌 지위에 있는 자의 지원이나 후원이 없이는 그리고 숙련된 전략기획팀이 없인 그리고 강력한 추진력이 없인, 또 기술적인 해결책 없인, 제안된 변화를 채택할 수 있을 만큼 충분하고 강한 지지 세력의 단결이 없인 그리고 집행을 하는 동안 이것을 보호할 수 있는 지지 세력이 없인 결코 성공 적으로 운영될 수가 없다.[18)]

이러한 맥락에서 보더라도 이번 이 사고에 있어 관련 유관기관 간의 불협화음과 엇갈림은 반드시 시정되어야 하고 이를 위해 정부의 적절한 민간부문에 대한 규제 그리고 지도, 그리고 관련부서 간의 유기적 업무협조, 그리고 숙련된 전략기획팀과 이를 지지하고 후원할 수 있는 강력한 리더십의 존재 그리고 더 나아가서 위기관리능력의 제고 등이 요구되는 것이다.[19)]

따라서 신속함을 요구하는 위기관리 적 상황은 더욱 일사불란한 명령지휘 통솔 체계를 필요로 한다는 사실과 거시적 과정에서 보다 완벽한 조정을 하기 위해 기존의 조직 구조를 개혁할 필요가 있으며, 나아가 상호의존적인 조직과 조직 간의 기능을 보다 더 효율적으로 조정을 하기 위해선 미시적 조직관리 능력을 구비할 수 있도록 체계를 바꾸어 나가야 한다는 사실 그리고 관련부서간의 유기적 업무협조, 그리고 숙련된 전략기획팀과 이를 지지하고

---

17) 이병철, 『앞의 책』, 56쪽.
18) 이병철, 『앞의 책』, 56쪽.
19) 이병철, 『앞의 책』, 56-57쪽.

후원할 수 있는 강력한 리더십의 존재 그리고 더 나아가서 위기관리능력의 제고 등을 관계당국에서 제대로 이해를 하여 새롭게 신설되는 컨트롤 타워인 국민안전처와 관련 조직들을 지속적으로 정리해 나가기를 기대하는 것이다.

그러나 최근에 발생한 바캉스 호 사고에서 세월 호의 교훈이 제대로 적용이 되지 않는 듯하여 이러한 기대에 우려를 갖게 되는 것이다. 정부는 세월 호 침몰 사고가 일어나자 연안 여객선을 대상으로 선령(船齡)을 최장 25년만 허용하고 안전 관리 업무를 해양수산부로 일원화하는 대책을 내놨었다. 그러나 바캉스 호 같은 유람선들은 이번 대책에서 빠졌다.[20] 유람선에 대해서는 선령 제한을 두지 않는 등 안전 무방비 상태로 방치해둔 것이다.[21]

현행 유람선 관련법은 소방방재청이 관할하고, 바다의 유람선에 대한 허가와 안전 관리는 해경이 담당하고, 강과 호수 유람선에 대한 허가와 안전 관리는 지방자치단체가 각각 나눠 맡고 있다. 담당하는 기관들이 이렇게 서로 다 다르다보니 그리고 특이한 행정조직문화를 가지고 있다 보니, 이에 대한 관련부서간의 유기적 업무협조나 조율이 제대로 이루어지기 어려운 것이 사실이다. 이로 인해 여객선 안전 대책은 만들면서 유람선 대책은 빼놓게 되는 결과를 만들어 내게 되었던 것이다.[22]

따라서 세월 호 같은 사고가 다시 재발되지 않기 위해서는 거시

20) 육지와 섬을 연결하는 여객선은 166척인 반면 유람선은 바다에서 운항하는 것만 542척이나 된다. ; 『조선일보』 사설, "여객선만 챙기고 '유람선 安全' 쏙 빼먹은 한심한 정부", 2014년 9월 30일. ; http://news.chosun.com/site/data/html_dir/2014/09/30/2014093004757.html
21) 『조선일보』 앞의 사설.
22) 『조선일보』 앞의 사설.

적 과정에서 보다 완벽한 조정을 하기 위해 기존의 조직 구조를 개혁할 필요가 있으며 나아가 상호의존적인 조직과 조직 간의 기능을 보다 더 효율적으로 조정을 하기 위해선 미시적 조직관리 능력을 갖도록 체계를 바꾸어 나가야 한다는 사실 그리고 관련부서 간의 유기적 업무협조와 조율이 반드시 필요하다는 점을 교훈으로 잘 되새겨야 할 것이다.

만약 이렇게 되지 않을 경우 바캉스 호 사고에서 불거진 문제에서 잘 볼 수 있듯이 연안 여객선은 안전 관리 업무를 해양수산부로 일원화하는 대책을 내놨지만 운행하는 선박수가 더 많은 유람선들은 이번 대책에서 빠지는 우를 범하게 되는 것처럼, 분명 거시적 차원에서건 또는 미시적 차원에서건 기관 간 업무 협조와 조율 그리고 조정의 사각지대(blind spot)가 나타날 수 있다는 것이다. 그렇게 될 경우 그 피해의 몫은 모두 선량한 국민에게 돌아간다는 점에 유념을 해야 할 것이다.

8. 다양한 규정과 절차 그리고 규칙들을 체계적인 틀에 따라 일원화할 필요

너무 지나치게 많은 안전관련 규칙들이 문제였다. 재난으로 인한 위기상황에서는 규정과 절차를 적용하는 방법을 둘러싼 혼란이 발생하기 마련이다.[23] 많은 규정과 절차 그리고 규칙들은 신속성을 요구하는 재난관리에 있어 효과적인 접근방법의 걸림돌이 될 수 있다.

---

23) 변상호 · 김태윤, “앞의 논문”, 116쪽.

> 고도성장 과정에서 행정부의 역할이 강조되면서 공무원 조직은 커지기만 했고 그에 따른 권한도 강화돼 왔다. 공무원 조직이 자체적으로 지침 · 고시 · 가이드라인 같은 여러 종류의 하위(下位) 행정 법령들을 만들어 규제권을 휘두르는 일이 관행(慣行)처럼 굳어졌다. 그러나 이제 공무원들이 스스로 생산한 행정 법령들의 규제가 나라 성장을 가로막고 국민의 경제활동을 제약하는 경우가 많다는 것이 확실해졌다.... 진정한 규제 개혁은 모든 행정 부처의 국실(局室)들이 자기 편의에 맞춰 만들어 놓은 하위 행정 법령들을 청소하는 일부터 시작해야 한다.[24)]

따라서 긴급한 상황에서 높아져만 가는 복잡성을 관리하기 위한 나름대로의 묘안이 필요로 된다. 이러한 묘안으로 생각할 수 있는 것이 다양한 규정과 절차 그리고 규칙들을 체계적인 틀에 따라 일원화하고, 적용에 있어 매우 높은 수준의 유연성을 부여 할 수 있도록 관련 법체계를 손 볼 필요가 있는 것이다.[25)]

9. 정치적 이해득실을 떠나 위기관리 통합체계의 제도화를 위한 노력

정치권의 문제로 세월 호 침몰 사고 이후 시행이 하루가 급한 안전 법안들이 거의 통과되지 않고 잠자고 있었다는 것이다. 위기관리 통합체계의 제도화를 위한 노력이 세월 호 특별법 제정을 둘

---

24) 『조선일보』 사설, “규제 개혁, 法에 없는 공무원 권한부터 전면 無效化하라”, 2014년 9월 3일. ; http://news.chosun.com/site/data/html_dir/2014/09/03/2014 090304337.html

25) 변상호·김태윤, “앞의 논문”, 116쪽.

러싼 여야의 정쟁으로 인해 발이 묶여 버린 것이다. 국민의 안전이 정쟁의 희생양으로 전락해 버린 것이다.

대형 사고는 언제라도 발생할 수 있는 것이다. 밤낮을 가리지 않고 추울 때 더울 때를 가리지 않는다. 그리고 우리가 준비가 되어있을 때나 그렇지 않을 때를 가리지 않고 발생이 된다. 따라서 유비무환의 정신으로 항상 긴장하면서 이러한 대형 재난에 대비를 하는 마음가짐과 준비가 필요로 된다.

정치권도 보다 대승적인 차원에서 국민안전에 대한 문제를 되새겨볼 필요가 있다고 본다. 국민의 생명과 재산 그리고 안위보다 더 중요한 것이 어디에 있겠는가? 국민 안전은 아무리 강조한다해도 지나침이 없고 매우 중요한 문제인 만큼 정치적 이해득실을 떠나 위기관리 통합체계의 제도화를 위한 노력에 정치권이 앞장을 서야 할 것이다.

10. 일원화 된 위기관리통합시스템과 재난 대비 매뉴얼의 필요

괌 여객기 추락사고 때나 최근에 발생한 세월 호 침몰 사고 때 위기관리통합시스템과 재난 대비 매뉴얼이 제대로 작동하지 않았다는 것이다. 그래서 관련 부처 간 그리고 관련 부처와 해당 기업 간의 유기적인 연계체계가 제대로 이루어지지 못해 커다란 혼선과 혼란을 자처하여 국민으로부터의 정부 신뢰를 저버렸다는 것이다.

이를 해결하기 위해서는 위기관리통합시스템을 일원적으로 구축할 필요가 있다. 그리고 이에 상응한 재난 대비 매뉴얼도 구비하고 이를 제대로 작동시킬 수 있어야 한다. 막상 인재이건 또는 천재이건 시간을 다투는 커다란 사고가 발생이 되었을 때 필연적으로 수반되는 혼란과 혼선으로 인해 이를 수습해야 하는 관계당국은 물론 이와 연계된 조직들도 생각했던 것처럼 효율적으로 쉽게 움직이기는 어렵다.

따라서 사전에 위기관리통합시스템을 일원적 체계로 구축을 시켜 놓아야 할 것이고, 나아가 사전에 다양한 시나리오를 전제로 한 매뉴얼이 구비가 되어 있어서, 바로 상황이 터졌을 경우 지체 없이 신속하게 매뉴얼에 따라 시의성 있고 적실성 있게 대응할 수 있도록 하여야 할 것이다.

위기관리통합시스템이 제대로 구축되어 있으면 세월 호 침몰 사고와 같이 어떠한 큰 사건이 터졌을 경우 명령 등을 포함하는 지시 통제와 이의 실시와 처리에 대한 보고체계가 의사소통 채널이나 명령보고 통로로 제대로 그리고 신속하게 이루어질 수 있을 것이다.

마치 우리의 몸으로 비유를 하자면 혈류의 흐름이 방해받음이 없이 제대로 순탄하게 순환이 됨으로써 우리 몸의 보전과 회복에 커다란 도움을 줄 수 있는 것과 같은 이치인 것이다. 시간을 다투는 절박한 순간에 이러한 조직 메커니즘 내의 순기능적인 화음은 조직의 본래 목적을 달성하는데 커다란 도움을 줄 수 있을 것이다.

그리고 위기관리통합시스템이 제대로 구축이 되어 있으면, 소통의 채널이나 명령과 보고 채널의 옥상옥(屋上屋)을 사전에 배제 시킬 수 있음으로써 신속한 조치를 요구하는 사안을 보다 신속하게 처리할 수 있고, 또한 다층화 된 조직을 통과하는 과정에서 생길 수 있는 정보나 의사결정 내용 등의 왜곡이나 희석을 최소화 시킬 수 있을 것이다. 또한 조직이 가지고 있는 모든 내재적 에너지를 집중적으로 투사하는데 도움을 줄 수 있을 것이다.

당연한 일이지만 이러한 결과로 인해 사고 수습이나 이에 따른 후속 조치가 시의성과 적실성을 충족시키면서 제대로 이루어지게 된다면 국민들은 감동을 받아 환호하게 될 것이고 이는 정부에 대한 국민의 믿음을 얻는 가장 확실하고 가장 빠른 지름길이 될 수 있을 것이다. 이는 정부신뢰를 제고시키는데 있어 중요한 역할을 하게 될 것임은 불문가지(不問可知)라 말할 수 있다.

따라서 이러한 국가위기관리시스템이나 이에 대한 체계화 된 재난 대비 매뉴얼을 사전에 준비하는 유비무환의 자세가 필요로 된다고 사료된다.

제12장 글을 마무리하면서

괌에서의 여객기 추락 사고의 사례와 세월 호 침몰 사고의 사례를 통해 얻은 결과는 정부의 신뢰성을 높이기 위해서는 행정이 전문화되어 문제해결능력을 높여야 한다는 것과 행정 관료들이 도덕적으로나 윤리적으로 부패하지 않아 정부의 청렴도를 높여야하며, 위기가 닥쳤을 때 이를 신속하고 효율적으로 처리할 수 있는 능력이 있어야 한다는 것이다.

한마디로 표현을 하자면 국민이 보기에 국민이 가지는 문제를 해결해 줄 수 없을 정도로 정부가 무기력 하거나 또는 무능하다고 느낄 때, 또 행정 관료들이 부패하여 정부의 청렴도가 낮다고 느낄 때, 그리고 국민의 안전을 지켜 줄 수 없을 만큼 위기관리능력이 형편없다고 느낄 때 정부에 대해 기대를 접고 정부에 대한 믿음을 철회한다는 것이다.

사실 정부의 무능과 부패 그리고 위기관리능력의 미흡이나 부재는 모두 국민의 귀중한 생명과 재산을 위협하는 일이다. 정부가 무능하여 정책의 실패를 낳게 된다면, 그리고 정부가 부패하여 국민의 재산에 피해를 입힌다면, 그리고 국민의 안전을 위협하는 전쟁이나 소요사태 또는 재난 등과 같은 위기에 대해 신속하고 적절하게 대응하지 못해 국민의 신체와 생명 그리고 재산에 대해 위해를 끼친다면 국민은 그러한 정부에 대해 믿음을 거두게 될 것이다.

세월 호 침몰사고에서 보여준 정부의 무능과 온갖 얽히고설킨 부패의 그림자들, 그리고 위기적 상황에 우왕좌왕하며 갈피를 잡지 못한 정부의 실망스런 위기관리능력은 정부에 대한 신뢰에 커다란 상처를 남겼다.

1. 정부의 전문성 신장을 통한 정부 신뢰성 제고

이러한 문제들을 해결하기 위해서는 무엇보다 먼저 정부의 전문성을 신장시키는 일이 급선무가 아닌가 싶다. 특히 안전에 대한 전문성을 증대시켜 두 번 다시 세월 호 침몰 사고와 같은 비극적 사고가 재발하지 않도록 하여야 할 것이다.

이를 위해 앞의 대표적인 두 사례, 즉 괌에서의 여객기 추락사고 사례와 세월 호 침몰 사고 사례를 분석해 본 결과, 정부의 행정관료들의 전문성을 증진시키는데 있어선 우선 유교문화 적 조직문화를 개혁하고, 체계화된 전문적 교육과 훈련이 필요할 뿐만 아니라 올바른 공직 충원을 해야 될 필요가 무엇보다 크다는 점이다.

그리고 이에 덧붙여 전문기술을 개발하고 전파하고 이를 평가할 수 있는 전문가들의 모임이 필요로 되며, 전문가들이 공유하고 지켜야할 행동 혹은 윤리강령 역시 필요할 뿐만 아니라, 시민들에 봉사를 하는데 있어 전문가로서의 책임감을 가지며 필요할 경우 전문가로서의 사회참여와 시민이 요구할 때는 소환에 응하여야 하는 책무까지 수용할 수 있어야 한다는 점이다.

이를 이해의 편의를 위해 부연하여 보다 구체적으로 설명하자면 다음과 같다.

첫째, 유교문화 적 조직문화의 개혁 필요성이다. 사고기의 부기장이 기장에게 상황의 심각성을 솔직히 이야기하고 위기를 벗어날 수 있는 나름대로의 전문적 조언을 하고, 조타수가 선장에게 상황을 보고하는데 그칠 것이 아니라 조타수로서의 오랜 경력에서 배어나오는 전문성에 입각하여 선장을 설득하여 탑승객들의 선외탈출을 가능토록 하는 조치를 취하게 하고, 더 나아가 123경비정의 정장이 시의성과 적실성을 가진 의사결정을 내리지 못할 때 그를 일깨워 전문성에 입각한 올바른 의사결정을 내려 탑승객들의 선외탈출을 가능케 하는 용기 있는 행동을 경비정 구조요원들이 할 수 있도록 동기화 시킬 수 있는 조직문화로의 혁신이 이루어져야 된다는 것이다.

이러한 처방 적 접근은 위계질서 등으로 표현되는 형식주의나 언어적 유희를 통한 애매모호한 수사를 통해 문제에 접근하려는 잘못된 조직 문화에서 벗어나 전문주의를 통해 문제를 해결 해나가는 것이 가장 바람직하지 않을까 하는 생각에 입각한 것으로, 이와 같은 조직문화 혁신이 이루어져서 전문적 능력을 갖춘 행정을 펼쳐 나갈 수 있다면 국민들로부터 행정과 정부에 대한 신뢰를 얻을 수 있게 되는 것은 시간문제일 뿐이다.

둘째, 전문적 책임성을 발휘하기 위해서는 전문성을 가늠할 수 있는 공정하고 공식적인 시험을 치르게 하고 이러한 능력검증에 따라 전문직에 진입여부를 엄격히 규제하고 통제하여 전문적 지식과 경험으로 충만 된 인사가 올바르게 충원이 될 수 있도록 하여야 할 것이다.

그리고 자기 전문적 소임에 맞도록 적재적소에 배치될 수 있어야 할 것이다. 나아가 탁상공론식의 재난 구조가 아니라 현장 중심의 재난구조가 이루어져야 하고, 지속적으로 실전적이며 진보된 전문교육과 훈련이 반복적으로 이루어져야 한다는 것이다.

셋째, 전문기술을 개발하고 전파하고 이를 평가할 수 있는 전문가들의 모임이 만들어져야 한다는 것이다. 이렇게 해야 하는 이유는 이러한 모임이 보다 복잡한 행정문제를 해결하고 전문가들 간의 상호경쟁과 견제를 통해 보다 나은 전문기술력을 확보해 나가는 데 도움이 되기 때문이다.

넷째, 전문가집단의 각 구성원들의 가치관 및 행동의 준거가 될 수 있는 행동 혹은 윤리강령을 만들어 이를 지키도록 하여야 하며, 시민들에 봉사를 하는데 있어 전문가로서의 책임감을 가지며 필요할 경우 전문가로서의 사회참여와 시민이 요구할 때는 소환에 응하여야 하는 책무까지 수용할 수 있어야 한다는 것이다.

이러한 제반 요건들을 충족시킬 수 있다면 우리의 행정도 전문주의에 있어 한 단계 격상될 수 있을 뿐만 아니라 행정의 전문화에 따른 문제해결능력의 제고로 인해 정부 및 행정의 생산성제고를 꾀 할 수 있으며 이로 인한 행정서비스의 질적 개선을 가져 올 수 있을 것이다. 그리고 궁극적으로 우리가 모색하려고 하는 정부나 행정에 대한 신뢰성을 높여 나가는데 커다란 긍정적 영향을 끼칠 것으로 사료가 되는 것이다.

2. 정부의 도덕성 증진을 통한 정부 신뢰성 제고

정부에 대한 국민의 신뢰에 커다란 상처를 남긴 문제들을 해결하기 위해서는 무엇보다 먼저 정부가 가지는 도덕성을 회복시키고 정부의 청렴성을 증진시키는 일이 급선무가 아닌가 싶다. 한마디로 정부에서 이루어지는 부패를 총체적으로 근절하려는 노력을 경주해 나가야 한다는 의미이다. 특히 안전과 관련되어 얽히고설킨 정부 안팎의 부패와 부조리를 근절시켜 두 번 다시 세월 호 침몰 사고와 같은 비극적 사고가 재발하지 않도록 하여야 할 것이다.

이를 위해 앞의 대표적인 두 사례, 즉 괌에서의 여객기 추락사고 사례와 세월 호 침몰 사고 사례를 분석해 본 결과, 정부의 행정관료들의 도덕성을 증진시키는데 있어선 우선 공직의 위계질서 문화의 이면에 숨어있는 부패문화 적 장애요소를 해소하지 않으면 안 된다는 것이다. 그리고 거의 관행화되다시피 한 허위신고 또는 보고, 불리한 기록이나 자료의 조작이나 삭제나 인멸, 근무태만 등도 척결이 반드시 되어야 한다는 것이다.

그리고 법에 하도록 정해져있지만 하는 시늉만 내거나 이를 무시해 버린 승무원들에 대한 안전 교육과 훈련, 조류가 센 지역을 통과할 때 그리고 사고가 발생할 당시 선장으로서 마땅히 조타실에 있어야 함에도 불구하고 그렇게 하지 않은 일, 그리고 입사 4개월째인 3등 항해사로 하여금 조타를 하도록 맡겨 급 변침을 하는 등 선박 전복에 영향을 끼칠 수 있는 금기 행위를 하도록 방임한 일, 사고 발생 시 승무원들을 감시 감독하여 탑승객들의 안전을 도모하기는커녕, 구조 경비정이 왔을 때 승객의 안전은 나 몰라라 뒤로 하고 자신부터 먼저 탈출한 일들은 도덕적 해이에 부가하여 범죄의식불감증에 걸린 행위로 반드시 근절되어야 할 그릇 된 일들이다. 이러한 것들이 국민들의 공분을 사게 만든 것들이었다.

그리고 이에 덧붙여 불법적으로 자행된 관과 기업 간의 검은 유착의 고리도 반드시 풀어야 할 것이다.

세월 호 침몰 사고를 통해 적나라하게 드러난 사실 들이지만 보다 많은 승객들을 태워 기업의 이윤을 극대화하기 위해 선박의 안전은 도외시 한 체 선박을 구조변경 한 일이나, 선박의 복원성을 해치는 과적을 일상적으로 저지른 점, 선박 내의 적치물을 제대로 결박하지 않은 점, 보다 많은 적치물을 적재하기 위해 배의 균형을 잡아주고 배의 복원력을 살려주는 평형 수를 빼내지는 않았나 의심받고 있는 점, 그리고 주기적이면서 실효성이 높은 안전검사 등이 이루어지지 않았고 심지어 형식적인 봐주기 식 안전검사 등이 이루어진 점 등은 기업의 이윤추구를 위해 수단과 방법을 가리지 않은 탐욕스런 기업의 잘못만으로 탓할 수 없다는 점에 유념을 하여야 할 것이다.

이렇게 유념을 해야 할 이유로는 바로 이런 탐욕스런 기업의 뒤에 이들의 뒷배가 되어 이를 뒤에서 봐주고 묵인해 주면서 뒷돈이나 이권을 받아 챙긴 일명 관피아나 해피아 그리고 정피아 들이 있었기 때문이다.

세월 호 뿐만 아니라 지금까지 발생했던 많은 선박침몰의 원인이 선박안전과 관련된 민간 및 준 공공기관의 감리·감독과 관리기관의 부패와 연관된다는 점도 결코 간과할 수 없는 점이다.

따라서 이러한 안전 관련 사고를 발본색원하기 위해서는 민간기업이나 준 공공기관 또는 행정기관을 따질 필요 없이, 그리고 민과 관 구별 없이 검은 유착, 뇌물이나 상납 그리고 퇴직 공직자에 대한 전관예우나 낙하산 인사 등의 관피아, 해피아, 정피아 등으로 표현되는 부패문화를 청산하는 것이 안전사고와 연계된 문제들을 해결하는데 있어 매우 중요한 것이라는 점을 이해하여야 한다는 점이다.

또한 안전 불감증이라는 말이 무색해지도록 국민의 안전의식이 좀 더 높아지고 국가 안전 시스템을 움직이는 소프트웨어가 근본적으로 바뀌어져야 한다는 것이다.

그저 큰 사고가 터질 때마다 충격 요법 또는 대응요법으로 법만 만든다고 만사가 해결되는 것은 아니라는 점을 정부나 국민이 이해를 하여야 한다는 점이다. 이러한 관행이나 딜레마적 상황 그리고 연결고리의 단절 나아가 집권세력의 등에 업힌 부패집단의 근본적인 척결이 없이는 부패와 부조리에 절어버린 우리의 행정문화를 근원적으로 해결하긴 어려운 것이다.

이를 위해 우선적으로 고려되어야 할 것들로는 솔선수범 적 입장에 있는 그리고 상대적으로 관료제에 커다란 영향력을 행사할 수 있는 중견 및 고급 행정 관료들의 공직의식의 대전환이 요구된다는 점이다.

국민을 다스림의 대상으로 보지 말고 국민을 주권의 본질로 보고, 소중한 행정고객으로 받들고 섬겨 나가는 마음가짐을 가져야 한다는 것이다. 그리고 이에 덧붙여 자신의 결정으로 인한 실수에 대해선 엄격히 책임을 지는 책임행정과 실명행정구현에 앞장선다는 자세가 무엇보다 절실 한 것이다.

이러한 의미에서 정부의 부패를 근절하기 위해선 선결적으로 공직 사회를 떠받드는 행정 관료들의 마인드가 바뀌어야 한다. 멸사봉공의 자세가 확고히 설정될 수 있어야 한다는 말이다. 나를 기꺼이 버리고 국가와 국민을 위해 봉사할 수 있는 사람이 되어야 한다는 이야기이다.

17세기 중국의 어떤 지방의 수령이 자신의 공직 취임사 중에 이런 이야기를 하였다 한다. "공무를 수행하는데 있어 사심이 있어서는 안 된다. 나는 사심을 버리고 완벽하고 공명정대하게 공무를 처리해 나가도록 하겠다."[1] 바로 이러한 마음가짐이 현재 우리 행정 관료들에게 필요한 것이 아닌가 싶다.

시대는 달리하지만 부처님도 이와 비슷한 교훈을 우리에게 주고 있다. "만약 국가의 중요한 고관대작이 자신의 의무를 게을리 하면, 다른 말로 말해 자신의 사리사욕만 챙기고 이를 위해 뇌물 등을 받으면, 공중도덕(public morals)을 급격히 무너져 내리게 하는 원인이 될 것이다."[2]

행정 관료들, 그 중에서도 특히 높은 직위에 있는 행정 관료들이 솔선수범하여 부패문화를 청산하는데 앞장을 서고, 나를 버리고 국가와 국민을 떠받드는 섬김의 리더십을 가질 수 있도록 마인드의 변화가 이루어질 수 있을 때 국민의 정부에 대한 신뢰는 높아질 것이다.

또한 행정 관료들이 국민의 이익이나 개인이 아닌 사회전체를 아우르는 집단적 선, 즉 집단적 옳음을 지지할 수 있도록 자신에게 주어진 의무와 책임을 성실하게 집행해 나갈 때 우리가 기대하는 정부 신뢰 역시 제고되어 질 것이다.

여기에서 눈여겨보아야 할 대목은 '공적 서비스가 바로 공적 신뢰'라는 것이다. 행정 관료가 시민에게 제공하는 공적 서비스를 시민들이 어느 정도 만족하고 이에 대해 평가를 내리느냐 하는 여부 정도가 결국 공적 신뢰, 다른 말로 표현하자면 정부 신뢰와 깊이 연계가 된다는 것을 의미하는 것이다.

---

1) L. H. Huang, *A Complete Book Concerning Happiness and Benevolence : A Manual for Local Magistrates in Seventeenth-Century China* (D. Chu, trans. and ed.) (Tucson, Arizona : University of Arizona Press, 1984), p.146.
2) Bukkyo Dendo Kyokai, *The Teaching of Buddha* (Tokyo : Toppan, 1987), p.468.

이렇게 볼 수 있는 이유는 행정 관료가 사심을 버리고 국민의 이익을 위해 성실하게 공적 서비스를 집행해 나간다면 시민들은 이러한 서비스에 감동하고 만족하게 될 것이고 그것이 바로 정부에 대한 신뢰로 이어질 것이기 때문이다.

미국에서는 1989년에 행정명령으로 표출되었다가[3] 1992년에 정부윤리처(Office of Government Ethics)[4]가 발행한 '정부공직자윤리지침'(Principles of Ethical Conduct for Government Officers and Employees)에 따르자면 공적 서비스는 바로 공적 신뢰이며, 이것은 정부공직자인 행정 관료가 개인의 이익에 앞서 헌법, 법률, 윤리적 원리들에 충실해야 될 것을 요구하고 있는데, 비록 미국이라는 공간적인 차이는 존재할지 모르지만, 이것 역시 그 맥을 같이 하는 것으로 이해할 수 있는 것이다.[5]

행정 관료에게 일반적인 다른 사람들보다 더 높고 엄격한 윤리적 또는 도덕적 기준을 요구하는 것은 그들이 정부 예산을 사용하고 국가의 권력을 크건 작건 간에 휘두르고 있기 때문이다.[6] 이

---

3) Office of Government Ethics, *How to Keep Out of Trouble : Ethical Conduct for Federal Employees* (Washington, D.C. : Office of Government Ethics, 1989).

4) Office of Government Ethics, Standards of Ethical Conduct for Employees of the Executive Branch (Washington, D.C. : Office of Government Ethics, 1992), p.1. ; Carol W. Lewis and Bayard L. Catron, "Professional Standards and Ethics", in James L. Perry (ed.), *Handbook of Public Administration*, 2nd ed. (San Francisco, CA : Jossey-Bass Publishers, 1996), p.699.

5) Carol W. Lewis and Bayard L. Catron, "Professional Standards and Ethics", in James L. Perry (ed.), *Handbook of Public Administration*, 2nd ed. (San Francisco, CA : Jossey-Bass Publishers, 1996), p.699.

6) 보우만은 전 국민을 조사 대상으로 한 서베이를 통해 얻은 통계적 자료를 제시하면서 공직자의 도덕적 윤리적 기준이 일반인보다 월등하게 높게 요구된다는 점을 주장하고 있다. J. Bowman, "Ethics in Government :

점에 대해서는 행정 관료나 일반 시민들이 모두 공감하고 있는 사실이기도 하다.7)

지금까지 논의를 하였지만 행정 관료에 대한 여러 불신감에서 벗어나고 국민의 대정부 신뢰를 회복하기 위해서는 정부를 구성하는 행정 관료들이 환골탈퇴(換骨奪胎)하여 거듭 나는 새로운 노력이 요구된다는 점이다.

전종섭은 이를 위한 방안으로 몇 가지를 제시하고 있는데8) 그 중 윤리강령을 새롭게 정리하여 파급시키는 방안을 긍정적으로 평가를 하고 있다.

윤리강령은 행정 관료들에게 복잡한 의무와 책임을 위한 준거틀을 제공해주며 전문행정 관료들의 의무와 책임을 환기시키도록 목적된 상징적 문서이므로 전문행정 관료들의 윤리적 딜레마를 해결하는 방법을 위한 지침이 된다.

현재의 한국공무원 윤리강령은 국가에 대한 충성과 정직과 신뢰 그리고 직무에 관한 책임에 초점이 맞춰지고 있다.9) 그리고 모

A National Survey of Public Administrators", *Public Administration Review*, Vol.50 (1990), pp.345-353. ; Gallup Poll, "Survey Data on Ethics", *The Public Perspective*, Vol.4 (1993), pp.29-34.

7) C. T. Goodsell, *The Case for Bureaucracy : A Public Administration Polemic*, 3rd ed. (Chatham, New Jersey : Chatham House, 1994), pp.103-131. ; G. B. Lewis, "In Search of the Machiavellian Milquetoasts : Comparing Attitudes of Bureaucrats and Ordinary People", *Public Administration Review*, Vol.50 (1990), pp.220-227.

8) Jong S. Jun, "Enhancing Professional Roles and Ethical Responsibility : A Means for Creating Democratic Administration in Korea", in Ali Farazmand (ed.), *Handbook of Comparative and Development Public Administration* (New York : Marcel Dekker, Inc.1991), pp.206-210. ; 이병철,『현대 한국행정학의 이해』(울산 : 울산대학교 출판부, 1998), 68쪽.

9) 이병철,『앞의 책』, 68쪽.

든 법의 근간이 되는 헌법에도 "공무원은 국민 전체에 대한 봉사자이며 국민에 대해 책임을 진다."고 명시되어있다.

그리고 이와 더불어 그가 주장하고 있는 방안 중에 시민참여 역시 긍정적으로 평가할 수 있다. 시민참여는 한국사회의 민주화에 있어 중요한 과정이기 때문에 행정 관료들은 대화를 통해 정보를 시민과 함께 공유하고 상호욕구와 문제들을 인지하도록 하여야 하며 시민들을 도와서 행정 관료와 시민양자의 윤리적 책임을 인지시키고 민주의식을 함양시키도록 노력하여야 한다는 것이다.[10)]

에바 핼리비(Eva E. Halevy)가 말하듯 "관료제와 민주주의는 갈등의 최소화단계에 머물러서는 안 되며 상호보완적 관계에 있어야 하고 효율적이고 창의적으로 병존해 나가야 할 것"이다.[11)]

그런 의미에 있어서 행정 과정이나 정책 과정에 시민들이 참여할 수 있는 것은 민주성과 관료제를 조화롭게 접목시키는 것이며 또한 행정 관료들이 일을 추진시켜 나가는데 있어서 정보나 욕구 등을 상호 공유하고 인지시킬 수 있어서 도덕적 흠결을 스스로 되새겨보고 이를 시정하게 되는데 도움이 되어 행정이나 정책 집행의 정당성을 증대시켜 줄 수 있는 하나의 방법이기도 한 것이다.

또한 시민과 행정 관료들이 문제를 공유하고 이를 해결하기 위해 힘을 모은다는 것은 상호 보완적인 시너지 효과를 기대할 수 있을 것이며 나아가 합의를 도모하는데 있어 민주의식을 함양하게 만드는 많은 이점을 가져다 줄 수 있을 것이다.

이런 의미에서 에바 핼리비가 말하듯 관료제와 시민참여라는

---

10) 이병철, 『앞의 책』, 69쪽.

11) Eva E. Halevy, *Bureaucracy and Democracy : A Political Dilemma* (London : Routledge & Kegan Paul, 1983).

민주적 가치는 상호보완적 관계일 뿐만 아니라 효율적이고 창의적인 병존을 일구어나가는 좋은 제도가 될 수 있을 것으로 사료가 되는 것이다.

이와 반대로 시민들의 참여를 배제하고 관주도 적이고 행정편의주의 적 통제를 심화시키면 행정의 형식주의, 비실현성, 비일관성 및 폐쇄성 등 관료적 실패를 초래하게 되며 이 경우에 시민의 행정과정에의 참여는 제한되거나 단지 요식행위에 불과하며 다만 상징적 행위로 간주 될 뿐이다.12)

또한 행정의 책임성과 도덕성이 약화되고 행정의 사회적 비용이 증가하며 결국 공익을 위한 행정의 합리성이 저해되기 마련인 것이다.13)

이런 맥락에서 시민의 행정참여를 통한 신뢰관리의 관행이 제도적, 행태적 양 측면에서 성숙되고 정착되어져야 한다. 이를 위해 행정 관료들은 스스로의 행정과신에서 벗어나 국민들의 능력을 신뢰하고 국민의 행정참여를 유도하고 이를 촉진시켜 나가야 한다. 행정의 신뢰관리는 국민들의 반응투입, 행정의 공개, 국민의 능력신뢰 및 민간의 자율성 제고 등 참여적 민주행정의 기반확대를 통하여 이루어지는 것이다.14)

---

12) 지금까지 행정 관료들은 일부의 전문가와 특수한 이해관계자의 간접참여만을 허용하거나 시민의 형식적 참여만을 유도하였다는 비판이 강하게 제기되고 있다. 김번웅, “행정부패.부조리문화의 혁신 : 조직의 민주화와 간접유도형행정”, 『현대한국행정론』 (서울 : 박영사, 1991), 256쪽. ; 이병철, 『앞의 책』, 69쪽.

13) 이병철, 『앞의 책』, 69쪽.

14) 김번웅, “행정부패.부조리문화의 혁신 : 조직의 민주화와 간접유도형행정”, 『앞의 책』, 232-233쪽. ; Thomas B. Smith, “The Comparative Analysis of Bureaucratic Accountability”, *Asian Journal of Public Administration,*

이에 덧붙여 전종섭은 국가와 사회에 대한 전문행정 관료들의 기여에 대해 시민들로부터 올바른 신뢰를 얻기 위해선 전문행정 관료들이 책임성 있게 행동하여야 한다고 주장을 한다.

이를 위해 종전까지의 익명적 행정을 지양하고 실명 화된 책임 행정을 구현해 나가도록 마인드나 사고하는 틀 자체가 새롭게 짜여야만 한다고 주장을 하고 있는 것이다.15)

그리고 이에 그치지 말고 전문행정 관료들에 대해 윤리의식의 제고를 위한 윤리교육이 지속적으로 실시되어야 한다고 주장을 하였다. 이러한 윤리교육은 행정 관료들의 구태에 찌든 의식을 개혁하는데 커다란 도움이 될 수 있으며 특히 가치적 혼란에 시달리는 행정 관료들에게 그들이 나아가야 할 가치적 방향과 기준을 올바르게 제공해 줄 수 있다는 점에서 의미가 크다고 보는 것이다.16)

이에 덧붙여 외부적 통제수단으로 국민들이 항상 깨어있어야 할 것이다. 이러한 깨어있는 상태로 공직자들을 주시하고 공적 사안에 참여 할 수 있게 하는 제도적 장치가 마련되어야 할 것이며 또한 국민들도 이러한 의식전환에 앞장서야 할 것이다.

그리고 정말 국민을 위해 선행을 베푼 공직자에 대해서는 그에 상응한 보답을 가슴에 안겨줄 수 있는 신상필벌의 제도적 장치와 의식적 전환 역시 절실히 요구되는 것이다.

이러한 부패와 부조리 근절을 위한 노력이 이루어지고 이에 대한 노력의 결과가 국민들에게 가시적으로 다가 설 수 있다면, 그

Vol.13, No.1, 1991, p.93-104. ; 이병철, 『앞의 책』, 69쪽.

15) 이병철, 『앞의 책』, 70쪽.

16) 이병철, 『앞의 책』, 70쪽.

리고 정직과 믿음이 국정과 국민의 일상을 지배하는 행정문화로 자리매김을 할 수 있다면, 우리가 모색하려고 하는 정부나 행정에 대한 신뢰성을 높여 나가는데 있어, 절대로 외풍에 흔들리지 않는, 탄탄하고 자랑스러운 긍정적 이정표 역할을 해 낼 것으로 사료가 되는 것이다.

3. 위기관리능력 신장을 통한 정부 신뢰성 제고

정부에 대한 국민의 신뢰에 커다란 상처를 남긴 문제들을 해결하기 위해서는 무엇보다 먼저 정부가 가지는 위기관리능력을 신장시키는 일이 급선무가 아닌가 싶다. 정부가 어떠한 위기에 대해서도 효율적으로 대응할 수 있는 위기관리시스템을 완비하려는 노력을 경주해 나가야 한다는 의미이다.

특히 안전과 관련되어 정부 안팎에서 제기 되는 위기를 제대로 관리할 수 있는 시스템을 정립하여 두 번 다시 세월 호 침몰 사고와 같은 비극적 사고가 재발하지 않도록 하여야 할 것이다.

이를 위해 앞의 대표적인 두 사례, 즉 괌에서의 여객기 추락사고 사례와 세월 호 침몰 사고 사례를 분석해 본 결과, 다음과 같은 정부 신뢰 제고를 위한 방안들이 도출이 되어졌다.

첫째, 정부의 위기관리능력을 신장시키기 위해선 새롭게 신설되는 국민안전처에게 기존의 안전행정부와는 달리 위기관리 시 컨트롤 타워로서의 역할을 제대로 명실상부하게 할 수 있도록 제도적인 보장이 이루어지도록 하여야 한다는 것이다.

이를 위해 필요하다면 법을 제정하거나 개정을 해서라도 우선적으로 인력과 재원을 충당할 수 있게 해주어야 하며 위기관리를 위한 지휘 통제의 전권을 일사불란하면서 체계적으로 행사할 수 있는 권한이 부여되어져야 한다는 것이다.

그리고 이제 무늬만 국민의 안전을 지키는 국민안전처가 되어서는 안 된다는 것이다. 위기관리 시 컨트롤 타워로서의 역할을 제대로 명실상부하게 할 수 있도록 제도적인 보장이 이루어져야 한다는 것이다.

물론 새로운 신설 조직을 통해 컨트롤 타워의 새로운 위상과 역할을 정립하고 있기는 하지만, 이것 역시 소기의 목적을 달성하려면 명실상부한 위기관리통제기구로서의 면모를 갖출 수 있도록 해주어야 한다는 것이다.

이를 위해 컨트롤 타워로서의 제대로 된 지휘 명령권을 가질 수 있게 하여야 하며, 이를 뒷받침 할 수 있는 법적 권한이나 인력, 그리고 돈이 주어져야 한다. 기존의 법이 걸림돌이 된다면 법을 바꾸어서라도 국민의 생명과 재산 그리고 안전과 관련된 사안에 대해서는 우선적으로 인력과 재원을 충당할 수 있게 해주어야 하며 위기관리를 위한 지휘 통제의 전권을 일사불란하면서 체계적으로 행사할 수 있도록 이와 관련된 권한이 부여되어져야 할 것이다.

또한 명령과 지휘통솔체계는 일원화되어져야 한다. 새로이 신설된 국민안전처가 컨트롤 타워로서의 역할을 하고 이와 관련된 위기관리 하위조직들이 이를 중심으로 체계화되어져서, 일원화 된 명령과 지휘통솔체계 아래서 위기를 관리하고 통제해 나가야 할 것이다.

둘째, 신설 된 국민안전처에 대해 우려의 목소리가 있는데 그 중 하나로 국가적 재난이 발생하여 국민들의 재산, 생명 등이 안전하지 못할 상황에 직면하게 되었을 경우 국무총리와 국민안전처장에게 이러한 재난에 대한 대응책임을 모두 일임하는 것은 어떻게 보면 대통령 책임제라는 조직 시스템 하에서는 무책임하기까지 하다는 비판이 나오고 있는 것이다.

이러한 우려를 불식시킬 수 있는 좋은 대안이 나올 수 있도록 관계 당국의 깊은 고민과 노력이 있어야 할 것이다.

셋째, 언론과의 관계에 대해서도 앞으로 발생할지도 모를 대형 사고의 효율적인 처리와 관리를 위해서라도 매뉴얼 화 시키거나 법령으로 제도화하여 이를 지킬 수 있도록 하여야 할 것이다. 또한 정치인들이 정치적 목적을 위해 언론을 이용하여 자기 자신을 선전하거나 홍보하는 수단으로 전락시키는 것 역시 근절시켜야 할 것이다.

넷째, 신속함을 요구하는 위기관리 적 상황은 더욱 일사불란하면서 일원화 된 명령지휘 통솔 체계를 원한다는 사실과 거시적 과정에서 보다 완벽한 조정을 하기 위해 기존의 조직 구조를 개혁할 필요가 있으며 나아가 상호의존적인 조직과 조직 간의 기능을 보다 더 효율적으로 조정을 하기 위해선 미시적 조직관리 능력을 갖도록 체계를 바꾸어 나가야 한다는 사실을 유념하여 새롭게 신설되는 국민안전처와 관련 조직들을 정리해 나가야 할 것이다.

그리고 관련부서간의 유기적 업무협조, 그리고 숙련된 전략기획팀과 이를 지지하고 후원할 수 있는 강력한 리더십의 존재 그리고 더 나아가서 위기관리능력의 제고 등을 관계당국에서 제대로 이해를 하여 새롭게 신설되는 컨트롤 타워인 국민안전처와 관련 조직들을 정리해 나가야 한다.

또한 새로이 신설 된 국민안전처가 이러한 거시관리와 미시관리를 효율적으로 수행하여 국민의 안전에 위해가 되는 여러 요인들을 사전에 예방하고, 이러한 예방노력에도 불구하고 상황이 벌어졌을 때는 보다 신속하고 효율적으로 작동이 되어 질 수 있도록 의존적 조직 구조간의 협력과 상호조정 기능을 잘 수행해 나갈 수 있어야 할 것이다.

다섯째, 관련 유관기관간의 불협화음과 엇갈림은 반드시 시정되어야 하고 이를 위해 정부의 적절한 민간부문에 대한 규제 그리고 지도, 그리고 관련부서간의 유기적 업무협조, 그리고 숙련된 전략기획팀과 이를 지지하고 후원할 수 있는 강력한 리더십의 존재 그리고 더 나아가서 위기관리능력의 제고 등이 요구되는 것이다.

또한 다양한 규정과 그리고 규칙들을 체계적인 틀에 따라 일원화하고 적용에 있어 매우 높은 수준의 유연성을 부여 할 수 있도록 관련 법체계를 손 볼 필요가 있다.

여섯째, 정치권도 보다 대승적인 차원에서 안전에 대한 문제를 볼 필요가 있다. 국민의 생명과 재산 그리고 안위에 관한 매우 중요한 문제인 만큼 정치적 이해득실을 떠나 위기관리 통합체계의 제도화를 위한 노력에 앞장을 서야 할 것이다.

일곱째, 유비무환의 자세에 입각하여 사전에 위기관리통합시스템을 일원적 체계로 구축을 시켜 놓아야 할 것이고 사전에 다양한 시나리오를 전제로 한 재난 대비 매뉴얼이 사전에 구비가 되어 바로 상황에 따라 적시에 시의성 있고 적실성 있게 적용할 수 있도록 하여야 할 것이다.

이러한 위기관리능력을 신장시키기 위한 노력이 이루어지고 이에 대한 노력의 결과가 국민들에게 가시적으로 다가 설 수 있다면, 그리고 이에 따른 후속 조치가 시의성과 적실성을 충족시키면서 이루어지게 된다면 국민들은 환호하게 될 것이고 이는 정부에 대한 국민의 믿음을 가져올 수 있을 것이다. 이는 정부신뢰를 제고시키는데 있어 중요한 역할을 하게 되는 것이다.

어떠한 종류의 위기이든 그러한 위기에 시의성과 적실성을 가지고 효율적으로 대응할 수 있는 체계적 위기관리시스템을 제도적으로 확보를 하여야 할 것이다. 어떠한 형태의 위기가 다가와도 이러한 시스템에 의해 관리되고 통제될 수 있도록 만들어야 한다는 이야기이다.

이러한 시스템이 확보된다면 국민이 믿고 따르는 진정한 의미의 정부 신뢰를 성취할 수 있을 것이다.

참고문헌

서문

『동아일보』 사설. (2014). “홍도 유람선 사고 ‘전원 구조’ 빼고 세월호와 뭐가 다른가”, 2014년 10월 1일. ; http://m.donga.com/NEWS/rel/3/all/20141001/66853533/1

『조선일보』 사설,. (2015). “정책마다 하룻밤 새 뒤집으면 누가 정부 믿고 따르겠나”, 2015년 1월 30일. ; http://news.chosun.com/site/data/html_dir/2015/01/29/2015012904636.html

『조선일보』 사설. (2014). “환풍구 붕괴, ‘生命 존중’이 이토록 빈약한 나라로 머물 건가”, 2014년 10월 19일. ; http://news.chosun.com/site/data/html_dir/2014/10/19/2014101902711.html

『조선일보』 사설. (2014). “野, ‘신혼부부에 집 한 채’ 공약으로 뭘 노리나”, 2014년 11월 15일. ; http://news.chosun.com/site/data/html_dir/2014/11/14/2014111403508.html

『조선일보』 사설. (2014). “공짜 복지에 싸늘한 여론 보여 준 ‘신혼부부 집 한 채’ 소동”, 2014년 11월 21일. ; http://news.chosun.com/site/data/html_dir/2014/11/20/2014112004463.html ;

Fukuyama, Francis. (1995). *Trust : The Social Virtues and The Creation of Prosperity*, New York : Free Press.

제1장

『두산백과』 ; http://terms.naver.com/entry.nhn?docId=1109413&cid=40942&categoryId=31778

로버트 그린 지음·안진환·이수경 옮김. (2009). 『권력의 법칙』, 서울 : 웅진 지식하우스.

이병철. (2003). 『행정의 역사와 이론』, 부산 : 도서출판 금정.

이병철. (2012). 『행정철학』, 부산 : 도서출판 금정.

최평길. (2002). 『대통령학』, 제2집, 서울 : 박영사.

Ambrose, Stephen E. (2002). *To America : Personal Reflections of an Historian*, New York : Simon & Schuster.

Bekke, Hans A. G. M., James L. Perry, & Theo A. J. Toonen (eds.). (1996). *Civil Service Systems in Comparative Perspective*, Bloomington, Indianapolis : Indiana University Press.

Brinton, Crane. (1938 & 1965). *The Anatomy of Revolution*, Englewood Cliffs, New Jersey : Prentice Hall, Inc.

Church, C. H. (1981). *Revolution and Red Tape : The French Ministerial Bureaucracy 1770-1850*, Oxford : Clarendon Press.

Finer, Herman. (1977). *Road to Reaction*, New York : Westport, Connecticut : Greenwood Press.

Gergen, David. (2002). *Eyewitness to Power*, New York : Simon & Schuster.

Gray, John. (1994). "Limited Government", in David McKevitt and Alan Lawton (eds.), *Public Sector Management : Theory, Critique and Practice*, Thousand Oaks, CA : SAGE Publications.

Hayek, Friedrich A. (1944). *The Road to Serfdom*, Sydney : Dymock's Book Arcade.

Keynes, John Maynard. (1936). *The General Theory Of Employment, Interest, And Money*.

Lewis, Carol W. and Bayard L. Catron. (1996). "Professional Standards and Ethics", in James L. Perry (ed.), *Handbook of Public Administration*, 2nd ed., San Francisco, CA : Jossey-Bass Publishers.

Light, Paul C. (1995). *The Thickening Government : Federal Hierarchy and the Diffusion of Accountability*, Washington, D. C. : The Brookings Institution.

McClenaghan, W. A. (1985). *MacGruder's American Government*, New York : Allen & Bacon.

McKevitt, David and Alan Lawton (eds.). (1994). *Public Sector Management : Theory, Critique and Practice*, Thousand Oaks, CA : SAGE Publications.

Morgan, E. P. and James L. Perry. (1988). "Re-orienting the Comparative Study of Civil Service Systems", *Review of Public Personnel Administration*, Vol.8 (Summer).

Parris, H. (1969). *Constitutional Bureaucracy : The Development of British Central Administration Since the Eighteenth Century*, London : Allen & Unwin.

Perry, James L. (ed.). (1996). *Handbook of Public Administration*, 2nd ed., San Francisco, CA : Jossey-Bass Publishers.

http://edjnews.com/sub_read.html?uid=28738&section=sc13

http://ko.wikipedia.org/wiki/%EC%A1%B0%EC%9A%B4_(%EC%B4%89%ED%95%9C)

https://mirror.enha.kr/wiki/%EC%95%84%EC%A0%84

제2장

배정현. (2011). "아시아에서의 정부신뢰의 근원 : 다수준 분석", 『고려대학교 대학원 박사학위논문』.

오경민 · 박홍식. (2002). "정부신뢰 수준의 측정과 비교에 관한 연구", 『한국정책학회보』, 제11권 제3호.

이병철. (2010). 『한국행정학의 새로운 이해』, 울산 : 울산대학교 출판부.

이병철. (2012). 『행정철학』, 부산 : 도서출판 금정.

이현국 · 김윤호. (2014). "정부서비스 성과와 정부신뢰 : 서울시 정부서비스를 대상으로", 『한국행정학보』, 제48권 제4호 (겨울).

이현주 · 이영애. (2011). "원자력발전소와 방폐장 낙인의 심리적 모형 : 신뢰와 감정, 지식을 중심으로", 『한국심리학회지』, 제30권 제3호.

정주용 · 김서용. (2014). "신뢰와 원자력 수용성의 다차원성에 대한 탐색적 분석", 『한국행정학보』, 제48권 제4호 (겨울).

정주용 · 정재진. (2011). "후쿠시마 원전사고 대국민 원자력 수용성 변화", 『2011 한국정책학회 추계학술대회 발표논문집』.

『중앙일보』, 1997년 12월 6일.
Argyris, C. (1960). *Understanding Organizational Behavior*, Belmont, CA : Dorsey Press.
Barber, B. (1983). *The Logic and Limits of Trust*, New Brunswick, New Jersey : Rutgers University Press.
Bennis, W. G. and B. Nanus. (1985). *Leaders : The Strategies for Taking Charge*, New York : Harper Collins.
Blau, Peter M. (1964). *Exchange and Power in Social Life*, New York : Wiley.
Boss, R. W. (1978). "Trust and Managerial Problem-Solving Revisited", *Group and Organization Studies*, Vol.3.
Carnevale, David G. (1995). "The Crisis of Trust in Today's Organizations", in David G. Carnevale, *Trustworthy Government : Leadership and Management Strategies for Building Trust and High Performance*, San Francisco, CA : Jossey-Bass Publishers.
Carnevale, David G. (1995). *Trustworthy Government : Leadership and Management Strategies for Building Trust and High Performance*, San Francisco, CA : Jossey-Bass Publishers.
Cha, Y. J. (2000). "Risk Perception in Korea : A Comparison with Japan and the United States", *Journal of Risk Research*, Vol.3. No.4.
Deutsch, M. (1973). *The Resolution of Conflict*, New Haven, Conn. : Yale University Press.
Earle, T. C. (2010). "Trust in Risk Management : A Model-based Review of Empirical Research", *Risk Analysis*, Vol.30, No.4.
French, W. L. and C. H. Bell, Jr. (1984). *Organization Development : Behavioral Science Interventions for Organization Improvement*, 3rd ed., Englewood Cliffs, New Jersey : Prentice-Hall.
Fukuyama, Francis. (1995). *Trust : The Social Virtues and The Creation of Prosperity*, New York : Free Press.
Golembiewski, R. and M. L. McConkie. (1975). "The Centrality of Interpersonal Trust in Group Processes", in C. L. Cooper (ed.), *Theories of Group Processes*, New York : Wiely.

Grimmelikhuijsen, S. G. (2012). "Transparency and Trust : An Experimental Study of Online Disclosure and Trust in Government", *Dissertation*, Utrecht University.

Kolb, D. A., I. A. Rubin, and J. M. McIntyre (eds.). (1984). *Organization Psychology*, 4th ed., Englewood Cliffs, New Jersey : Prentice-Hall.

Likert, R. (1967). *The Human Organization*, New York : McGraw-Hill.

Loomis, J. (1959). "Communication, the Development of Trust, and Cooperative Behavior", *Human Relations*, Vol.12.

Maslow, A. H. (1954). *Motivation and Personality*, New York : Harper Collins.

McGregor, D. (1960). *The Human Side of Enterprise*, New York : McGraw-Hill.

Mellinger, G. D. (1956). "Interpersonal Trust as a Factor in Communication", *Journal of Abnormal Social Psychology*, Vol.52.

Miles, R. E. and J. B. Ritchie. (1984). "Participative Management : Quality versus Quantity", in D. A. Kolb, I. A. Rubin, and J. M. McIntyre (eds.), *Organization Psychology*, 4th ed., Englewood Cliffs, New Jersey : Prentice-Hall.

Pollitt, C. (1998). "Bringing Consumers into Performance Measurement : Concepts, Consequences and Constraints", *Policy & Politics*, Vol.16, No.2.

Reich, R. (1987). *Tales of a New America*, New York : Times Books.

Rotter, J. B. (1967). "A New Scale for the Measurement of Interpersonal Trust", *Journal of Personality*, Vol.35.

Rousseau, D. M., S. B. Sitkin, et al. (1998). "Not So Different After All : A Cross-Discipline View of Trust", *Academy of Management Review*, Vol.23, No.3.

Sherif, M. (1966). *In Common Predicament*, Boston, Mass. : Houghton Mifflin.

Siegrist, M. & G. Cvetkovich. (2000). "Perception of Hazards : the Role of Social Trust and Knowledge", *Risk Analysis*, Vol.20, No.5.

Zand, D. E. (1972). "Trust and Managerial Problem Solving",

Administrative Science Quarterly, Vol.17.
Zucker, L. G. (1986). "Production of Trust : Institutional Sources of Economic Structure, 1840-1920", *Research in Organizational Behavior*, Vol.8.

제3장

『경향신문』. 1999년 2월 12일.
김번웅. (1991). "서-한국적 행정학의 파라다임", 김번웅 외(공저), 『현대 한국행정론』, 서울 : 박영사.
김번웅. (1997). "한국공무원의 부조리행태", 『한국행정개혁론』, 서울 : 법문사.
김재한. (2009). 『동서양의 신뢰 : : 비교 연구를 넘어 일반 이론으로』, 서울 : 아카넷.
『노컷뉴스』. 2013년12월 17일. ; https://m.nocutnews.co.kr/news/1151569
『논어』. "안연편".
『디지털타임스』. 2003년 10월 20일.
이병철. (2004). 『행정윤리』, 울산 : 울산대학교 출판부.
이철규. (2007). 『한국행정의 이론과 실제』, 서울 : 법문사.
정정길. (2006). 『행정학의 새로운 이해』, 서울 : 대명출판사.
『조선일보』. 2003년 12월 24일.
최평길. (2012). 『국가정보학』, 서울 : 박영사.
토머스 J. 크라우프웰, M. 윌리엄 펠프스 지음·채은진 옮김. (2010). 『대통령의 오판』, 서울 : 말글빛냄.
『파이낸셜뉴스』. 2015년 2월 1일. ; http://www.fnnews.com/news/201502011747528800
Adams, B. (1984). "The Frustrations of Government", *Public Administration Review*, Vol.44.
Broder, D. S. (1994). "Dialogue Makes for Democracy", *Norman Transcript*, Apr. 25.
Carnevale, David G. (1995). "The Crisis of Trust in Today's Organizations", in David G. Carnevale, *Trustworthy Government : Leadership and Management Strategies for Building Trust and High Performance*,

San Francisco CA : Jossey-Bass Publishers.

Carnevale, David G. (1995). *Trustworthy Government : Leadership and Management Strategies for Building Trust and High Performance*, San Francisco CA : Jossey-Bass Publishers.

Congressional Reserach Service, U.S. Library of Congress. (1994). "Legislative Ethics in Democratic Countries : Comparative Analysis of Financial Standards", *CRS Report 94-325A*, Washington D. C. : CRS.

Crensen, M. A. & F. E. Rourke. (1987). "By Way of Conclusion : American Bureaucracy Since World War II", in L. Galambos (ed.), *The New American State : Bureaucracies and Policies Since World War II*, Baltimore, MD : Johns Hopkins University Press.

Farazmand, A. (1989). "Crisis in the U. S. Administrative State", *Administration & Society*, Vol.21.

Freedman, James O. (1978). *Crisis and Legitimacy : The Administrative Process and American Government*, New York : Cambridge University Press.

Gray, P. (1992). "Lies, Lies, Lies", *Time,* Oct. 5.

Huntington, Samuel P. (1981). *American Politics : The Promise of Disharmony*, Cambridge, MA : Harvard University Press.

Kanter, D. L. and D. H. Mirvis. (1989). *The Cynical Americans : Living and Working in an Age of Discontent and Disillusion*, San Francisco, CA : Jossey-Bass.

Kaufman, Herbert. (1981) "The Fear of Bureaucracy : A Raging Pandemic", *Public Administration Review*, Vol.41.

Kellerman, B. (1984). *Leadership : A Multidisciplinary Perspective*, Englewood Cliffs, New Jersey : Prentice-Hall.

Lane, L. M. & J. F. Wolf. (1990). *The Human Resource Crisis in the Public Sector*, New York : Quorum.

Lipset, S. M. and W. Schneider. (1987). *The Confidence Gap,* rev. ed., Baltimore, MD : Johns Hopkins University Press.

Nelson, W. E. (1982). *The Roots of American Bureaucracy, 1830-1900*, Cambridge, MA : Harvard University Press.

Rivenbark, L. (1992). "Workers' Opinion Poll Could Change Benefits", *Federal Times*, June 8.

Rosen, B. (1986). "Crises in the U. S. Civil Service", *Public Administration Review*, Vol.46.

Rosen, B. (1983). "Effective Continuity of U. S. Government Operations in Jeopardy", *Public Administration Review*, Vol.43.

Rourke, F. E. (1987). "Bureaucracy in the American Constitutional Order", *Political Science Quarterly*, Vol.102.

Skowronek, S. (1982). *Building a New American State : The Expansion of National Administrative Capacities, 1877-1920*, Cambridge, U. K. : Cambridge University Press.

Thompson, Frank J. (1993). "Critical Challenge to State and Local Public Service", in Frank J. Thompson (ed.), *Revitalizing State and Local Public Service : Strenghthening Performance, Accountability, and Citizen Confidence*, San Francisco, CA : Jossey-Bass.

U. S. Merit Systems Protection Board. (1992). *Federal Blue Collar Employees : A Workforce in Transition*, Washington, D. C. : U. S. MSPB.

Wildavsky, A. (1988). "Ubiquitous Anomie : Public Service in an Era of Ideological Dissensus", *Public Administration Review*, Vol.48.

Wilson, James Q. (1975). "The Rise of the Bureaucratic State", *The Public Interest*, Vol.41.

Wolf, J. F. (1987). "Disinvesting in the Administrative Capacity for Public Action", *International Journal of Public Administration*, Vol.10.

제4장

강제상 · 고대유. (2014). "공공조직의 문화가 조직침묵에 미치는 영향 : 해양경찰조직을 중심으로", 『한국행정학보』, 제48권 제2호 (여름)

김호섭 · 김판석 · 유홍림 · 김대건. (2011). 『행동과 조직행태』, 서울 : 대영문화사.

말콤 글래드웰. (2009). 『아웃라이어』, 서울 : 김영사.

정성희. (2014). “재난의 학습효과”, 『동아일보』, 2014년 10월 28일. ; http://news.donga.com/Main/3/all/20141028/67481618/1

Helmreich, Robert & Ashleigh Merritt. (2000). “Culture in the Cockpit : Do Hofstede's Dimensions Replicate?,” *Journal of Cross-Cultural Psychology*, Vol.31, No.3 (May).

Hofstede, Geert. (2001). *Culture's Consequences : Comparing Values, Behaviors, Institutions, and Organizations Across Nations*, Thousand Oaks, CA : Sage Publications.

Sobel, R., & Lesson, P. (2006). “Government's Response to Hurricane Katrina : A Public Choice Analysis”, *Public Choice.*

https://mirror.enha.kr/wiki/%EA%B3%A0%EB%A6%AC%20%EC%9B%90%EC%9E%90%EB%A0%A5%20%EB%B0%9C%EC%A0%84%EC%86%8C

http://ko.wikipedia.org/wiki/%EB%8F%84%ED%98%B8%EC%BF%A0_%EC%A7%80%EB%B0%A9_%ED%83%9C%ED%8F%89%EC%96%91_%ED%95%B4%EC%97%AD_%EC%A7%80%EC%A7%84

http://ko.wikipedia.org/wiki/%EC%82%BC%ED%92%8D%EB%B0%B1%ED%99%94%EC%A0%90_%EB%B6%95%EA%B4%B4_%EC%82%AC%EA%B3%A0

http://ko.wikipedia.org/wiki/%EC%84%B1%EC%88%98%EB%8C%80%EA%B5%90_%EB%B6%95%EA%B4%B4_%EC%82%AC%EA%B3%A0

제5장

강제상 · 고대유. (2014). “공공조직의 문화가 조직침묵에 미치는 영향 : 해양경찰조직을 중심으로”, 『한국행정학보』, 제48권 제2호 (여름).

김병섭 · 김정인. (2014). “관료 (무)책임성의 재해석 : 세월호 사고를 중심으로”, 『한국행정학보』, 제48권 제3호 (가을).

『조선일보』 사설, 2014년 4월 21일. ; http://news.chosun.com/site/data/html_dir/2014/04/20/2014042002107.html

『조선일보』, 2014년 7월 30일. ; http://news.chosun.com/site/data/html_dir/

2014/07/30/2014073000269.html
『조선일보』, 2014년 10월 3일. ; http://news.chosun.com/site/data/html_dir/2014/10/02/2014100205202.html
『조선일보』, 2014년 10월 21일. ; http://news.chosun.com/site/data/html_dir/2014/10/21/2014102101730.html?news_Head1

第6장

김병섭 · 김정인. (2014). "관료 (무)책임성의 재해석 : 세월호 사고를 중심으로", 『한국행정학보』, 제48권 제3호 (가을).
『조선일보』 사설, 2014년 4월 21일. ; http://news.chosun.com/site/data/html_dir/2014/04/20/2014042002107.html
『조선일보』 사설, 2014년 4월 23일. ; http://news.chosun.com/site/data/html_dir/2014/04/22/2014042203060.html
『조선일보』 사설, 2014년 5월 3일. ; http://news.chosun.com/site/data/html_dir/2014/05/02/2014050202977.html
『조선일보』 사설, 2014년 5월 6일. ; http://news.chosun.com/site/data/html_dir/2014/05/05/2014050501668.html
『조선일보』 사설, 2014년 5월 12일. ; http://news.chosun.com/site/data/html_dir/2014/05/11/2014051102279.html
『조선일보』 사설, 2014년 5월 30일. ; http://news.chosun.com/site/data/html_dir/2014/05/29/2014052904609.html
『조선일보』, 2014년 7월 5일. ; http://news.chosun.com/site/data/html_dir/2014/07/04/2014070403855.html
『조선일보』 사설, 2014년 7월 22일. ; http://news.chosun.com/site/data/html_dir/2014/07/21/2014072103833.html
『조선일보』, 2014년 7월 30일. ; http://news.chosun.com/site/data/html_dir/2014/07/30/2014073000269.html
『조선일보』 사설, 2014년 11월 12일. ; http://news.chosun.com/site/data/html_dir/2014/11/11/2014111105022.html
『조선일보』, 사설, "자격 미달 船長에게 배 맡겼다 53명 인명 피해 부른 사조산업", 2014년 12월 12일. ; http://news.chosun.com/site/data/html_dir/2014/12/11/2014121104395.html

http://news.chosun.com/site/data/html_dir/2014/11/11/2014111105022.html
http://terms.naver.com/entry.nhn?docId=2119309&cid=43667&categoryId=43667

제7장

김병섭 · 김정인. (2014). "관료 (무)책임성의 재해석 : 세월호 사고를 중심으로", 『한국행정학보』, 제48권 제3호 (가을).
『조선일보』 사설, 2014년 5월 2일. ; http://news.chosun.com/site/data/html_dir/2014/05/01/2014050102898.html
『조선일보』, 2014년 10월 25일. ; http://news.chosun.com/site/data/html_dir/2014/10/25/2014102500348.html
http://en.wikipedia.org/wiki/US_Airways_Flight_1549

제9장

김병섭·김정인. (2014). "관료 (무)책임성의 재해석 : 세월호 사고를 중심으로", 『한국행정학보』, 제48권 제3호 (가을).
이병철. (1998). 『현대 한국행정학의 이해』, 울산 : 울산대학교 출판부.
Benveniste, G. (1987). *Professionalizing the Organization : Reducing Bureaucracy to Enhance Effectiveness,* San Francisco, CA : Jossey-Bass.
Farazmand, Ali. (ed.). (1991). *Handbook of Comparative and Development Public Administration*, New York : Marcel Dekker, Inc.
Jun, Jong S. (1991). "Enhancing Professional Roles and Ethical Responsibility : A Means for Creating Democratic Administration in Korea", in Ali Farazmand (ed.), *Handbook of Comparative and Development Public Administration*, New York : Marcel Dekker, Inc.
Mosher, Frederick C. (1982). *Democracy and the Public Service*, 2nd ed., New York : Oxford University Press.
Romzek, B. S. & M. J. Dubnick. (1987). "Accountability in the Public Sector : Lessons from the Challenger Tragedy", *Public Administration Review*, Vol.47, No.3.

제10장

김번웅. (1997). "한국공무원의 부조리행태", 『한국행정개혁론』, 서울 : 법문사.

김병섭·김정인. (2014). "관료 (무)책임성의 재해석 : 세월호 사고를 중심으로", 『한국행정학보』, 제48권 제3호 (가을)

이병철. (1998). 『현대 한국행정학의 이해』, 울산 : 울산대학교 출판부.

이철규. (2007). 『한국행정의 이론과 실제』, 서울 : 법문사.

정정길. (2006). 『행정학의 새로운 이해』, 서울 : 대명출판사.

『조선일보』, 사설, 2014년 4월 30일. ; http://news.chosun.com/site/data/html_dir/2014/04/29/2014042903691.html

『조선일보』, 2014년 7월 27일 : http://news.chosun.com/site/data/html_dir/2014/07/27/2014072702402.html

『조선일보』, 2014년 7월 28일. ; http://news.chosun.com/site/data/html_dir/2014/07/27/2014072702402.html

『조선일보』, 사설, " '관피아' 막았더니 '정치마피아' 판치는 세상 오나", 2014년 8월 15일. ; http://news.chosun.com/site/data/html_dir/2014/08/14/2014081404008.html

『조선일보』 사설, " '原電 비리'로 물러난 한전기술 간부들 다 복직됐다니", 2014년 10월 21일. ; http://news.chosun.com/site/data/html_dir/2014/10/21/2014102104373.html

Farazmand, Ali (ed.). (1994). *Handbook of Bureaucracy*, New York : Marcel Dekker, Inc.

Kim, Bun Woong. (1994). "Public Bureaucracy in Korea", in Ali Farazmand (ed.), *Handbook of Bureaucracy*, New York : Marcel Dekker, Inc.

Lewis, Carol W. and Bayard L. Catron. (1996). "Professional Standards and Ethics", in James L. Perry (ed.), *Handbook of Public Administration*, 2nd ed., San Francisco, CA : Jossey-Bass Publishers.

Perry, James L. (ed.). (1996). *Handbook of Public Administration*, 2nd ed., San Francisco, CA : Jossey-Bass Publishers.

Frederickson, H. George (ed.). (1993). *Ethics and Public Administration,*

Armonk, New York : M. E. Sharpe, Inc.
Meier, Kenneth J. (1987). *Politics and the Bureaucracy : Policymaking in the Fourth Branch of Government*, 2nd ed., Monterey, CA : Brooks/Cole.
Karl, B. D. (1963). *Executive Reorganization and Reform in the New Deal*, Cambridge, MA : Harvard University Press.
Cooper, Terry L. (1990). *The Responsible Administrator : An Approach to Ethics for the Administrative Role*, San Francisco, CA : Jossey-Bass Publishers.
Rohr, John A. (1989). *Ethics for Bureaucrats : An Essay on Law and Values*, New York : Marcel Dekker
Caiden, Gerald E. and Naomi J. Caiden. (1990). "Administrative Corruption", in W. L. Richter et al., *Combating Corruption : Encouraging Ethics*, Washington, D. C. : American Society for Public Administration.
Richter, W. L. et al. (1990). *Combating Corruption : Encouraging Ethics, Washington*, D. C. : American Society for Public Administration.
http://ko.wikipedia.org/wiki/%EB%8C%80%ED%95%9C%EB%AF%BC%EA%B5%AD_%EA%B5%AD%EB%AF%BC%EC%95%88%EC%A0%84%EC%B2%98

제11장

변상호 · 김태윤. (2014). "재난과 재난관리정책의 재해석에 기반한 '재난대응 수행원칙'의 도출과 검증 : 재난대응 사례에 대한 분석을 중심으로", 『한국행정학보』, 제48권 제2호 (여름)
『조선일보』 사설, "규제 개혁, 法에 없는 공무원 권한부터 전면 無效化하라", 2014년 9월 3일. ; http://news.chosun.com/site/data/html_dir/2014/09/03/2014090304337.html
『조선일보』 사설, "여객선만 챙기고 '유람선 安全' 쏙 빼먹은 한심한 정부", 2014년 9월 30일. ; http://news.chosun.com/site/data/html_dir/2014/09/30/2014093004757.html
『조선일보』 사설, "애당초 海警·소방청 해체 발표가 성급했다." 2014년 11

월 1일. ; http://news.chosun.com/site/data/html_dir/2014/10/31/2014103104413.html
이병철. (1998). 『현대 한국행정학의 이해』, 울산 : 울산대학교 출판부.
Bouckaert, Geert and Arie Halachmi. (1995). "Creating the Future Together : Developing and Using Shared Strategy Maps", in Arie Halachmi, Geert Bouckaert (eds.), *The Enduring Challenges in Public Management : Surviving and Excelling in a Changing World*, San Francisco, CA : Jossey-Bass Publishers.
Gulick, Luther. (1937). "Notes on the Theory of Organization", in Luther Gulick and Lyndall Urwick, (eds.), *Papers on the Science of Administration*, New York : Institute of Public Administration.
Halachmi, Arie & Geert Bouckaert (eds.). (1995). *The Enduring Challenges in Public Management : Surviving and Excelling in a Changing World*, San Francisco, CA : Jossey-Bass Publishers.
Metcalfe, L. (1993). "Public Management : From Imitation to Innovation", in J. Kooiman (ed.), *Modern Governance*, London : Sage.
http://ko.wikipedia.org/wiki/%EB%8C%80%ED%95%9C%EB%AF%BC%EA%B5%AD_%EA%B5%AD%EB%AF%BC%EC%95%88%EC%A0%84%EC%B2%98
http://ko.wikipedia.org/wiki/%EC%84%9C%ED%95%B4%ED%9B%BC%EB%A6%AC%ED%98%B8_%EC%B9%A8%EB%AA%B0_%EC%82%AC%EA%B3%A0

제12장

김번웅. (1991). "행정부패·부조리문화의 혁신 : 조직의 민주화와 간접유도형행정", 『현대한국행정론』, 서울 : 박영사.
박희봉·신중호·황윤원 (2013). 정부신뢰의 요인-정부정책인가? 정치태도인가? 『한국정책학회보』, 제22권 제1호.
이병철. (1998). 『현대 한국행정학의 이해』, 울산 : 울산대학교 출판부.
Bowman, J. (1990). "Ethics in Government : A National Survey of Public Administrators", *Public Administration Review*, Vol.50.
Cleary, R. E. (1980). The Professional as Public Servant : The Decision-

making Dilemma. *International Journal of Public Administration*, Vol.2, No.2.

Gallup Poll. (1993). "Survey Data on Ethics", *The Public Perspective*, Vol.4.

Goodsell, C. T. (1994). *The Case for Bureaucracy : A Public Administration Polemic*, 3rd ed., Chatham, New Jersey : Chatham House.

Halevy, Eva E. (1983). *Bureaucracy and Democracy : A Political Dilemma*, London : Routledge & Kegan Paul.

Huang, H. (1984). *A Complete Book Concerning Happiness and Benevolence : A Manual for Local Magistrates in Seventeenth-Century China* (D. Chu, trans. and ed.), Tucson, Arizona : University of Arizona Press.

Kyokai, Bukkyo Dendo. (1987). *The Teaching of Buddha*, Tokyo : Toppan.

Lewis, Carol W. and Bayard L. Catron. (1996). "Professional Standards and Ethics", in James L. Perry (ed.), *Handbook of Public Administration*, 2nd ed., San Francisco, CA : Jossey-Bass Publishers.

Lewis, G. B. (1990). "In Search of the Machiavellian Milquetoasts : Comparing Attitudes of Bureaucrats and Ordinary People", *Public Administration Review*, Vol.50.

Office of Government Ethics. (1989). *How to Keep Out of Trouble : Ethical Conduct for Federal Employees*, Washington, D. C. : Office of Government Ethics.

Office of Government Ethics. (1992). *Standards of Ethical Conduct for Employees of the Executive Branch*, Washington, D. C. : Office of Government Ethics.

Perry, James L. (2007). "Democracy and the New Public Service", *The American Review of Public Administration*, Vol.37, No.1.

Perry, James L. (ed.). (1996). *Handbook of Public Administration*, 2nd ed., San Francisco, CA : Jossey-Bass Publishers.

Sobel, R., & Lesson, P. (2006). "Government's Response to Hurricane Katrina : A Public Choice Analysis", *Public Choice*.

Thompson, D. F. (1980). "Moral Responsibility of Public Officials : The Problem of Many Hands", *American Political Science Review*.

내용 찾기

(ㅂ)

(ㅅ)

(ㅇ)

(ㅈ)

(ㅊ)

(ㅋ)

(ㅌ)

(ㅍ)

이름 찾기